万里茶道河北段

文化遗产调查与研究

要领略张家口这座历史文化名城的风采，不妨回溯我国的经济贸易发展史——"万里茶道"这条历史上著名的，连通中、蒙、俄三国的北方商道，拥有200多年的辉煌；而张家口则是"万里茶道"中的重要节点。以张家口为起点延伸至库伦的的万里茶道河北段，即著名的张库大道。可以说，万里茶道的辉煌，与张家口这座城市的辉煌，共同组成了由那个时代谱写的旋律中的"华彩段"，至今余响。

张家口市文物考古研究所 编

天津出版传媒集团

天津古籍出版社

图书在版编目（CIP）数据

万里茶道河北段文化遗产调查与研究 / 张家口市文物考古研究所编. -- 天津：天津古籍出版社，2018.9
ISBN 978-7-5528-0721-9

Ⅰ. ①万… Ⅱ. ①张… Ⅲ. ①文化遗产－调查研究－张家口 Ⅳ. ①K292.23

中国版本图书馆CIP数据核字(2018)第196939号

万里茶道河北段文化遗产调查与研究

张家口市文物考古研究所/编

出版人/张玮

天津古籍出版社出版
（天津市西康路35号　邮编300051）
http://www.tjabc.net

三河市冠宏印刷装订有限公司印刷
全国新华书店发行
开本 880×1230 毫米 1/16　印张 19　字数 325 千字
2018 年 9 月 第 1 版　2018 年 9 月 第 1 次印刷
ISBN 978-7-5528-0721-9　　定价：159.00元

《万里茶道河北段文化遗产调查与研究》编撰委员会

主　　任：王培生
副 主 任：李现云　　刘文清
顾　　问：刘振瑛　　王芙蓉　　陶宗冶

主　　编：李现云　　刘文清　　魏惠平
副 主 编：裴　蕾　　李鼎元　　寇振宏
制　　图：王雁华　　裴　蕾
　　　　　河北建筑工程学院建筑与艺术学院建筑设计研究所
摄　　影：王晓平

委　　员（按姓氏笔画排序）：
　　　　　王雁华　　王　臣　　王保利　　邓小洁　　龙　岩　　冯国良
　　　　　冯　超　　李　军　　李素军　　刘海文　　张苗苗　　张益嘉
　　　　　吴占钦　　郭怡星　　赵　婕　　高鸿宾　　高　霞　　高素英
　　　　　陶彦辰　　贾凤军　　逯慧承　　梅　晨

序

万里茶道是继丝绸之路之后以茶叶贸易为主导的又一条极其重要的国际商贸、文化通道。2013年3月，习近平主席访问俄罗斯，在莫斯科国际关系学院演讲中特别指出：万里茶道是连通中俄两国的"世纪动脉"。开启对万里茶道文化遗存的挖掘、研究，对于促进中蒙俄三国在文化遗产领域的交流合作尤为重要。

万里茶道河北段主要为历史上著名的张库大道，它以张家口为节点，中外商旅自此北上，经坝上草原、新宝拉格、苏尼特右旗、今二连浩特、扎门乌德、赛音山达，直到库伦（今蒙古乌兰巴托）的商贸之路，行程1400公里。这条商道在清代曾延伸至恰克图，连通西伯利亚、海参崴和莫斯科。

张家口处于农耕文明与游牧文明的交汇处，优越的交通和战略地位使张家口发展成为名震一时的北方"旱码头"。长城的这个关口成为茶叶进入蒙古再到俄罗斯的关键入口。随着中俄茶叶贸易的兴盛，张库大道成为万里茶道非常重要的组成部分。张家口让万里茶道增色，万里茶道让张家口扬名。在200多年的中俄贸易历史发展中，万里茶道河北段对于丰富中蒙俄各族人民的生活，加强人民之间的了解，维护地区和平方面起到了重要作用。

万里茶道作为在世界范围内具有广泛影响力的大型文化线路，近年来，沿线政府和文物部门发起了联合申遗工作，开展了系统的遗产资源调查和相关研究、保护工作。《万里茶道河北段文化遗产调查与研究》的出版，是河北省万里茶道调查研究有关成果的汇集，凝结着文物工作者的辛劳和担当，可喜可贺！我们期待社会各界对于万里茶道的研究保护给予高度关注，以便吸引更多的社会资源向这一领域聚集，积极推动沿线文化遗产的保护传承和文化交流，适应人民对美好生活的向往，使更多的成果惠及民众。

刘智敏

河北省文物局总工程师

目 录

第一章 全国万里茶道会议综述

一、赤壁会议 / 3

二、赊店会议 / 4

三、武汉会议 / 5

四、武夷山会议 / 6

五、汉口会议 / 7

六、益阳会议 / 8

七、武汉会议 / 9

八、北京会议 / 11

九、张家口会议 / 12

十、北京会议 / 14

十一、太原会议 / 15

十二、二连浩特会议 / 16

十三、婺源会议 / 18

第二章 万里茶道河北段综述

第一节 万里茶道河北段文化遗产调查背景 / 23

第二节 万里茶道河北段历史演变 / 23

第三章 万里茶道河北段文化遗产综述

第一节 万里茶道河北段文化遗产资源选定依据 / 43

第二节 万里茶道河北段路线走向 / 49

第三节 万里茶道河北段重点推荐 / 51

第四节 万里茶道河北段一般推荐 / 107

第五节 万里茶道河北段文化支撑点介绍 / 119

第四章 万里茶道河北段工作综述

一、安排部署阶段(2014年11月底—2015年5月) / 147

二、实地调查阶段(2015年5月—10月底) / 149

三、调查报告编制阶段(2015年11月—12月上旬) / 153
四、推荐点遴选阶段(2016年1月—4月) / 154
五、申遗宣传阶段(2016年5月—12月) / 154
六、申遗文本编制补充阶段(2017年1月—5月) / 156
七、保护管理规划编制阶段(2018年3月—12月) / 157

第五章 万里茶道河北段研究综述
万里茶道河北段研究综述 / 161
"商队茶"考释 / 167
张库商道及旅蒙商述略 / 187
论中俄恰克图茶叶贸易 / 195
中俄恰克图茶叶贸易 / 205
清代前期北方商城张家口的崛起 / 211
清代民国时期的张家口茶叶集散市场 / 220
古代张家口茶马互市与张库大道(茶叶之路)之刍议 / 227
"一带一路"视域下张家口与俄罗斯通商史 / 240
明清时代我国北方的国际运输线——张库商道 / 245
张家口——草原丝路的重要节点(节选) / 253
"口商"在张库商道贸易中的历史地位 / 262
明清时期张家口在中俄、中蒙边贸中的历史地位 / 273

参考文献 / 287

后记 / 292

第一章
全国万里茶道会议综述

一、赤壁会议

2012年6月 赤壁会议

2012年6月30日,首届万里茶路文化遗产保护研讨会在湖北咸宁赤壁市召开。会议形成并通过了《万里茶路文化遗产保护赤壁倡议》,呼吁:沿线省份要在遗产认定标准、保护技术规范、宣传口径等方面达成一致;要勇于探索,鼓励创新,共同谋划文化遗产促进社会全面发展的宏伟篇章。本次会议的召开标志着万里茶道文化遗产保护省际合作正式启动。

二、赊店会议

2013年9月 赊店会议

2013年9月11日，第二届万里茶路文化遗产保护研讨会在河南省南阳市社旗县赊店镇召开。会议达成共识如下：

1. 确立保护目标，比照大运河、丝绸之路等线型文化遗产保护的办法和措施，共同制定万里茶道保护规划和保护措施。

2. 以文化线路为理念，加强基础研究，开展万里茶道遗产保护现状调查，并进行综合评估，对其中价值较高、现存状况较好的推荐为各级文物保护单位，将万里茶道文化遗产纳入法律保护范畴。

3. 建立长效稳定工作机制，成立沿线城市联盟，定期研究交流，定期出版发行刊物，定期组织研讨会，设立专题研究课题，促进万里茶道文化遗产的深入研究，提升线型文化遗产的保护利用水平。

4. 在做足调查、保护、研究的基础上，建议有关部门早日将万里茶道文化遗产列入申报世界文化遗产名录。

三、武汉会议

2014年10月 武汉会议

2014年10月25日,武汉市政府和俄罗斯驻华大使馆联合主办的"中俄万里茶道研讨会"在武汉召开。中俄万里茶道沿线17座城市市长、代表,共同签署《中俄万里茶道申请世界文化遗产武汉共识》,确定:

1.各方共同努力,申请中俄万里茶道为世界文化遗产。这一申遗工作在本国国家文化部门领导下进行;

2.根据联合国教科文组织颁布的《保护世界文化和自然遗产公约》,各方积极保护本市域内的中俄万里茶道历史遗址,收集整理研究万里茶道历史资料,以利跨国文化遗产线路申遗,以利申遗成功后将城市列入世界旅游组织目的地可持续发展观测点;

3.加强各方的历史遗址保护方案、历史资料研究成果等知识产权的法律保护;

4.根据共同申遗的需要,在2014年底前建立磋商和联络机制,中国湖北省武汉市人民政府承担联络工作及必要的工作经费;

5.根据平等互利原则,各方在申请世界文化遗产的前期工作中,开展文化、经济等方面的合作,促进共同繁荣发展。

四、武夷山会议

2014年11月 武夷山会议

2014年11月15日,第三届"万里茶道"文化遗产保护利用研讨会在福建武夷山召开,会议内容纪要如下:

1. 深化调查。各省区文物局应对本省万里茶道资源做进一步的调查和梳理,形成各自的调查成果,汇编本省《万里茶道文化遗产资源调查报告》,并在调查的基础上,将重要的资源点公布为相应的文物保护单位。

2. 加强遗产点本体保护和周边环境整治工作。八省区应积极创造条件,按照世界文化遗产的要求开展价值研究、保护规划编制、保护法规制定、本体保护和环境整治等工作。

3. 建立合作机制。八省区一致同意设立万里茶道文化一致保护利用联络协调小组,其办公室设在湖北省文物局;同意由武汉市作为万里茶道文化遗产保护利用工作牵头城市,并成立相应机构。每年一届的万里茶道文化遗产保护利用研讨会,作为八省区文物局联手打造的富有成效的合作平台,坚持轮流举办;建立高水平的专家团队,指导万里茶道文化遗产保护利用和申报世界文化遗产工作。

五、汉口会议

2015年4月 汉口会议

2015年4月28—29日,闽、赣、湘、鄂、豫、晋、冀、蒙八省区文物部门和武汉市政府代表在汉口召开万里茶道文化遗产保护推进会,会议内容纪要如下:

1.成立"万里茶道"申遗工作小组、联络小组,确定"万里茶道"申遗专家指导委员会和八省区专家组名单。

2.确定中国万里茶道文化遗产保护节点城市推荐名单,共同见证了设在武汉的"万里茶道申遗办公室"揭牌活动。

3.建立工作机制。今后每年,八省区文物部门将举行两次万里茶道工作会议,上半年为工作推进会,下半年为研讨会。

4.2015年11月在江西省铅山县、2016年3—4月份在湖南省安化县、2016年下半年在河北省张家口市将分别召开会议。

5.确定万里茶道保护与申遗的工作近期目标是:2017年力争"万里茶道"纳入《中国申报世界文化遗产预备名单》。为达到这一目标,需要把握好几个关键时间节点:一是2015年9月底前,八省区应完成万里茶道文化遗产资源的调查,开展价值研究,以确保在铅山研讨会上,八省区全面准确地介绍本省区万里茶道遗产点资源情况和内涵；二是力争将"万里茶道保护与申遗"纳入国家文物事业"十三五"规划项目；三是2016年上半年，组织专家重走万里茶道，考察确定各省区万里茶道遗产点；四是2016年底前，基本完成"万里茶道申报世界文化遗产预备名单文本"；五是对于较重要的遗产点，各省区应加强保护，尽快公布为省级文物保护单位，条件成熟时积极推荐为全国重点文物保护单位。

6. 武汉市作为万里茶道文化遗产保护与申遗的牵头城市，应加强组织领导，联络其他节点城市开展申遗的各项工作；同时要进一步完善"万里茶道申遗办公室"建设工作，在机构编制、经费、专业人才、办公条件等方面予以改善，确保其尽快切实发挥牵头联络作用。从2016年开始，由节点城市联合举办专题巡回展览。

7. 联合开展多种形式的宣传，在中国文物报、中国文化遗产杂志等主要文化遗产保护媒体上进行宣传、报道，引起社会的广泛共识，达到提高认识、加强保护的目的，为申遗造势。

8. 联合开展与俄罗斯、蒙古国在万里茶道文化遗产保护方面的交流，并举办中蒙、俄共同参与的万里茶道保护及申遗高峰论坛。

六、益阳会议

2015年10月　益阳会议

2015年10月24—26日，万里茶道沿线八省文物部门在湖南益阳市召开万里茶道申遗推进会。会议内容纪要如下：

1. 关于工作目标和进度要求。研究2016年申遗工作计划,确定2016年上半年申遗专家开展万里茶道沿线文物点考察,确定各省万里茶道申遗点;下半年,完成万里茶道申报《中国世界文化遗产预备名单》文本并报送国家文物局,力争2017年左右列入《中国世界文化遗产预备名单》。

2. 关于遴选条件。针对万里茶道资源点和申遗点的遴选问题进行了充分讨论,一致同意按照两个层次开展工作,讨论确定了《万里茶道文化遗产遴选条件》。

3. 关于节点城市。会议结合万里茶道历史和现存遗产点的代表性等对沿线节点城市进行了讨论,初步确定了南平、上饶、益阳、咸宁、武汉、南阳、晋城、张家口、呼和浩特等节点城市27个。

4. 关于研究与宣传。各省应组织开展万里茶道突出普遍价值(OUV)研究、万里茶道与一带一路战略研究,沿线城市间应加强交流与协作;进一步加大宣传力度,开展与俄罗斯、蒙古国在万里茶道文化遗产保护方面的交流与合作。

5. 关于会议制度。会议认为目前的会议制度已比较完善,对申遗工作推动有切实作用,应继续保持。确定明年相关城市召开申遗工作推进会或研讨会。

七、武汉会议

2016年4月 武汉会议

2016年4月26—27日,万里茶道申遗工作推进会在武汉召开,会议内容纪要如下:

1. 关于申遗推荐点。各省基本理清了本辖区内万里茶道文化遗产资源点，并对这些资源点进行了初步遴选，取得了初步成果。鉴于目前申遗推荐点总量较大，在类型上重复较多（如古茶区、古道、会馆等），建议按照文化线路的属性和《实施〈世界遗产公约〉操作指南》要求，从文化遗产的真实性和完整性的角度，对各省资源点进行二次遴选，将本省同类型的最具代表性的遗产推荐点控制在2处以内。其他申遗推荐点作为资源点做好资料，如提炼突出普遍价值时，需要对某一类型的遗产点进行返选列入，各省应于2016年5月底前将二次遴选后的申遗推荐点提交武汉市联合申遗办，以便专家考察申遗推荐点。

2. 关于专家考察申遗推荐点有关安排。考察时间初步确定在2016年6—8月，由八省文物局共同认可确定的申遗方面专家组成（5月底前确定），分省考察，派往每省考察专家2—3名，由湖北省文物局和万里茶道联合申遗办统一协调安排考察点，各省按照二次遴选后的申遗推荐点情况，确定本省考察方案，并将考察时间控制在5天以内（鉴于内蒙古的地理环境，可适当增加考察时间）。专家考察组到各省开展考察时，所需费用由各省及节点城市负责解决。各省考察方案（含考察线路、考察时间、车辆安排）须于2016年5月底前提交武汉市联合申遗办。

3. 关于专家考察申遗推荐点成果。各省在基础调查和研究基础上，配合专家考察申遗推荐点过程中，应形成以下五个方面成果：（1）在达到初步确定"万里茶道"申遗点的学术价值基础上，搜集与万里茶道遗产点、"一带一路"国家战略相关的学术研究等相关研究成果，形成以遗产点背景为主的普及读物，结集出版；（2）形成一部反映各省"万里茶道"申遗推荐点的纪实专题片；（3）策划"万里茶道"沿线城市举办专题展览（展览名称待定），进行八省两国巡回展览；（4）出版"万里茶道（中国段）"文物点图录；（5）完成"万里茶道"申遗文本的编制。各省在配合专家考察过程中，按照上述五项成果要求，完成资料（包括影像资料）收集、整理，形成本省成果。湖北省文物局和万里茶道联合申遗办在此基础上组织力量汇总形成万里茶道遗产保护研究及宣传系列成果。

4. 会议商定2016年8月初在河北张家口召开万里茶道申遗学术研讨会。各省在河北张家口会议前，应在考察专家组的指导下完成以下工作：确定本省申遗推荐点名单，供河北张家口会议讨论；按照《万里茶道遗产点申报文本资料清单》提交申遗推荐点的相关资料，由湖北省古建筑保护中心汇总。

5. 会议强调八省文物部门要根据万里茶道申遗工作的总体部署，加强与沿线各节点城市政府的沟通协调，加大指导力度，明确工作内容和要求，共同做好万里茶道文化遗产保护与管理工作；沿线各节点城市要在各省文物局指导下，认真做好遗产推荐点的文物保护和资料收集整理工作。

6.关于研究与国际交流。会议认为应组织专业机构开展万里茶道突出普遍价值（OUV）研究，尽快提炼万里茶道突出普遍价值（OUV），进一步加大宣传力度，并在国家文物局指导下，适时开展与俄罗斯、蒙古国在万里茶道文化遗产保护方面的交流与合作。

八、北京会议

2016年7月　北京会议

2016年7月1日，万里茶道申遗工作协调会在北京召开，郭旃、傅晶等有关专家受邀参加了本次会议。会议内容纪要如下：

1.关于专家考察申遗推荐点有关安排。考察从7月下旬正式开始，确定先选择一个省作为试点进行考察，试点考察结束后全面启动申遗推荐点考察。其他七省的考察时间由联合申遗办统筹安排，联合申遗办派1名专业技术人员全程参与万里茶道（中国段）申遗推荐点考察。考察时间每省控制在5天以内。专家考察组到各省开展考察时，所需交通、食宿、咨询等费用由各省及节点城市负责解决。

2.关于万里茶道遗产框架研究及申报《中国世界文化遗产预备名单》文本编制团队。会议根据4月28日武汉会议各省专家提议及初步会商意见，经进一步讨论认为中国建筑设计研究院建筑历史所主持了丝绸之路等文化线路项目的研究及申遗文本编制,有丰富的申遗工作经验,确定由中国建筑设计研究院建筑历史所承担万里茶道遗产框架研究及申报《中国世界文化遗产预备名单》文本编制工作。经洽商并征求各省意见,确定申报文本编制所需经费由万里茶道(中国段)八省共同承担,每省承担25万元费用。由中国建筑设计研究院建筑历史所与八省分别签订合同,于2017年2月前完成工作成果,并提交武汉市联合申遗办。

3. 关于编辑出版《万里茶道文化遗产丛书》。由武汉市人民政府、湖北省文物局及万里茶道联合申遗办和万里茶道(中国段)沿线八省文物局有关负责人组成编委会,共同编纂《万里茶道文化遗产丛书》,作为全方位展示万里茶道(中国段)文化遗产的系列丛书,将全面反映万里茶道(中国段)文化遗产保护、研究及申遗工作成果,为万里茶道申遗提供坚实的智力支持。丛书选题及稿件由各省推荐,经编委会审定,由联合申遗办出资统一出版。

4. 会议还就今年适时由内蒙古文物局组织专家团队开展与蒙古国及俄罗斯有关部门合作,考察万里茶道遗产点等工作做了讨论,建议由内蒙古文物局积极推进有关工作。

九、张家口会议

2016年8月24—27日,万里茶道申遗工作推进会在河北省张家口市召开,会议内容纪要如下:

1. 关于合同签订。中国建筑设计院建筑历史研究所以万里茶道(湖南段)申遗推荐点考察为基础,对湖南段申遗推荐点进行全面分析、评估,其考察方式、工作形式、评估成果获得了与会代表及专家的一致认可。会议正式确定中国建筑设计院建筑历史研究所为申报《中国世界文化遗产预备名单》文本的编制团队,申报文本拟于2017年2月28日前上报国家文物局。会议认为万里茶道联合申遗办公室应出具关于单一来源政府采购的说明,便于各省与中国建筑设计院建筑历史研究所申遗文本编制团队合同签订,合同的样本已在会上提出,具体细节由各省分别与中国建筑设计院建筑历史研究所自行确定。

2. 关于遗产点的遴选。会议决定各省应继续加强学术研究,明确"万里茶道"的基本时空界限、历史背景和作用,做好对比分析,找到真实遗存,要有做好申报全国重点文物保护单位的准备。遗产点的选择不要"价值优先",应主要围绕产品交流,包括生产、加工、储运和交易等有路线可走,当代人开创形成之后对茶道沿线文明的交流和促进,关联性因素如特定的地形气候等自然条件等四方面,要结合茶

2016年8月　张家口会议

道的自身属性、历史地位和保存状况统筹考虑,进行再次遴选,从同类型的遗产点中选取最具代表性的遗产点。

3.关于考察路线及时间。会议确定了未进行"万里茶道"申遗点专家考察六省区的考察路线及时间,各省应认真统筹安排好专家考察,注意做好衔接。

4.关于2017年申遗工作计划。会议明确了2017年"万里茶道"申遗工作计划,并一致同意按照该工作计划开展相关工作。

十、北京会议

2016年12月 北京会议

2016年12月20—21日,万里茶道申遗工作会在北京召开,会议内容纪要如下:

1. 初步讨论确定了各省万里茶道(中国段)申遗推荐点名单;

2. 中国建筑设计院有限公司建筑历史研究所继续对《申报中国世界文化遗产预备名单万里茶道(中国段)》文本进行深化。

十一、太原会议

2017年3月　太原会议

2017年3月21—23日，万里茶道申遗工作推进会在山西省太原市召开，会议内容纪要如下：

1.确定2017年4月，八省（区）文物局、万里茶道联合申遗办正式向国家文物局上报《关于申请将万里茶道列入中国世界文化遗产预备名单的请示》。

2.以中国建筑设计研究院建筑历史研究所编制的《申报中国世界文化遗产预备名单——万里茶道（中国段）文本》为基础，八省（区）文物局于4月15日前将有关意见和补充材料反馈给万里茶道联合申遗办公室。

3.树立"万里茶道"品牌保护意识，尽快设计确定万里茶道LOGO并由万里茶道联合申遗办公室负责相关注册；围绕世界文化遗产普遍价值的要求，科学确定申遗遗产点，对符合申遗条件的遗产点提升保护级别，加强保护；在八省文物部门申遗技术把关的基础上，择机成立申遗联盟，尽可能吸纳旅游等其他部门，共同开展申遗及展示利用等工作。

4. 根据湖北省文物局提议，举办万里茶道巡回展览。由八省（区）文物局主办，八省（区）博物馆（院）承办，由湖北省博物馆出资，承担展览的策划、制作，并牵头编制巡展方案，2017年先在湖北举办展览，2018年开始在各省（区）博物馆（院）巡展。各省（区）文物局应协调各地博物馆（院）积极配合，做好展品借展、运输、场地、费用（本辖区段巡展费用）安排等相关工作。

5. 根据北京会议纪要，内蒙古自治区文物局提议，八省（区）联合组织赴蒙古、俄罗斯开展中蒙俄万里茶道联合申遗的评估考察活动，相关协调、联络事宜由内蒙古自治区文物局负责。

6. 会议确定2017年8月在内蒙古自治区二连浩特召开万里茶道申遗工作学术研讨会，各省（区）需积极组织开展万里茶道学术研究和论文准备工作。

十二、二连浩特会议

2017年8月　二连浩特会议

2017年8月27—29日，万里茶道申遗工作推进会在内蒙古锡林郭勒盟二连浩特市召开，会议内容纪要如下：

1. 会议认为要在"一带一路"国家战略的大格局下努力做好万里茶道申遗工作，积极争取国家文物局及地方政府的大力支持，在申遗专家和团队的指导下，快速推进申遗各项工作。

2. 关于万里茶道申遗巡回展。巡回展指导单位为国家文物局；主办单位为八省（区）文物局及万里茶道联合申遗办公室，承办单位为八省（区）省级博物馆。建议对展览大纲进行修改、完善，在2017年9月召开专家评审会并最终确定展览大纲，开展布展工作，争取2017年第四季度正式在湖北省博物馆进行首展。首展结束后，从2018年开始，原则上在闽、赣、湘、豫、晋、冀、蒙七省（区）确定的博物馆依次进行第一轮巡回展，具体时间、地点及展览要求由湖北省博物馆与各省确定的博物馆商定。

3. 关于申报《中国世界文化遗产预备名单》。按照申报《中国世界文化遗产预备名单》要求，八省（区）文物局及万里茶道联合申遗办要积极做好相关准备工作。

4. 关于2018年万里茶道申遗会议安排。会议议定2018年上半年、下半年分别在江西、福建召开万里茶道申遗工作相关会议，会议具体时间、地点及会议内容由江西、福建省文物局与湖北省文物局及万里茶道联合申遗办公室商定。

5. 关于万里茶道LOGO设计。建议对万里茶道LOGO设计稿进行修改，召开专家评审会，正式确定万里茶道LOGO。

6. 关于2018年万里茶道申遗工作计划。会议议定重点做好如下工作：在万里茶道正式列入《中国世界文化遗产预备名单》后，由牵头省份、城市发起，建立以政府为主导的联席会议机制；积极与蒙、俄有关部门对接，共同推动万里茶道申遗工作；积极推荐万里茶道申遗点申报第八批全国重点文物保护单位；推进万里茶道各申遗点保护和管理规划编制工作及拟定保护导则，推动相关立法工作；做好万里茶道申遗巡回展相关工作。

十三、婺源会议

2018年4月 婺源会议

2018年4月25日,万里茶道沿线八省(区)文物部门及万里茶道联合申遗办在江西婺源召开万里茶道申遗工作推进会。会议内容纪要如下:

1. 根据国家文物局有关要求,沿线八省(区)文物部门及武汉市联合申遗办要加强对茶道沿线节点城市的指导,谋划筹建"万里茶道申遗城市联盟",继续深入做好万里茶道相关研究、保护、管理、宣传等工作,为申遗奠定良好基础。

2. 在国家文物局、中国古迹遗址保护协会的指导、协调下,充分利用国际上支持跨国联合申遗的契机,发挥万里茶道跨国联合申遗的优势,力争今年内召开中、蒙、俄三国古迹遗址保护协会相关会议和学术研讨会,加强民间文化和学术交流,为万里茶道跨国联合申遗搭建平台。

3. 按照国家文物局申报第八批国家重点文物保护单位的有关要求,做好八省(区)万里茶道遗产推荐点申报国保单位有关工作。

4. 万里茶道八省(区)巡回展下一站确定展出地点为湖南省博物馆。为确保宣传展示效果,各地根据实际情况在展览中进一步丰富本地区关于茶道的有关实物和图片展示,巡回展所需的八省(区)借展文物(馆藏文物)在巡回展全部结束之后返还。

5. 会议提出各省对有代表性、遗产点相对集中的地方先期开展保护管理规划和文物点修缮导则编制的试点工作。会议同时研究确定下半年工作推进会暨学术研讨会在福建召开。

第二章
万里茶道河北段综述

第一节　万里茶道河北段文化遗产调查背景

按照习总书记提出一带一路（丝绸之路经济带、海上丝绸之路）的战略构想，作为联系亚欧大陆的"世纪动脉"——万里茶道，对于促进中蒙俄各领域各层面的交流合作尤为重要。为此，福建、江西、湖南、湖北、河南、山西、河北和内蒙古八省区布署并共同推进"万里茶道"申遗工作。

2014年11月15日，福建省文物局在武夷山召开第三届"万里茶道"文化遗产保护利用研讨会，张家口市文物局作为河北省文物系统唯一地市级代表首次参会。2014年底，在河北省文物局的统一指导下，万里茶道河北段文化遗产调查工作的序幕被拉开。该项工作由张家口市文物考古研究所承办，特聘地方资深文史专家刘振瑛、陶宗冶、王芙蓉为顾问，组建专业调查队伍，展开对本辖区的调查工作。该项工作意在充分掌握万里茶道在河北省境内的线路走向和文化遗产点的类别、数量、分布及保存管理状况，从而对其进行客观的价值评估，为万里茶道河北段文化遗产的保护及申遗提供科学有效的数据。

第二节　万里茶道河北段历史演变

以中俄贸易为主导的万里茶道是在中蒙贸易的基础上发展起来的。隆庆和议不但维系了明蒙边疆六十年的和平，而且使蒙汉贸易逐渐固定下来并得以长足发展。大学士申时行所著《明会典·卷一〇七·朝贡》中记载：隆庆"五年，……开市十一处：在大同者三，曰得胜口、曰新平、曰守口；在宣府者一，曰张家口；在山西者一，曰水泉营；在延绥者一，曰红山寺堡，在宁夏者三，曰清水营、曰中卫、曰平虏卫……"，随之茶马互市交易成果日益显著。清人魏源在《圣武记》中盛赞："高拱、张居正、王崇古等张弛驾驭，因势推移，不独明塞五十年之烽燧，且为本朝开二百年（清初至道光年间）之太平，仁人利溥，民到于今受其赐。"

万里茶道河北段即是名闻遐迩的"张库大道"。张家口南通中原，北接蒙古大草原，处于农耕文明与游牧文明的交汇处，优越的交通和战略地位使张家口逐渐成为万里茶道中的重要节点，并有着北方"旱码头"之美誉，直到今天，张家口还有曾经存储茶叶的街巷东昌栈、西昌栈，还有曾经专营茶叶的街巷老茶店、小茶店，还有曾经驮运茶叶的街巷东驼号、西驼号。万里茶道河北段存在了两个半世纪左右，是连亘中蒙俄国际大商道中不可或缺的组成部分。

大境门外的马市

一、万里茶道河北段初现雏形(顺治至康熙中期)

"从1631年持续到1649年,中华帝国被满洲人所征服……在这样一段时间里,我们没有发现俄罗斯和中国至今曾有过任何的联系。"[①]17世纪中期俄国完成对西伯利亚领土的吞并,与中国的陆路相通,为中俄直接贸易奠定了基础。清顺治元年(1644)开通大境门,政府准山西八大皇商出张家口从事对蒙贸易。"顺治二年,设防御二员,笔帖式二员,康熙三十二年添设总管一员,防御六员,管理边境大小二门,一应出入事务,驻来远堡。凡大境门入口进贡,名札萨克、蒙古人等,讯明人数、事由,加印文一道,咨呈理藩院照验、查核。其出口京城人员,照验兵部印票,勘合火牌验放。附近察哈尔蒙古人等进口,讯明登记档案,回时验放销号。凡小境门出

---

① [俄]阿·科尔萨克:《俄中商贸关系史述》,米镇波译,北京:社会科学文献出版社。2010年,第5页。

口八家商人及民商人等,驮载货物前往口外、蒙古喀尔喀,以及库伦、俄罗斯贸易,皆照验理藩院原给印文挂号,回日验销。凡察哈尔蒙古进口交易出入小境门者,不禁,但不许出南门。其欲进口者仍由大境门挂号验放。凡大小二境门各拨防御一员,领催二名,披甲八名,轮班看守。南门拨骁骑校一员,领催二名,披甲八名,轮班看守。"①可见清初大境门来远堡已具备了查验信票、检验货物、征收关税等职责。顺治三年,大清户部在张家口设立钦差户部分司。

1689年,中俄签订了《尼布楚条约》,这是双方第一次以国家的名义正式承认边境贸易合法。②

旅蒙商穿越蒙古直至贝加尔湖

但尼布楚地区"因各以土产交易,无远省之商,无难得之货,盖与会宁、中江、都市同为市易之小者,故其事不甚著"③,不难看出其贸易前景黯淡。1691年多伦会

---

① [清]左承业《万全县志》(道光版)卷之五(秩官志)。
② 米振波:《清代中俄恰克图边境贸易》,天津:南开大学出版社,2003年,第11页。
③ 何秋涛:《俄罗斯互市始末》,[清]王锡祺辑:《小方壶斋舆地丛钞》第三轶,杭州:古籍书店,1985年,第189页。

盟后,清政府允许汉民在理藩院统管下到后草地经商,旅蒙业应运而生,万里茶道河北段初现雏形。

二、万里茶道河北段官道贸易形成期(康熙后期至雍正前期)

康熙三十二年(1693)定制:许俄罗斯隔三年来京贸易一次,每次不得超过二百人。俄国开始了和中国的官方商队贸易,形成了从尼布楚经额尔古纳堡到嫩江、齐齐哈尔、内蒙、古北口或山海关到北京的路线。但这条路线往返时间需要5个月之久,交通较为不便。

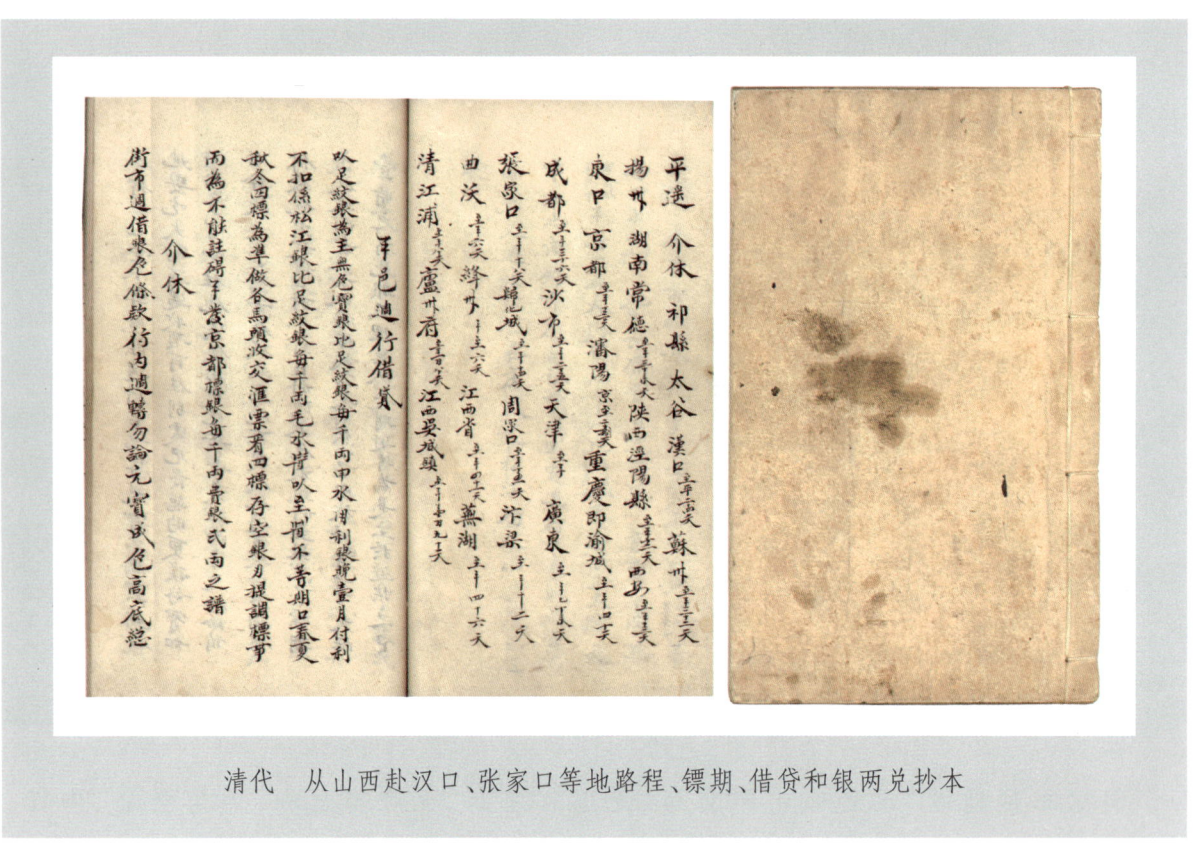

清代　从山西赴汉口、张家口等地路程、镖期、借贷和银两兑抄本

康熙四十七年(1708),清政府批准了以色楞格—库伦—张家口的官道为俄国商队往返之官道①,往返只需要70余天。康熙五十九(1720)年,理藩院议准内地商

---

① 姚贤镐编:《中国近代对外贸易史资料》第一册,北京:中华书局,1962年,第116页。

人可持执照前往喀尔喀、库伦进行贸易,旅蒙商开始兴起。为了对中俄贸易进行规范管理,雍正三年(1725),理藩院将颁发信票的权力下放至张家口,初始申请及查验手续在张家口理事同知衙门办理。万里茶道河北段官道基本形成。雍正时张家口的商号增加到90余家。

三、万里茶道河北段国际商道的形成(雍正至乾隆前期)

雍正五年(1727),《中俄恰克图条约》确定了恰克图—库伦—张家口—北京的正道贸易路线,首次从条约的角度将恰克图设立为两国边境贸易的口岸,允许两国商人到恰克图进行易货贸易。这是古丝绸之路消失后,又开辟出的一条新的国际商路。[①]学者许檀先生在《清代前期北方商城张家口的崛起》认为:"张家口的崛起是以中俄贸易、汉蒙贸易的发展为契机的,它既是清代边疆贸易发展之必然,也是封建政府特殊作用的结果。"

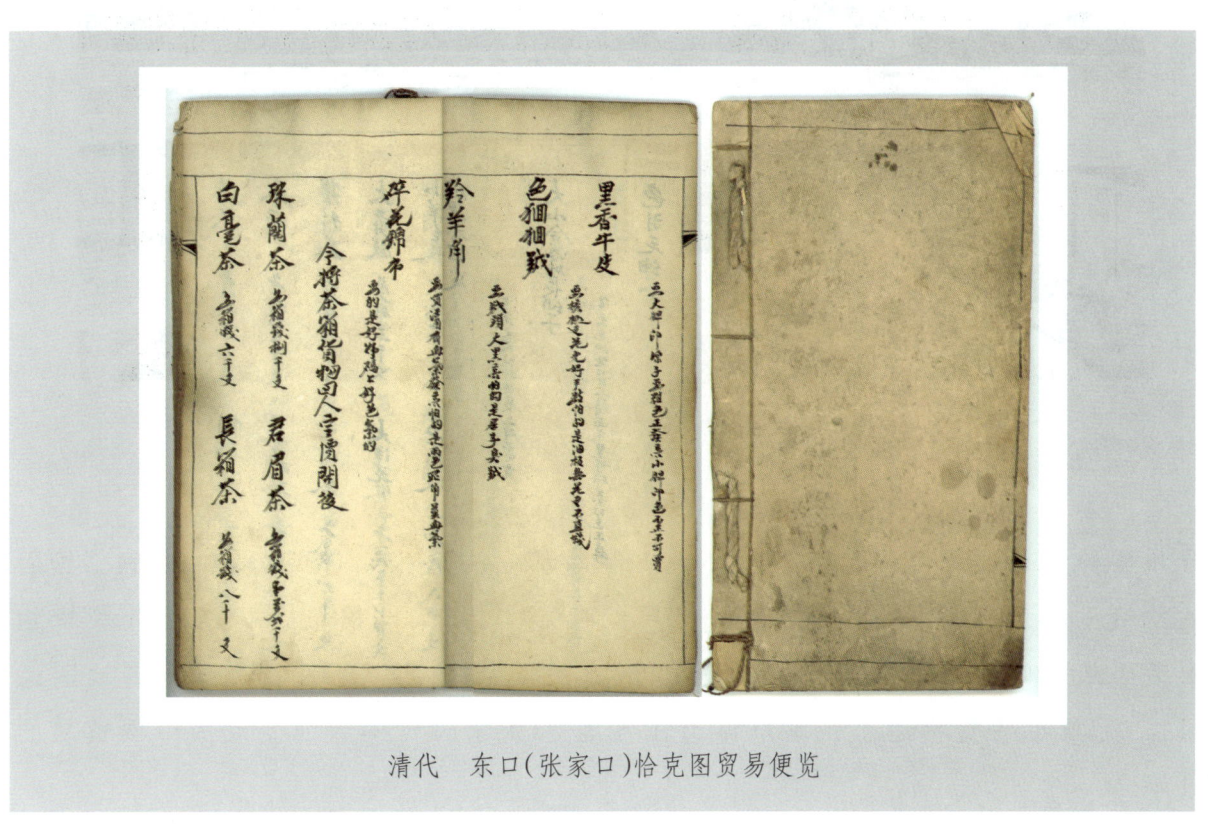

清代 东口(张家口)恰克图贸易便览

---

① 米振波:《清代中俄恰克图边境贸易》,天津:南开大学出版社,2003年,第15页。

雍正八年（1730），中方在恰克图城的对面营造了买卖城。两国商人就地取材修筑房屋，并以木栅为垣，两城相距140码，正中竖立高约10尺，北刻俄文，南刻满文的界碑。自此，恰克图和买卖城成为中俄贸易的新兴城镇，这既有益于中俄边境的稳定，又为万里茶道河北段的发展和繁荣奠定了基础。乾隆二十七年（1762），俄国官方贸易商队自开辟恰克图口岸入境，经库伦—张家口（或归化—张家口）来京贸易的商路后，"张家口买卖城可以说是中国对俄贸易的集中点。几乎全部的俄国呢

买卖城和恰克图

绒和各种绒布以及俄国出口的全部毛皮制品都是先运张家口买卖城的货栈，然后批发给下堡，最后再运往中国本土。"①晋商"从江南采购棉布、绸缎、茶叶等货物贩运至张家口，再贩运至蒙古各部落和恰克图。然后，再从恰克图和蒙古各地贩运回牲畜、皮毛等货物运至张家口再销往各地"，张家口也逐渐演变成为中俄贸易的口岸。

---

① [俄]阿·马·波兹德涅耶夫：《蒙古及蒙古人》第一卷，刘汉明等译，呼和浩特：内蒙人民出版社，1989年，第74页。

四、万里茶道河北段贸易逐步发展期(乾隆中后期至嘉庆时期)

为巩固和维护满洲贵族的封建统治,乾隆二十六年(1761),清政府设察哈尔都统,署治张家口。《理藩院则例》规定:凡出入张家口赴内外蒙古地贸易,须经张家口察哈尔都统衙门批准,颁发准入蒙地的"部票";凡是通过张家口运往库伦和恰克图的货物都需有察哈尔都统签发的文件,察哈尔都统还负责张家口大小境门的出入管理。清嘉庆十年进士、左都御史姚元之的《竹叶亭杂记》记载:"我之货往,客商由张家口出票,至库伦换票,到彼缴票……"

1762年,叶卡捷琳娜二世废止了官方商队的北京贸易,存在了近60年的官方商

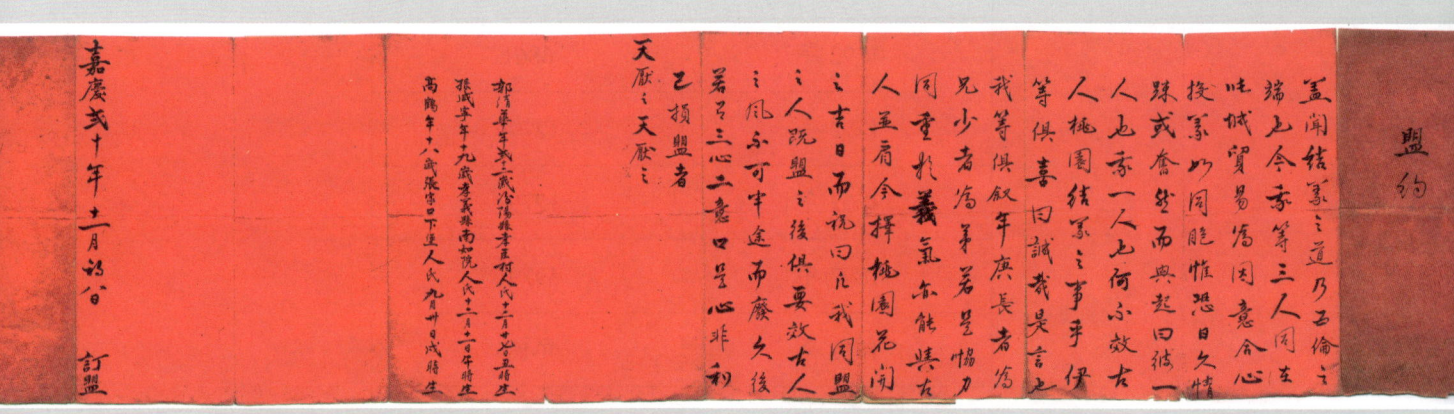

1815年在张家口经商的晋商和当地商人订立的盟书

队对华贸易就这样停止了。①中俄开始进入恰克图口岸贸易阶段。此时,张家口市场更加繁荣,成为山西商人去库伦、恰克图贸易的基地,(晋商的)总号设在张家口,分号设在库伦、恰克图以及科布多等地方。②

乾隆中后期,恰克图口岸贸易的三次关闭,促使俄政府不得不正视中国的严正

---

① [俄]阿·科尔萨克:《俄中商贸关系史述》,米镇波译,北京:社会科学文献出版社,2010年,第25页。

② 丰若非:《清代榷关与北路贸易——以杀虎口、张家口和归化城为中心》,北京:中国社会科学出版社,2014年,第45页。

立场。1800年俄政府颁布了《恰克图贸易章程》和《对恰克图海关及各公司股东的训令》,对俄商在该地区进行贸易应遵守的规则作了严格规定,保证了恰克图贸易的正常进行。嘉庆皇帝也放宽了乾隆时期实行的票证制度,对商人的处理更加人性化,推行了朋户和朋票制度(指携有政府票证的商人可以搭附其他无票小商人一起到恰克图经商),极大程度上方便了小商人的经商活动,推动了中俄贸易的稳定发展。俄罗斯商品从这时开始用茶叶来估价。嘉庆六年(1801)中俄贸易总额为8159576卢布,嘉庆十八年(1813)上升到10929348卢布。①

从18世纪末经恰克图换进的白毫茶和砖茶的增长如表1②

表1　　　　单位:普特

年份	茶叶贸易量
1792年	6861
1792年	12799
1802年	12799
1807年	39791
1811年	46405
1812年	24729
1813年	67583

此时,运往库伦的茶叶、布匹、绸缎、瓷器、大黄等货"俱自张家口贩往",商人们自用的日用品和米粮"向在张家口采办"。

---

① [俄]阿·科尔萨克:《俄中商贸关系史述》,米镇波译,北京:社会科学文献出版社,2010年,第69页。
② 休金:《茶和茶叶贸易》,《对外事务部》,1850年第4期。

五、万里茶道河北段贸易黄金期（道光时期）

为确保从恰克图贸易中获得稳定的收入，也为了有效控制中国北方的市场，从自身的重要利益出发，俄国政府在中俄恰克图边贸地区施行了禁止鸦片走私的政策，促使中俄贸易在道光年间进入繁荣时期。

大境门内关帝庙市场

"经过恰克图与中国的贸易额，在19世纪30年代就显著地增加了。1829年贸易额占俄国向亚洲输出总额的29%，道光二十年（1840）则达到了42%……50年代前半期双方贸易达到俄国向亚洲输出总额的60%"[①]同时，"道光三十年（1850），张家口办出赴恰克图交易的信票268张，而咸丰初（1851年后）办出信票达400—500张"。按每一张信票货物不得超12000斤，老倌车不得超20辆，人不得超10位的规矩计算，

---

① 洛日科娃：《俄罗斯与中亚的经济关系》（19世纪40年代至60年代）俄文版，莫斯科，1963年，第50页。

道光朝最后一年,张家口有1608吨商品运到恰克图,而咸丰初年就达到了2700吨。①学者黄鉴晖在《明清山西商人研究》中说:"前期,部票一张……贩茶300箱。后期,一票曾贩茶600箱。"如果按运量翻番的逻辑推算,商品总量恐怕就要超过5000吨了。②

正是在这一时期,中国向俄罗斯的茶叶出口,也进入了黄金时期。③

六、万里茶道河北段贸易由盛而衰期(咸丰时期)

咸丰元年(1851),太平天国起义的爆发,阻断了长江运输线路,严重影响了万里茶道贸易的正常进行。中国茶商避开福建,转到湖北羊楼峒、湖南安化采茶。货源至恰克图的运输路程缩短了300余公里,整体费用减少,一定程度上提高了中国

清代 具有俄罗斯风格的张家口"福源昌记"商号银酒杯

---

①②刘振瑛:《品评张库大道》,北京:国家行政学院出版社,2012年。
③郭蕴深:《论中俄恰克图茶叶贸易》,《历史档案》1989年第2期。

茶商在恰克图的竞争能力。"中国古埠运销外洋之茶,道光二十四年共为70476500磅,迨咸丰八年即增至103564400磅,其间尤以咸丰六年之130677000磅为最高峰。故就全体言之,国外华茶之销路,实有蒸蒸日上之趋势焉。"① 咸丰时恰克图"办茶大字号约有四十家,均系张家口上埠者……"② 可见,当时中国商人大多来自张家口。清人松筠的《绥服纪略》中也记载:"所有恰克图贸易商民皆晋省人。由张家口贩运烟、茶、缎、布、杂货,前往易换各色皮张毡片等物。"晋商在对蒙古、俄罗斯的贸易中占主导地位,而且都以张家口为大本营。③

清政府为筹集镇压太平军的费用,实行厘金制度。据《筹办夷务始末》卷七载:"咸丰十年,因军饷支出,奏准每商票一张,在察哈尔都统衙门(张家口)输厘金六十两,凑拨察哈尔驻防常年军饷。华商税厘既重,获利无多,是以生计日穷……"时每一领取票照可贩茶300件,茶值约6000两,但要交正税1200两,票照50两,厘金60两,从而造成茶商巨大亏损。④

中俄《天津条约》和《北京续增条款》的签订,取消了经陆路来华俄商数目及所带货物多寡的限制。恰克图口岸贸易遭受重挫。

七、万里茶道河北段贸易俄商主导期(同治时期)

《陆路通商章程》《改订陆路通商章程》的相继签订,令俄国取得了在天津通商的特权,俄商可以进入中国内地进行商业活动,直接到内地茶叶产地加工和采购茶叶了,这使得中国商人丧失了原有的优势和生机。免除俄商复进口税,不但让国家损失了大量税收,而且为俄商降低了货物成本,使他们在与中国商人的商业竞争中有了更强的竞争力,中国商人的处境从此更加艰难。据《筹办易务始末》卷五十七载:"同治五年,恰克图通商,日渐衰败,中国茶行字号,诸多业歇,以致百二十家,仅存十家。到同治七年初,'目前在买卖城只剩下四个老的山西行庄'。"学者唐寿峰在《张家口的中俄蒙贸易及陆运》一文中写道:"从此以后,清政府逐步丧失贸易控制权,俄国商人在我国可以自由买卖、贩运,张家口至库伦的贸易运输带有了明

---

① 威廉斯:《1863年中国商务指南》,《中国近代对外贸易史资料》(1840—1895)第一册,北京:中华书局,1962年,第198页。
② 米振波:《清代中俄恰克图边境贸易》,天津:南开大学出版社,2003年,第40页。
③ 刘振瑛:《品评张库大道》,北京:国家行政学院出版社,2012年,第293页。
④ 韩祥瑞:《张库商道历史十题》,《张家口历史文化研究》,2015年第15期,第11页。

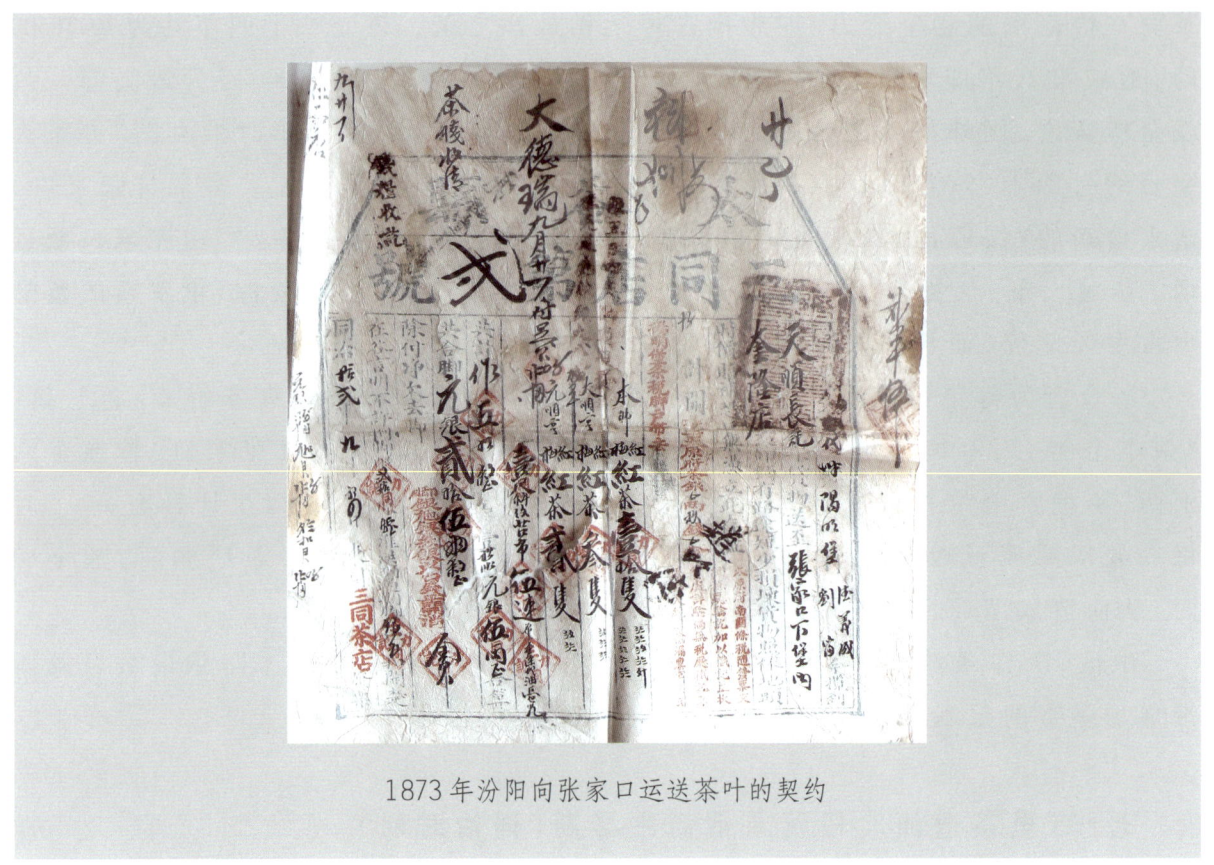

1873年汾阳向张家口运送茶叶的契约

显的半殖民地性质:俄国商人享有特权,给予优厚待遇,而我国的商人却因纳税负担过重,无力竞争,受到了沉重打击。张家口的'山西帮'茶商由一百多家减到二十几家,在恰克图中国商店受其影响纷纷倒闭。"为这种悲惨局面雪上加霜的是同治七年(1868)闰四月,恰克图买卖城发生大火,五十多家华商的房屋被烧毁,中国商人损失惨重,买卖城贸易从此一蹶不振。同治年间,在沉重税收压制下的旅蒙业已值强弩之末。①由晋商开辟的万里茶道加速衰败。

与此形成鲜明对比的是,俄商利用免税特权和低廉的运输成本在南方直接从事茶叶采购和加工,形成了汉口—上海—天津—通州—张家口—恰克图的水陆并用运茶路线。通过不平等条约,俄国商人获准"由陆路输入内地者,可照旧通过张家口、通州前赴天津,或由天津运往别口及中国内地,准在各口岸经销",并被允许在库伦、张家口等地建立为贩运服务的铺房和行栈。《北京续增条约》规定:"俄国商人除在恰克图贸易外,其由恰克图照旧来京,经过张家口地方,如有零星货物,

---

① 刘振瑛:《品评张库大道》,北京:国家行政学院出版社,2012年,第309页。

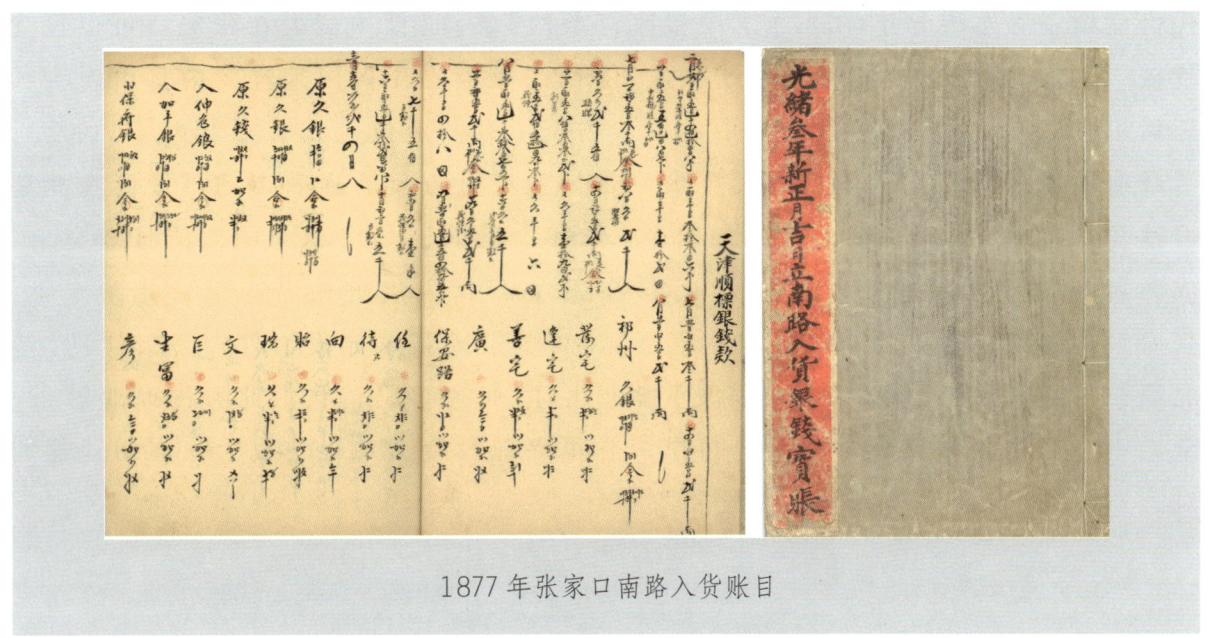

1877年张家口南路入货账目

亦准销售。"俄国人终于"零星"地挤入张家口,并获得了在张家口的领事裁判权和减免营业税的特权。[1]

1863年以后,俄商的顺丰、新泰、阜昌等多家洋行在汉口开业,开启了汉口蒸汽机制砖茶的先河,并逐渐垄断了汉口的茶叶加工业。"道光十七年至十九年(1837—1839)每年输入俄国的茶叶平均为8071880俄磅,到了同治六年(1867)已增到8659501俄磅,30年时间,年增近600000俄磅。"[2]这些数字的增长,是清政府对俄商免征复进口税,俄商直接进入内地购茶的结果。由俄商主导的陆路贸易逐步形成。

毋庸置疑,不管是由晋商主导的传统万里茶道,还是由俄商主导的陆路贸易,都以张家口为重要的中转地。这时的张家口,已经成为茶叶北运的基地。[3]如《蒙古志》卷三所说:"茶以张家口为枢纽,货物辐辏,商贾云集。"客观上张家口已成为天津和华北经济区域与西北地区联系的枢纽。

八、万里茶道河北段贸易剧烈动荡期(光绪时期)

俄罗斯以恰克图贸易业已衰落为借口,多次要挟清朝另辟张家口为商埠,以取

---

[1][3] 刘振瑛:《品评张库大道》,北京:国家行政学院出版社,2012年,第150页,第319页。
[2] 冀福俊:《清代山西商路交通及商业发展研究》,山西大学硕士学位论文,2006年。

代恰克图。清光绪七年(1881),《中俄改订条约》签订,俄国商人在张家口可以设立货栈,可以将运进之货物全部留于张家口销售,俄商在中国内地经商的自由度大大拓展了,从而在对中国的贸易战中进一步占据了有利地位。光绪二十八年(1902),清政府同意将张家口大境门外元宝山一带划地五万方尺为通商市场,俄商在此建造铺房货栈。万里茶道河北段愈加繁荣。张家口汇集、中转、枢纽的功能日渐突出,成为名副其实的陆路口岸。①据沈斌华《内蒙古经济发展史札记》记载,光绪末年,张家口的茶店、烟店、绸布庄、钱庄发展到530多家。张家口成为仅次于天津的"华北第二商埠"。方行的《中国经济史》指出此时"张家口是清代最北方的商业城市、金融中心和中俄陆路贸易的重要口岸。它虽兴起较晚,却很快成为与广州遥遥相对,一南一北两个主要外贸口岸之一"。

运送茶叶的骆驼商队

但随着东清铁路、西伯利亚铁路的相继通车,俄国运茶路线变更为汉口—上海—大连港或者海参崴—东清铁路转西伯利亚铁路或西伯利亚铁路—俄国。此时

---

① 刘振瑛:《品评张库大道》,北京:国家行政学院出版社,2012年,第151页。

的张家口和天津完全被避开。另外清政府在蒙古地区贸易取消小本营生的限制,促使俄商将大量的俄制砖茶和货物销往蒙古地区。至光绪末年,俄商很快挤占了中国商人在蒙古地区的市场,加剧了俄国对蒙古地区的渗透和影响。主管张家口关税的监督松宽向朝廷奏报:"张家口税务向以南茶并恰克图皮毛等货为出入大宗,次则进口牲口,均系内地商贾往来贩运,是以从前税课丰旺。及至俄国通商后,所有大宗茶货俱由俄国自行贩运,照章免税。内地商贾渐多歇业,因之每岁征额均属短绌。"万里茶路中晋商的贸易量日渐萎缩。

九、万里茶道河北段贸易经短暂辉煌后终结期(清末民初)

20世纪初,中俄相继爆发了辛亥革命和十月革命,两国政治格局的巨变,深刻影响了中俄茶叶贸易。

1909年京张铁路的通车,促使怡安街、福寿街、马路街等商业街市出现,吸引了洋行、商贾投资,此时张家口市区雏形基本形成。随后我国第一条正式运营的汽车线路——张库公路通车,旅蒙业再次振兴,万里茶道河北段迎来了一段短暂的辉煌时期。据《察哈尔省通志》记载:"清末张库通商日繁,每年进出口约合口平银一万二千万两……自平绥路修至张垣,复经边防军建设张库汽车公路,运输捷便,商务遂盛,贸易额达一万五千万两。是为张垣商务鼎盛。"据《蒙古人民共和国史纲》记载:"宣统三年,张家口总人口132621人,而当时经商人数竟然有35000人,占总人口

的近四成之多。"此时张家口大小商号共计1450余家,其中外贸行业占总商号的近一半,达700多家,张家口成为一个完全靠买卖支撑的商业之都。①

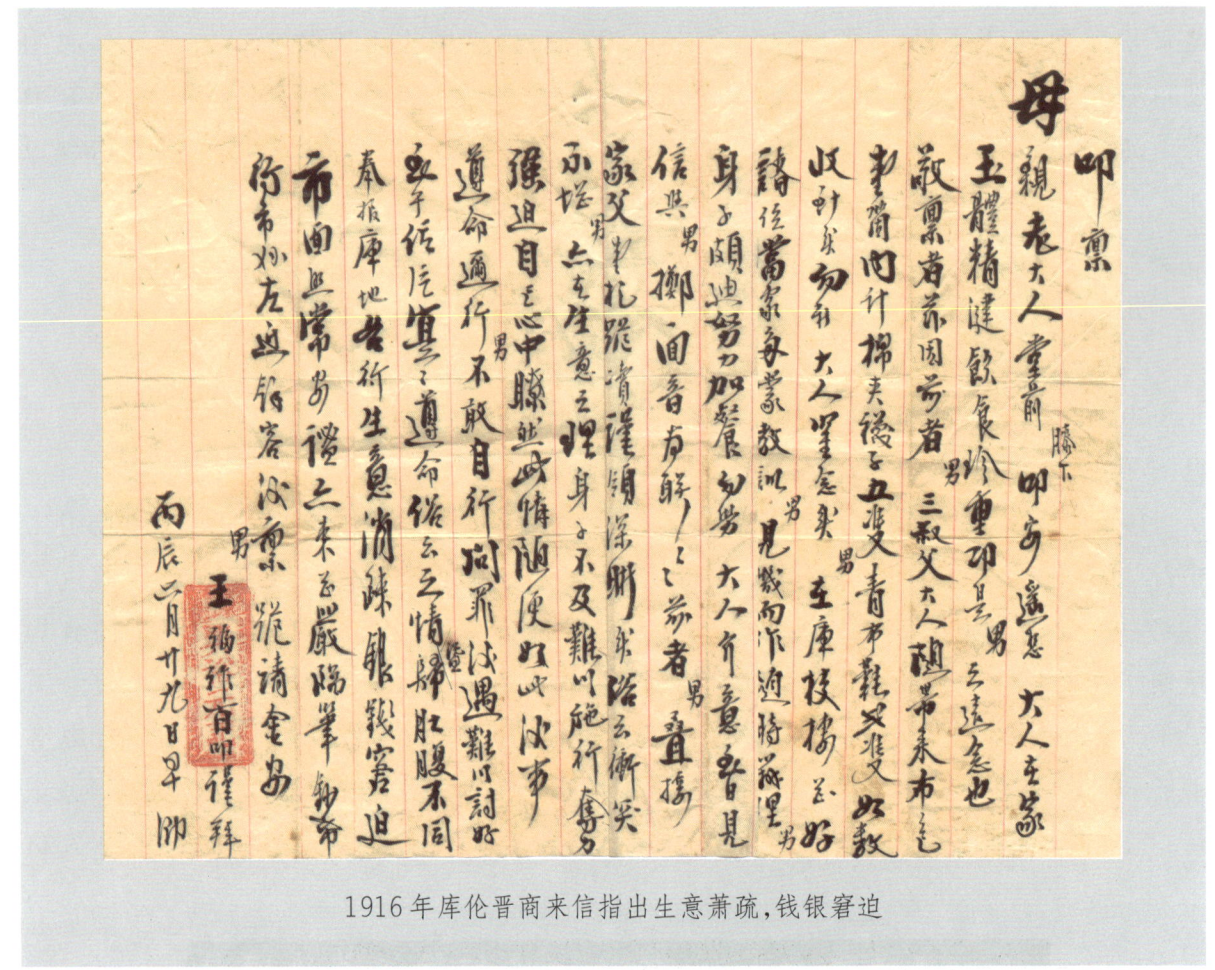

1916年库伦晋商来信指出生意萧疏,钱银窘迫

俄国人通过策划外蒙独立,逐渐取得了在外蒙古无税自由贸易的特权,万里茶路河北段严重受阻,晋商在外蒙古的贸易事业遭到沉重打击。1924年6月,在沙皇俄国不断地影响策动下,蒙古人民共和国成立,私营贸易被取缔,中国商人遭到驱逐。"自从外蒙宣言独立以来……如果有货物运入库伦城时,无论箱包,一律要打开视察……经过税务人员的许可,方才可以交税金。倘若说明书上所载的数目和货物不能符合,便当货物价十倍处罚……至于课税之法,是以价格为标准,但是无论种类如何,一概由税吏随意评价。所以时常有超过市价数倍的,税率又很大,为值百

---

① 刘振瑛:《品评张库大道》,北京:国家行政学院出版社,2012年,第399页。

抽六。此外更需交纳落地税和俄人所设立皮毛瘟疫检验处的检验税,重重尅剥竟使汉商无力(利)可图。"[1]1929年,在苏俄的支持下,外蒙古将库伦的中国商店全部没收,近两个半世纪的万里茶道贸易彻底中断。

---

[1] 刘虎如:《外蒙古一瞥》,上海:商务印书馆,1929年。

第三章
万里茶道河北段文化遗产综述

第一节　万里茶道河北段文化遗产资源选定依据

一、从时间上看：张库大道始于明末，贯穿清代，亡于蒙古人民共和国取消对华贸易，与万里茶道相重叠

嘉靖三十年（1551），明开办"贡市"，张库大道初现雏形。

隆庆五年（1571），隆庆议和，张家口堡设立"马市"。

顺治元年（1644），大境门开通，政府准山西八大皇商出张家口从事对蒙贸易。

顺治三年（1646），大清户部在张家口设立钦差户部分司。

康熙二十八年（1689），中俄签订《尼布楚条约》，正式确立双方贸易关系。

康熙三十年（1691），多伦会盟后，清政府允许汉民在理藩院统管下到后草地经商，旅蒙业应运而生，万里茶道河北段初现雏形。

1909年张家口西沟贸易

康熙四十七年（1708），清政府批准俄方提出的色楞格—库伦—张家口—北京的贸易官道，张库大道正式成为国际商道。

雍正三年（1725），理藩院将颁发信票的权力下放至张家口。初始申请及查验手续在张家口理事同知衙门办理。

雍正五年（1727），《中俄恰克图条约》确定了恰克图—库伦—张家口—北京的正道贸易路线，万里茶道作为国际贸易线路正式形成。张家口也逐渐演变成为中俄贸易的口岸。

乾隆二十六年（1761），设察哈尔都统，署治张家口，院票由都统颁发。

19世纪初，茶叶逐渐成为贸易中最主要的商品，张库大道成为名副其实的茶叶之路。19世纪中叶万里茶道上的中俄茶叶贸易进入黄金时期。

咸丰八年至同治元年（1858—1862），中俄先后签订《天津条约》《北京续增条款》和《陆路通商章程》等一系列不平等条约，形成自汉口、上海、天津、通州至张家口的线路。取消了经陆路来华俄商数目及所带货物多寡的限制。恰克图口岸贸易遭受重挫，晋商主导的万里茶道贸易滑向衰落。

同治二年（1863）以后，俄商的顺丰、新泰、阜昌等多家洋行在汉口开业，开启了汉口蒸汽机制砖茶的先河，并逐渐垄断了汉口的茶叶加工业。俄商逐渐主导了中俄茶叶贸易。

随着1903年东清铁路、1904年西伯利亚铁路相继通车，张库大道也逐渐衰落。

1910年，京汉铁路开通后，由山西进张家口的运茶路线被彻底废弃。

1918年，张库公路通车，张库大道迎来短暂辉煌。

1929年，外蒙古取消对华贸易，张库大道贸易彻底中断。

可见，张库大道的形成要早于万里茶道，历史脉络与万里茶道相一致。

二、从空间上看：张库大道是万里茶道重要的组成部分，张家口是万里茶道北方地区最为重要的交通枢纽、贸易中转站和榷关城市

康熙二十八年（1689），中俄《尼布楚条约》以官方形式正式确立了双方的贸易关系。康熙四十七年（1708），清政府批准了俄方提出的色楞格—库伦—张家口—北京的贸易官道。雍正五年（1727）《中俄恰克图条约》又再次确定了恰克图—库伦—张家口—北京的贸易路线。

雍正三年（1725）清廷首先允许由张家口理事同知代发"信票"（也称"部票"），张家口成为北方五大榷关之一，张库大道日渐繁盛。19世纪初，茶叶逐渐成为中俄

贸易的主要商品，张库大道成为名副其实的茶叶之路。咸丰三年（1852），中俄茶叶交易量由之前的每年不超过40000箱猛增到175000箱，贸易额达到1500万美元。

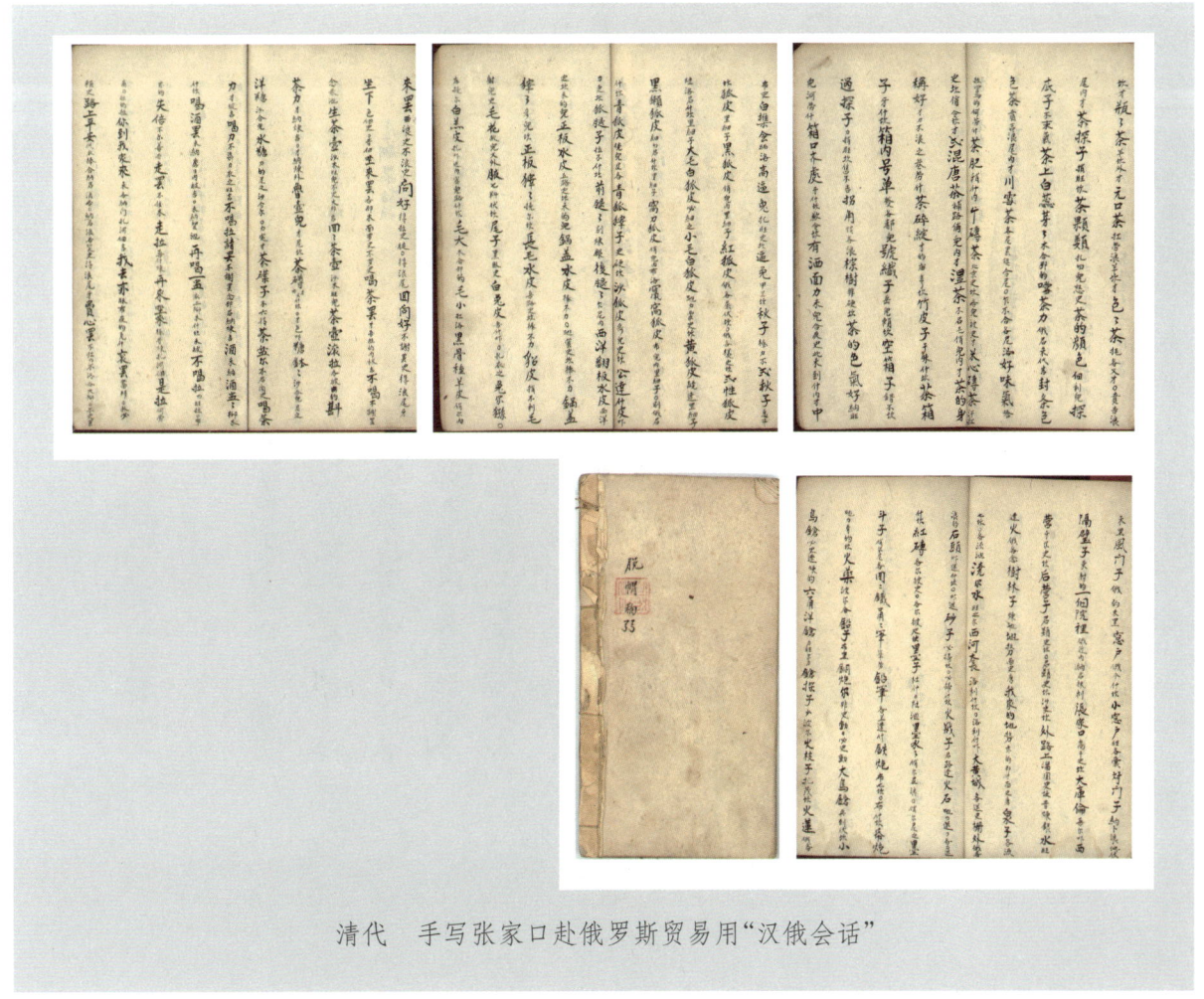

清代　手写张家口赴俄罗斯贸易用"汉俄会话"

万里茶道进入张家口之前分为西线和东线。西线是由中国晋商开辟的以陆路运输为主的运茶线路：自福建、江西、湖南抵汉口，经河南、山西到张家口，转运至恰克图，是早期中俄贸易的传统线路。东线是由俄商在1862年中俄《陆路通商章程》签订后开辟的水陆并用的运茶线路，即汉口—上海—天津—通州—张家口—恰克图的运茶路线。东线开辟后西线日趋萎缩，1910年京汉铁路开通后西线彻底废弃。

《陆路通商章程》使俄国获得了取消子口税、直接从事茶叶采购加工的特权以及在张家口的免税贸易权，加之新开辟的路线大大降低了运输费用，使得中俄茶叶贸易得以长足发展，交易量由1868年的13251担提高到834165担。作为中俄贸易线路上的必经之地，张家口的茶叶贸易量随之迅猛增长。张家口因其特殊的地理位置，成为万里茶道北方地区最为重要的交通枢纽、贸易中转站和榷关城市，被英国人称

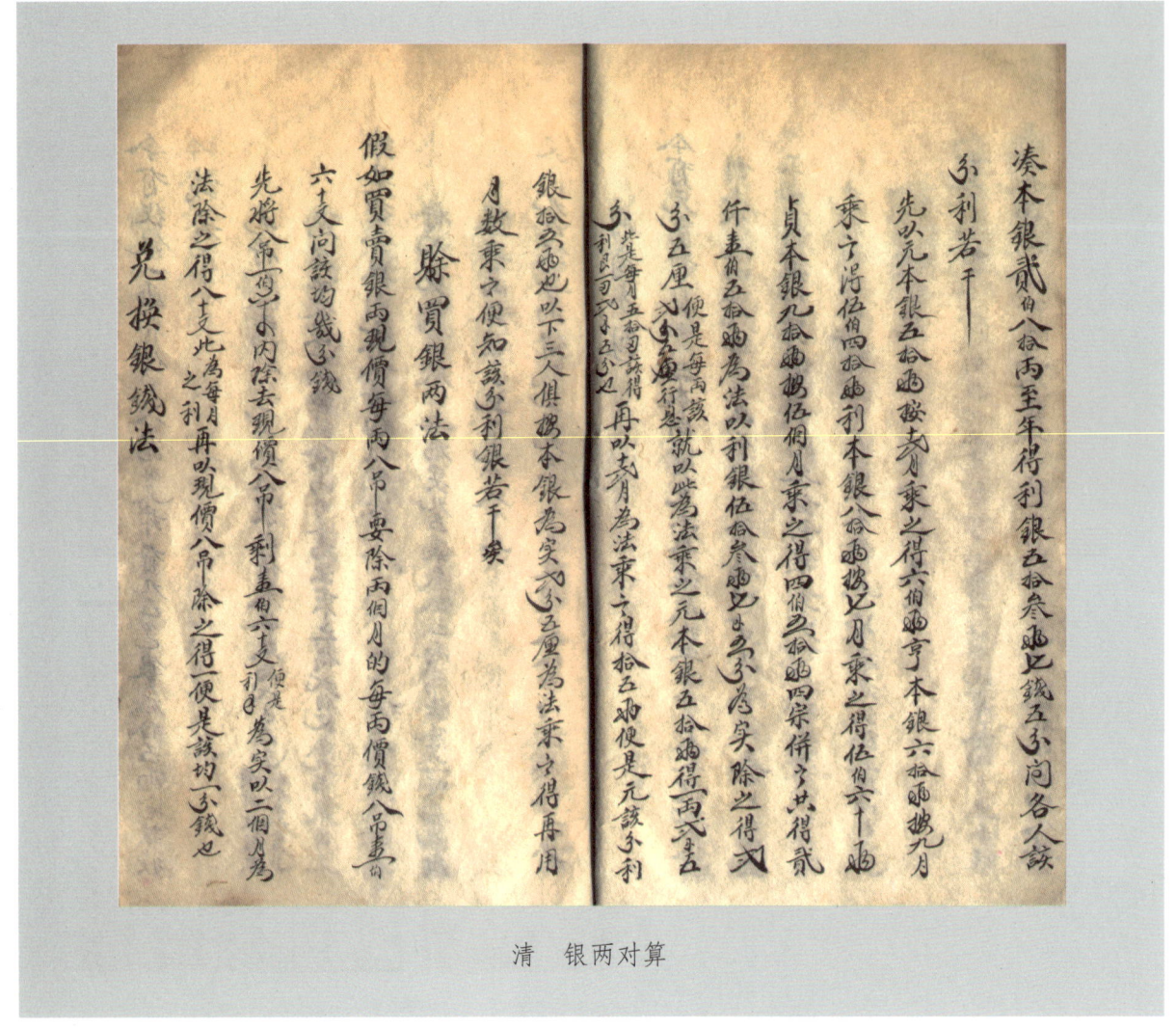

清　银两对算

为"西伯利亚大部分地区和俄国对华贸易的锁钥"。

三、从选定原则上看：资源点的选定坚持真实性、完整性、关联度和独特性

1.真实性原则。张库大道是万里茶道的重要路段，其历史遗存在河北省张家口境内十分丰富。随着岁月的推移，有关茶道的文物遗存大多发生了一些变化，因此真实性是认定的第一原则。因时代变迁、历史沿革而致其功能发生某些变化或者出现不同时期的叠加，只要其在时间上与万里茶道有重合，空间上在茶路的必经之路上，且与茶道有较高的关联度，即认定为茶道遗存。比如鸡鸣驿城、张家口堡、宣化古城史迹等。

鸡鸣驿城

2.完整性原则。作为线性文化遗存,在大规模城市化建设的今天,节点城市的完整性已很难做到,历史风貌大抵已经发生改变,甚至文物遗存本体也往往遭受较大破坏,完整性相对来讲只能限定于某一段区域内。对此,我们力求找到其中保存较好的某一个路段遗存作为完整性的代表。比如将古商道遗址作为军台遗迹的组成部分。

古商道遗址

大境门

3.关联度原则。文物遗存与整体茶道的关联度,是此次认定坚持的第三个原则。河北省张家口市有着丰富的历史遗存,本次只认定与万里茶道有着高关联度的文化遗存。对于虽然涉及茶道历史,但文化元素相对单一、历史记忆相对较少的遗存,原则上不予认定。已经认定的比如大境门、察哈尔都统署旧址等。

俄商墓地

4.独特性原则。文物遗存的独特性,是认定的第四个原则。众多文物遗存中,具有唯一性、独特性的遗存是我们认定的一个理由,比如俄商墓地、车马大店遗址。

第二节 万里茶道河北段路线走向

一、进河北的主要茶道路线：东线、西线

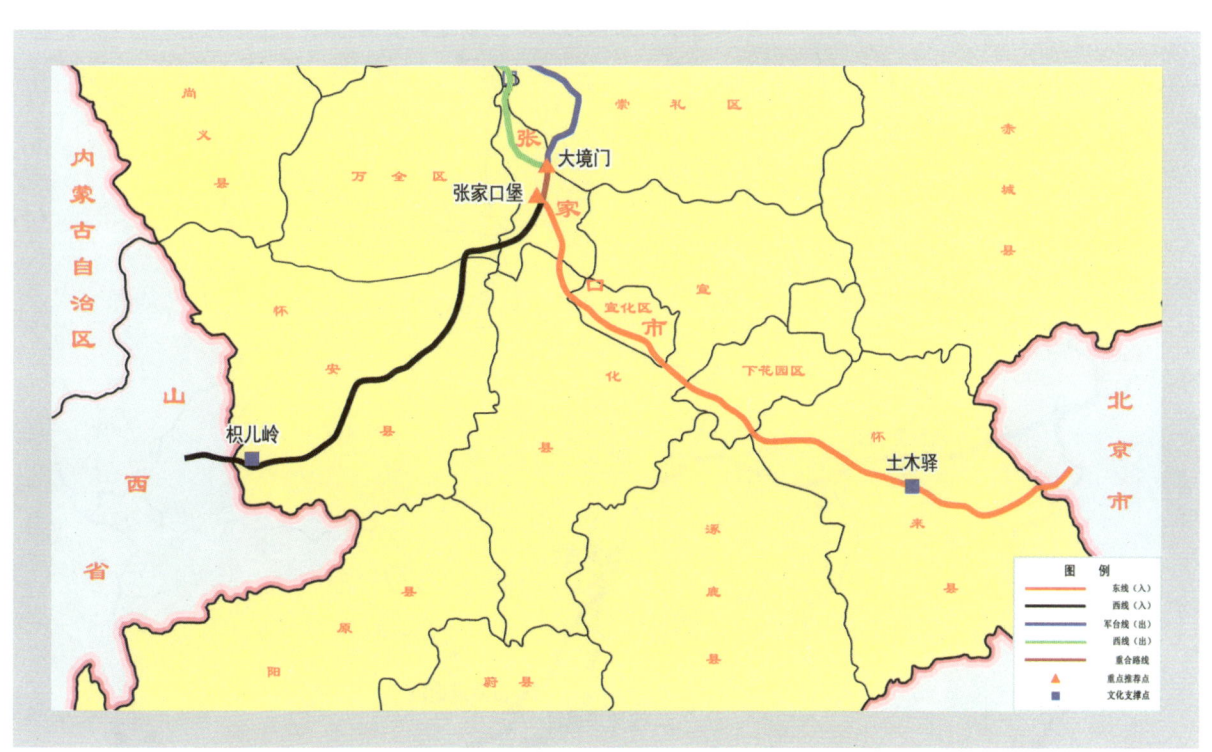

1. 东线

从北京通州起，经居庸关四十里关沟至土木堡进入河北张家口境。途经鸡鸣驿城、宣化城、东榆林威远台至张家口。沿途文化遗产为土木驿、沙城茶庄、鸡鸣驿城、宣化古城史迹、宣化演武厅点将台、东榆林威远台。

2. 西线

从山西山阴县岐道地右行，经大同、阳高、天镇至怀安县枳儿岭进入河北张家口境。途经怀安城、后所堡、太平庄、左卫到张家口，或经怀安城、北沙城、老龙湾、万全至张家口。沿途文化遗产为枳儿岭城址和万全右卫城霍家老宅。

二、出河北的主要茶道路线：军台线、西线、中线

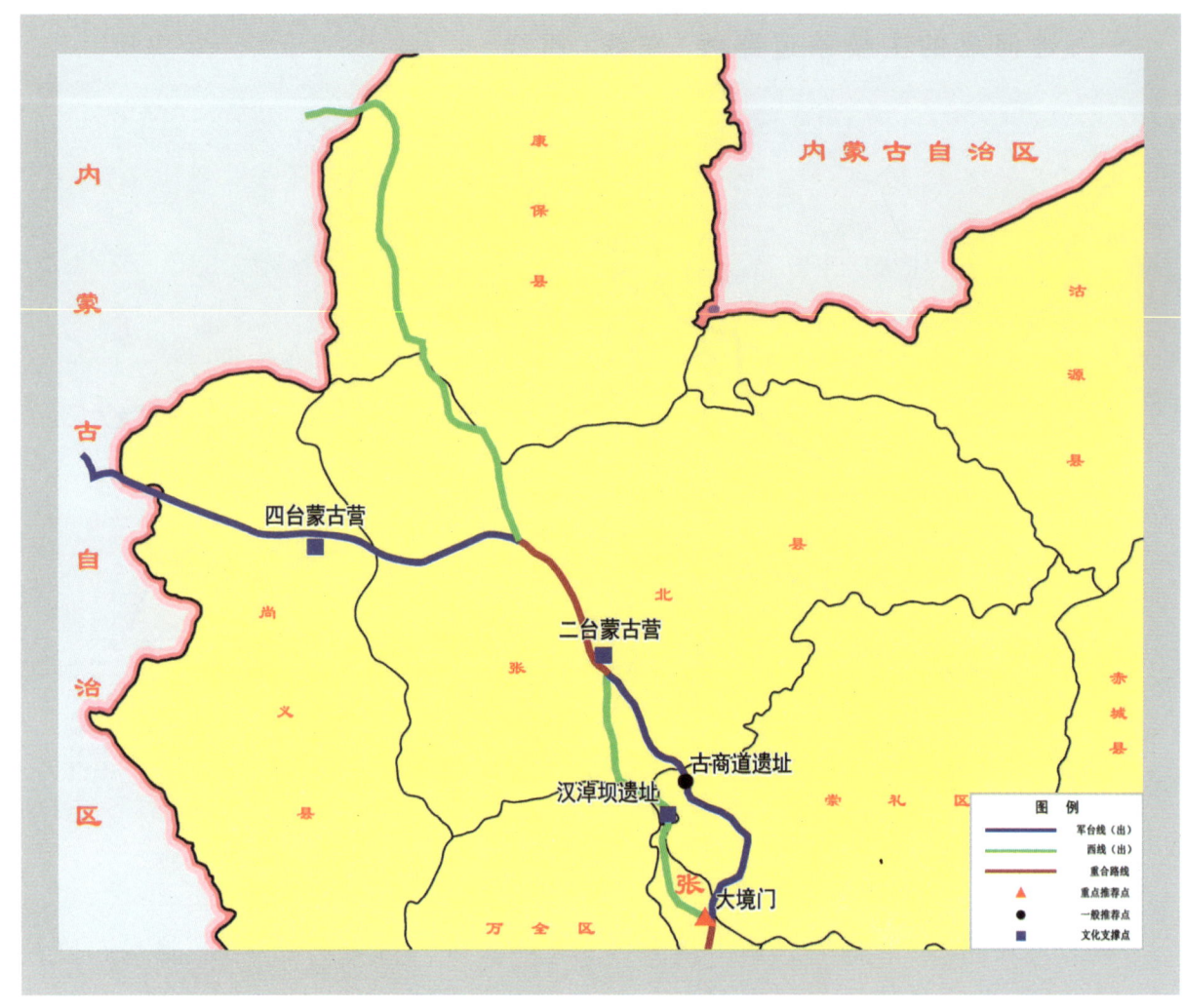

1.军台线：出大境门，走正沟，经崇礼区西甸子、嗨南营、头台（崇礼区石嘴子乡察汗陀罗村）、二台布尔哈苏台（张北县油篓沟乡大山尖行政村二台蒙古营子自然村）、三台哈柳图台（张北县海流图乡土城子村）、四台（尚义县石井乡四台蒙古营子）、五台（尚义县大营盘乡五台蒙古营子），进入内蒙古商都县境内。沿途文化遗产为军台遗迹（含察汗陀罗大店遗址、哈柳图台土城遗址）、二台蒙古营、四台蒙古营。

2.西线：出大境门，走西沟、南天门、坝底村，出汗淖坝，过张北、庙滩、汽车桥、德言庆庙，然后经康保县邓油坊、李家地、芦家营，进入今内蒙化德县境内。沿途文化遗产为俄商墓地、元宝山裕聚魁商庄、坝底村关帝庙遗址和汉淖坝遗址。

3. 中线（老倌儿道）：出大境门，走正沟，经今崇礼区孤石、西甸子、喁南营，从喁北营北岔道西行经察汗陀罗、五十家子上坝，至今张北县，之后汇入西线。沿途文化遗产为军台遗迹（此指喁南营戏楼、古商道遗址）。

第三节 万里茶道河北段重点推荐

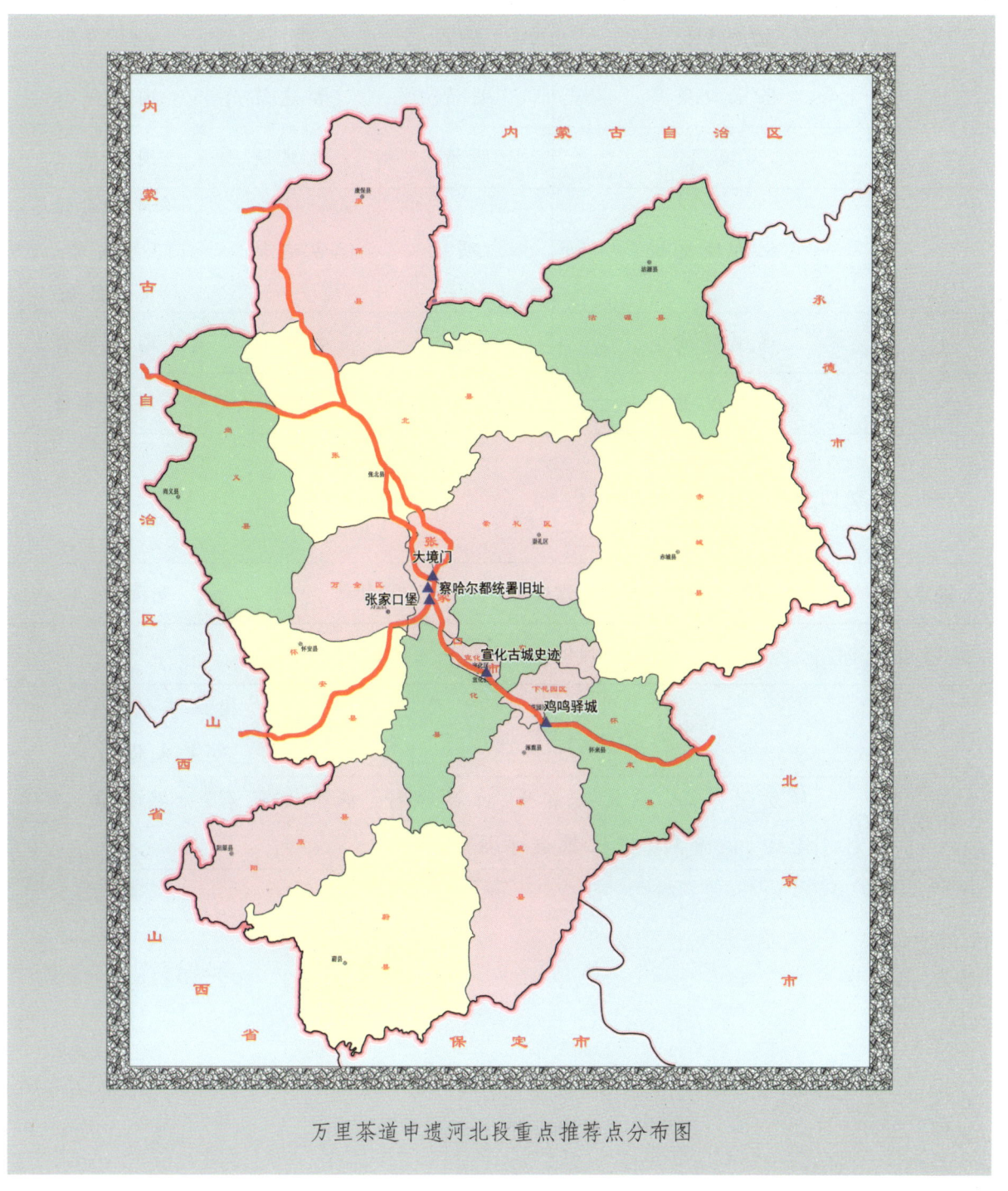

万里茶道申遗河北段重点推荐点分布图

万里茶道河北段文化遗产调查与研究

经过前期的实地调查、测绘、专家研讨、价值比对后,由中国建筑设计有限公司建筑设计研究所专家组审核,将万里茶道河北段沿途文化遗产中的五处作为重点推荐列入《申报中国世界文化遗产预备名单万里茶道(中国段)文本》中,并向国家文物局予以申报。

万里茶道河北段重点推荐点一览表

序号	遗迹名称	年代	类别	保护级别
1	张家口堡	明清	古建筑	国保单位
2	大境门	明清	古建筑	国保单位
3	宣化古城史迹	明	古建筑	含4处国保、1处省保、1处区保
4	鸡鸣驿城	明	古建筑	国保单位
5	察哈尔都统署旧址	清、民国	近现代	国保单位

一、张家口堡

地点	张家口市桥西区展览馆西侧	年代	明清
经纬度坐标	N40°49′11.3″,E114°52′21.0″		
功能	中心城堡	级别	国保单位、省级历史文化街区
相关遗存	祥发永帐局、锦泉兴票号、立昌洋行、华丰成商号、康熙茶楼、常家老宅、关帝庙、培植教会学校		

第三章 万里茶道河北段文化遗产综述

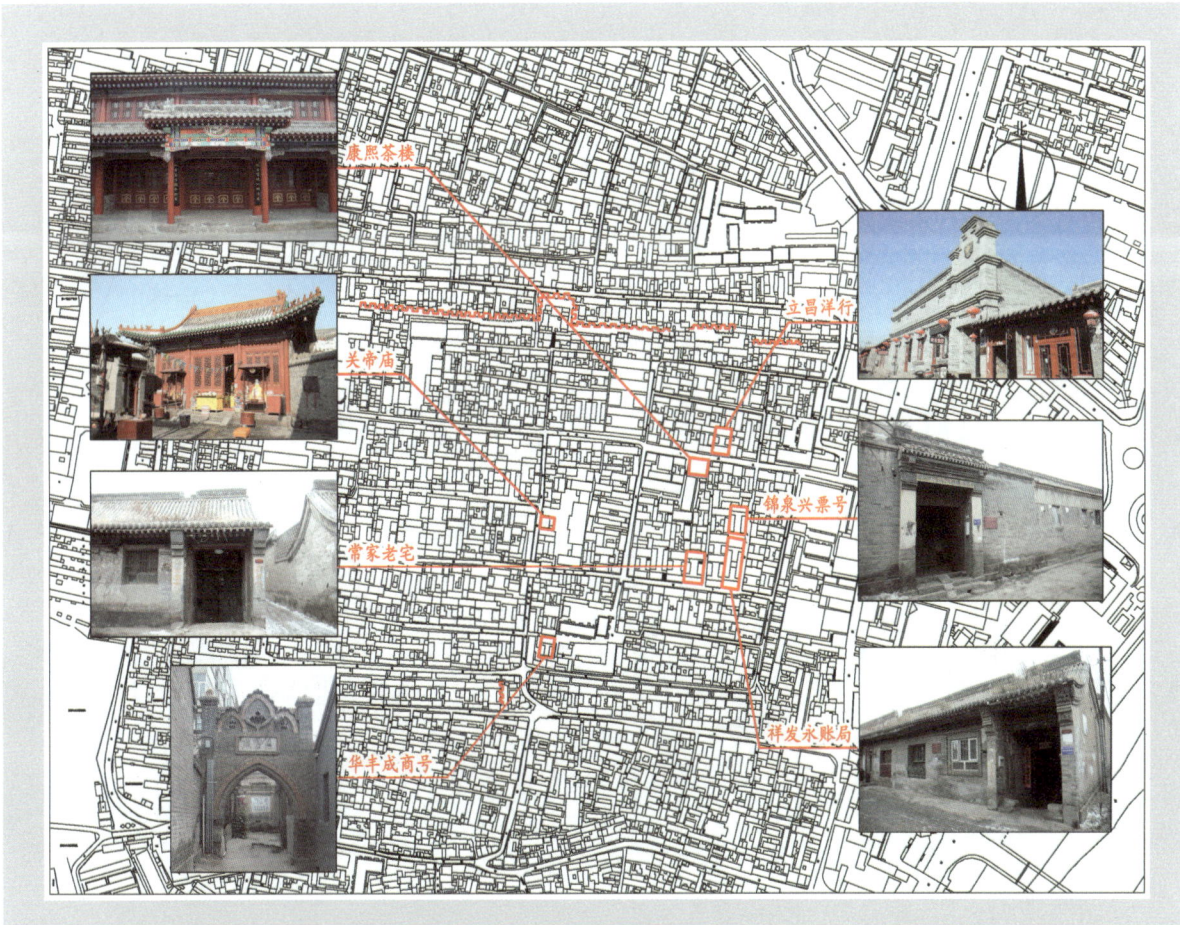

万里茶道张家口堡遗迹分布图

1. 基本描述

张家口位于中原通往蒙古地区的交通要道之上，是捍卫京畿的西北大门，更是中原与北疆相通的咽喉要道，地理位置十分显要，自古乃兵家必争之地。张家口堡是张家口市区最早的城堡，初建于明宣德四年（1429），至今已经有近600年的历史，是全国大中城市中保存最为完整的明清建筑城堡之一，堪称北方民居博物馆，素有"明清建筑博物馆"之美誉。堡墙东起武城街，西至西豁子街，南到西关街，北止北关街，面积达到25.94公顷。城堡最初只在东南两面开有城门，东门为"永镇"，南门曰"承恩"，东南二门均有瓮城。嘉靖八年（1529）开小北门，堡内道路呈三横三纵格局。

蒙汉互市开辟后，张家口堡逐渐由一座"武城"转变为"商城"。随着万里茶道的兴起，张家口堡及其周边地区逐渐成为贸易往来的集散地和交易地。张家口的茶商最多时有百余家，其中最著名的商号有"两大"（大玉川、大昌川）、"两长"（长裕川、长盛川）。茶叶贸易的发展推动了张家口各行业的快速发展，特别是金融业。在

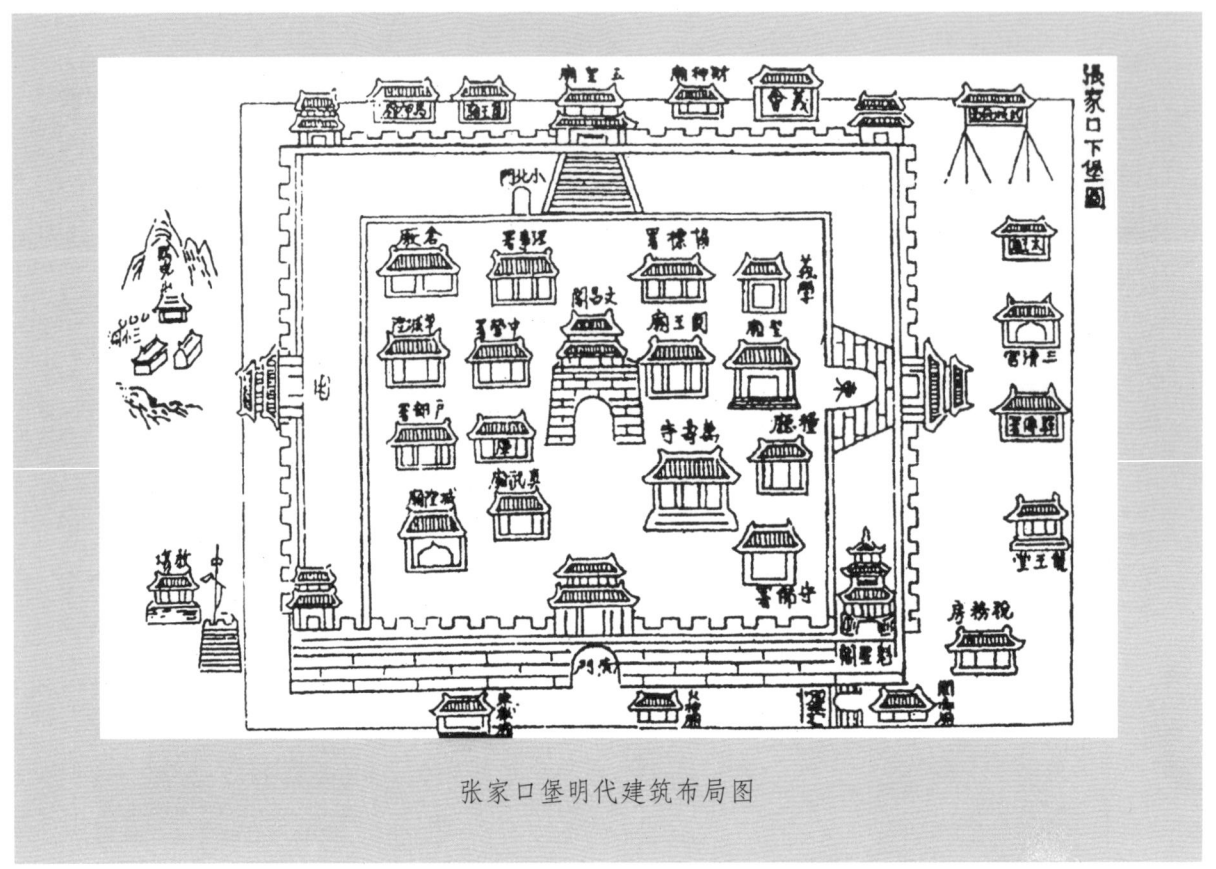

张家口堡明代建筑布局图

万里茶道兴盛时,张家口堡的票号、钱庄多达42家。此外张家口堡及其周边地区目前还存有众多与茶叶贸易密切相关的古老建筑和遗迹,如储存、包装茶叶场所的东昌栈、西昌栈(现仅余东昌栈大门);专门经营茶叶的老茶店巷、小茶店巷;为运输茶叶而饲养骆驼的东驼号、西驼号等。张家口堡及其周边的这些古老建筑遗存是万里茶道茶叶贸易盛况的历史见证。

2.历史沿革

明初,蒙古族退守漠南、漠北,对中原地区仍虎视眈眈。为加强北疆防务,宣德四年(1429),指挥张文在清水河西筑张家口堡,主要屯驻军队,张家口之名自此而始。成化十六年(1480)张家口堡展筑关厢,周五里,高二丈。嘉靖八年(1529)指挥张珍改筑城堡。万历二年(1574)堡始以砖包。这一阶段作为军堡的张家口堡,是明代长城九边要冲宣府防御体系的重要组成部分,以"武城"之誉而雄冠北疆。隆庆议和后,张家口被辟为蒙汉互市之所,由单纯的军事城堡演变为兼有贸易功能的边境城市。

清朝平定准噶尔部叛乱之后,来自北方的军事威胁被解除,张家口的军事作用开始下降,而政治、经济地位上升,民族融合成为趋势。康熙二十八年(1689),中俄签订《尼布楚条约》规定"嗣后往来行旅,如有路票(护照),听其贸易",中俄互市贸易发端于此。康熙四十七年(1708),清廷批准以色格楞—库伦—张家口商道为俄国商队往返之官道,张家口成为俄商入京要冲。雍正五年(1727)《恰克图条约》开通中俄恰克图贸易,清政府指定张家口与独石口、归化城、杀虎口等地为出入蒙地经商的贸易孔道,凡赴内外蒙古地区进行贸易的商贾,需经驻张家口的察哈尔都统批准并领取"部票"。张家口成为对蒙贸易的重要关口。乾隆十七年(1752)规定:中国商人若想进入恰克图贸易,必须到张家口、库伦等地纳税。这样货物集中到了张家口、库伦,并在此转运,北至恰克图,南至全国各地。乾隆二十年(1755),清政府停止俄国官方商队入京贸易,将中俄贸易统归于恰克图一处。随着恰克图边境贸易繁荣和中俄贸易的扩大,作为商路孔道的张家口吸引了大量内地商人纷沓而至,在此经营对蒙古地区和俄国的贸易。18世纪末,茶叶成为中俄贸易的主要商品,占恰克图市场货值的30%以上,19世纪后更是迅猛发展,到19世纪中期占90%以上。为了适应茶叶贸易蓬勃发展的新形势,以晋商为代表的茶商开辟了一条由福建、江西、湖南、湖北、河南、山西至张家口("东口")再转运至恰克图的运茶路线。茶商沿这条路线历尽艰辛,千里迢迢,把茶运至张家口囤积,并进行再加工,然后运往恰克图进行贸易,是为"万里茶道"。以张家口为起点的张库恰国际商道成为名副其实的"万里茶道"最重要的北部路段。

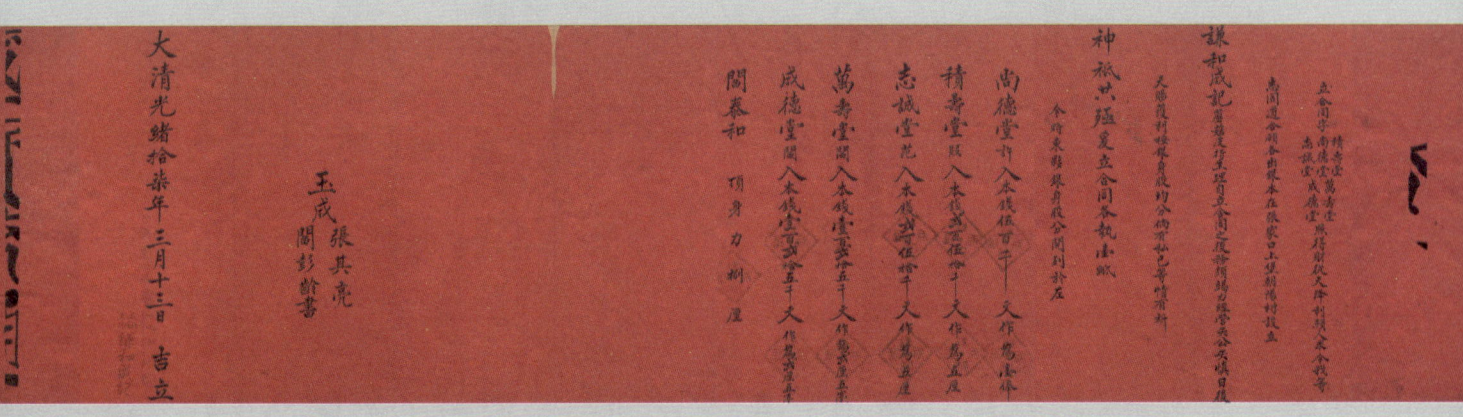

1891年张家口谦和成号成立合同

乾隆年间,随着万里茶道的兴起,张家口成为中俄贸易中重要的中转贸易站和物资集散地,张家口堡及其周边地区逐渐成为贸易往来的集散地和交易地。经营中俄贸易的晋商、旅蒙商纷纷以张家口为根据地,购置产业、修建住宅、设立商行。张家口的晋帮茶商，以长裕川、长盛川、大玉川、大昌川这四大带"川"字号的"祁帮"为著名。张家口堡鼓楼北街大玉川茶店故地院内还保存着乾隆皇帝赐给"大玉川"的一块双龙石碑，记载着这家茶庄从事中俄茶叶贸易的盛况。

由此一来，张家口堡得以迅速发展，逐渐发展为张家口的另一个富庶的商业区。东门外纵贯南北的武城街店铺鳞次栉比，汇聚了大批的商行、钱庄、票号，成为张家口最繁华的街道。批发商的住宅和商行大多集中在纵贯南北的武城街。这些住宅兼作仓库使用，多半面积用于贮存批发的货物。堡内较大的商号有大新德、大亨玉、大德公、天太德、复兴隆、永兴隆等。茶叶贸易的发展也催生了张家口的近代金融业。著名的祁县乔氏家族在二道巷开办了宏茂票号，祁县的渠家开设了茶店以及三晋源、百川通票号，太谷的曹家开设了锦泉涌、锦泰亨、锦泉兴票号、钱庄。张家口堡的棋盘街、鼓楼东街、锦泉兴巷、书院巷、东门大街设有裕源生钱庄、复兴成银号、宏盛票号等几十家传统金融机构。

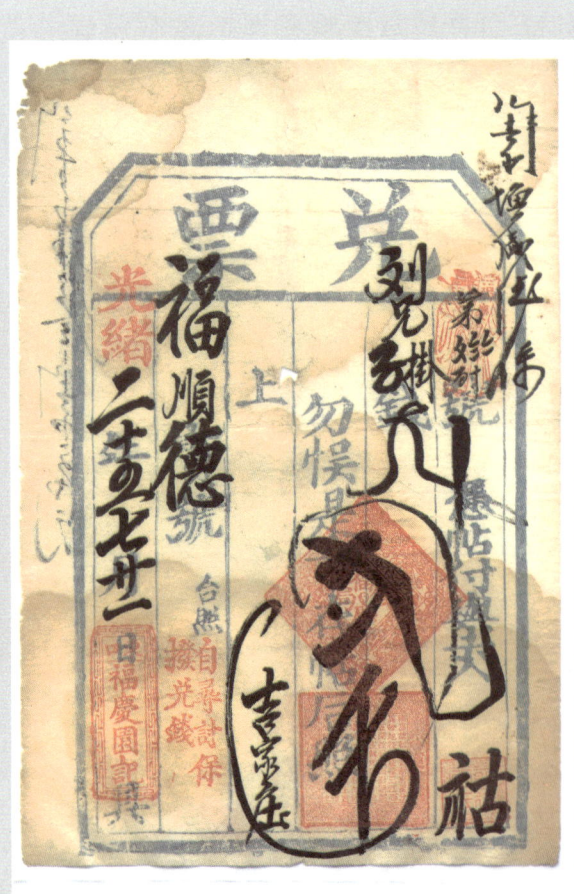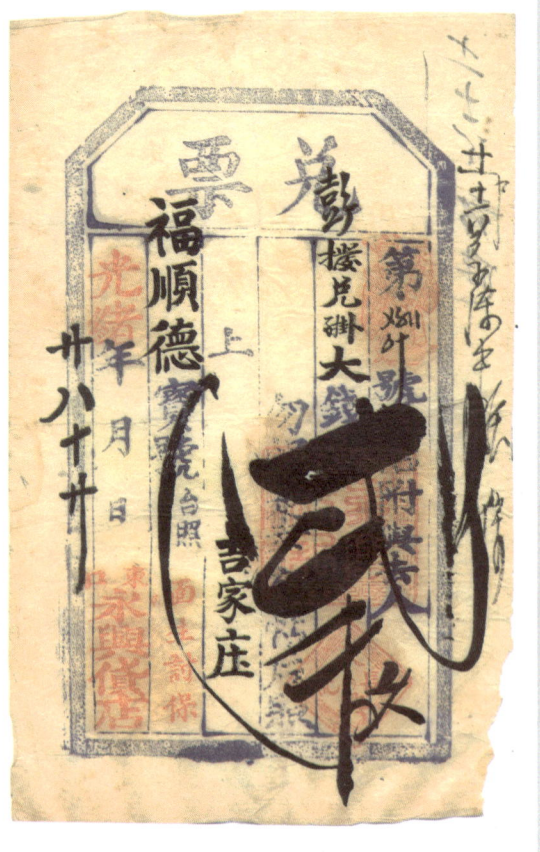

1899、1902年张家口"福顺德"钱庄兑票

中外商贾聚集张家口堡,投入大量资金,在此建起了深宅大院,基本保持了明清时代的建筑风貌,同时也给这里的文化建设带来了生机。据史籍记载,张家口堡内曾建有千佛寺、关帝庙、奶奶庙、真武庙、城隍庙等50多座寺庙。北城墙上的玉皇阁、堡城中心的文昌阁至今保存完好。万里茶道的兴盛也吸引了众多的国外资本。1912年,在张家口的外国商行有英国的德隆、仁记、商业、平和商行,德国的礼和、地亚士商行,美国的茂盛、德泰商行,日本的三井、三菱商行以及法、俄、荷兰的立兴、恒丰商行等,总数达44家。

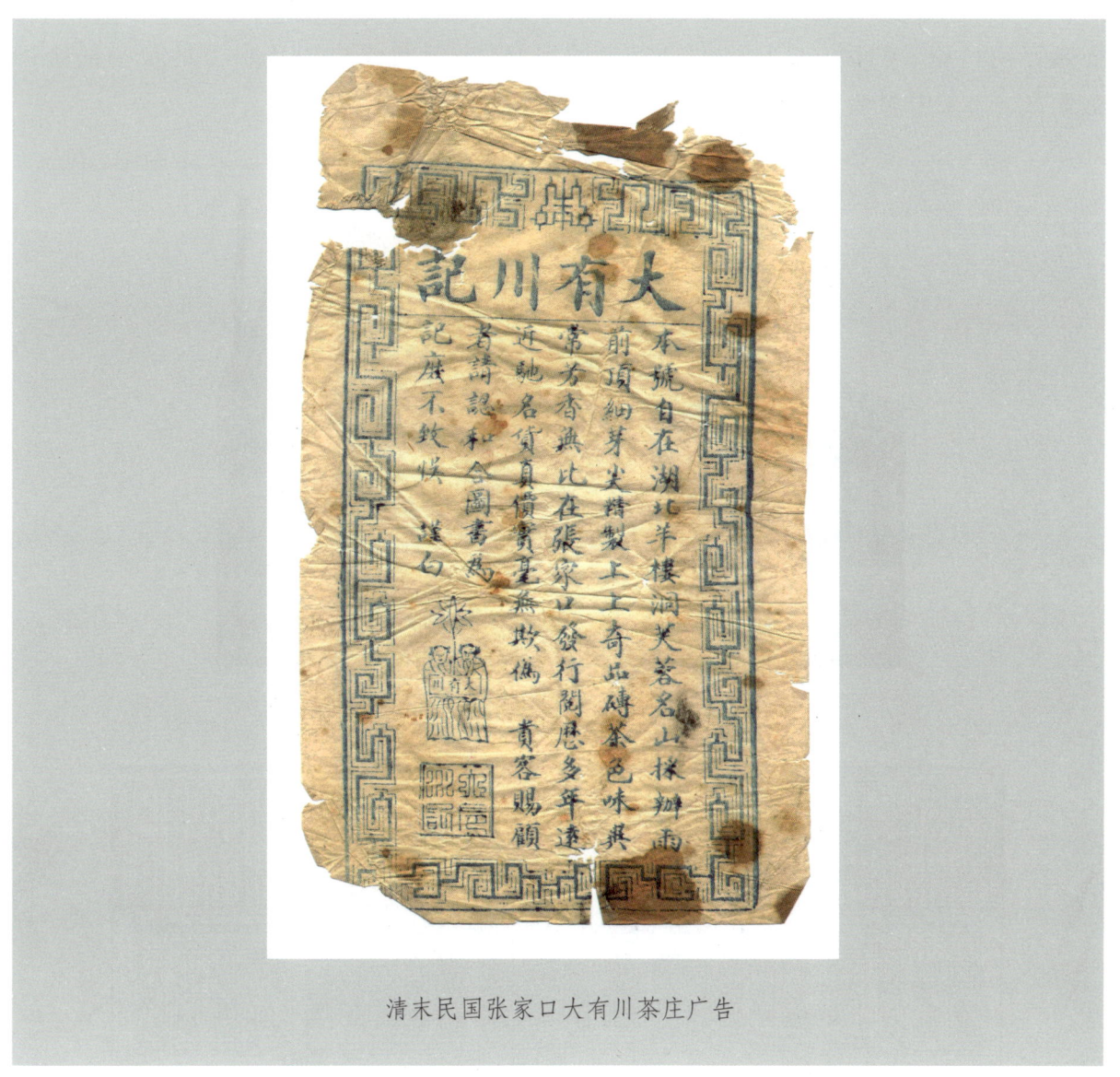

清末民国张家口大有川茶庄广告

随着1909年京张铁路建成通车,1914年张家口自行开埠通商,1918年张家口至库伦的公路修通,商道的交通运输条件得到改善,张家口对外贸易迎来了短暂的辉煌。据沈斌华《内蒙古经济发展史札记》记载,光绪末年,张家口的茶店、烟店、绸布庄、钱庄发展到530多家,成为名副其实的华北第二商埠和"旱码头"。据《察哈尔省通志》记载:"张库汽车路修通后,市场更加繁荣,年贸易额达15000万两白银,其中年销砖茶30万箱,输入羊毛1000万斤,羊皮1500万张之多,成为张家口商务的全盛时期。"1929年,外蒙古将库伦的中国商店全部没收,中俄贸易断绝,万里茶道迅速衰败,张家口堡从此繁华不在。

3.相关遗存

(1)祥发永账局:位于鼓楼东街3号,占地面积582平方米,建筑面积376.5平方米,为明清时期四合院,由山西汾阳商人王庭荣创建于清乾隆元年(1736),当时注金四万两白银。它不仅仅是张家口最老的账局,而且也是中国历史上的最早的金融企业之一,在中国金融史上具有重要的地位。

祥发永账局今貌

祥发永账局正房正立面图

（2）锦泉兴票号：位于锦泉兴巷4号，占地面积432.45平方米，建筑面积258.7平方米，为明清时期四合院，清同治年间由山西太谷县巨商曹本举开设。该票号的主要业务对象是万里茶道上的商人。

锦泉兴票号今貌

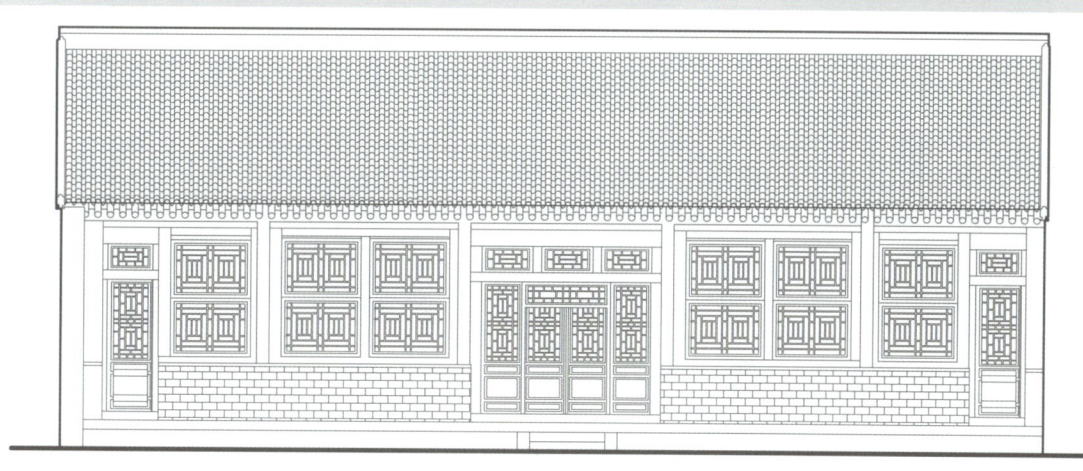

锦泉兴票号正房正立面图

（3）立昌洋行：位于东门大街13号，占地面积256.8平方米，建筑面积145.96平方米，为明清时期四合院。清朝末年俄国商人开办。该院落门楼依然保持着鲜明的欧式建筑风格，其顶部的沙俄国徽双头鹰图案已修复。

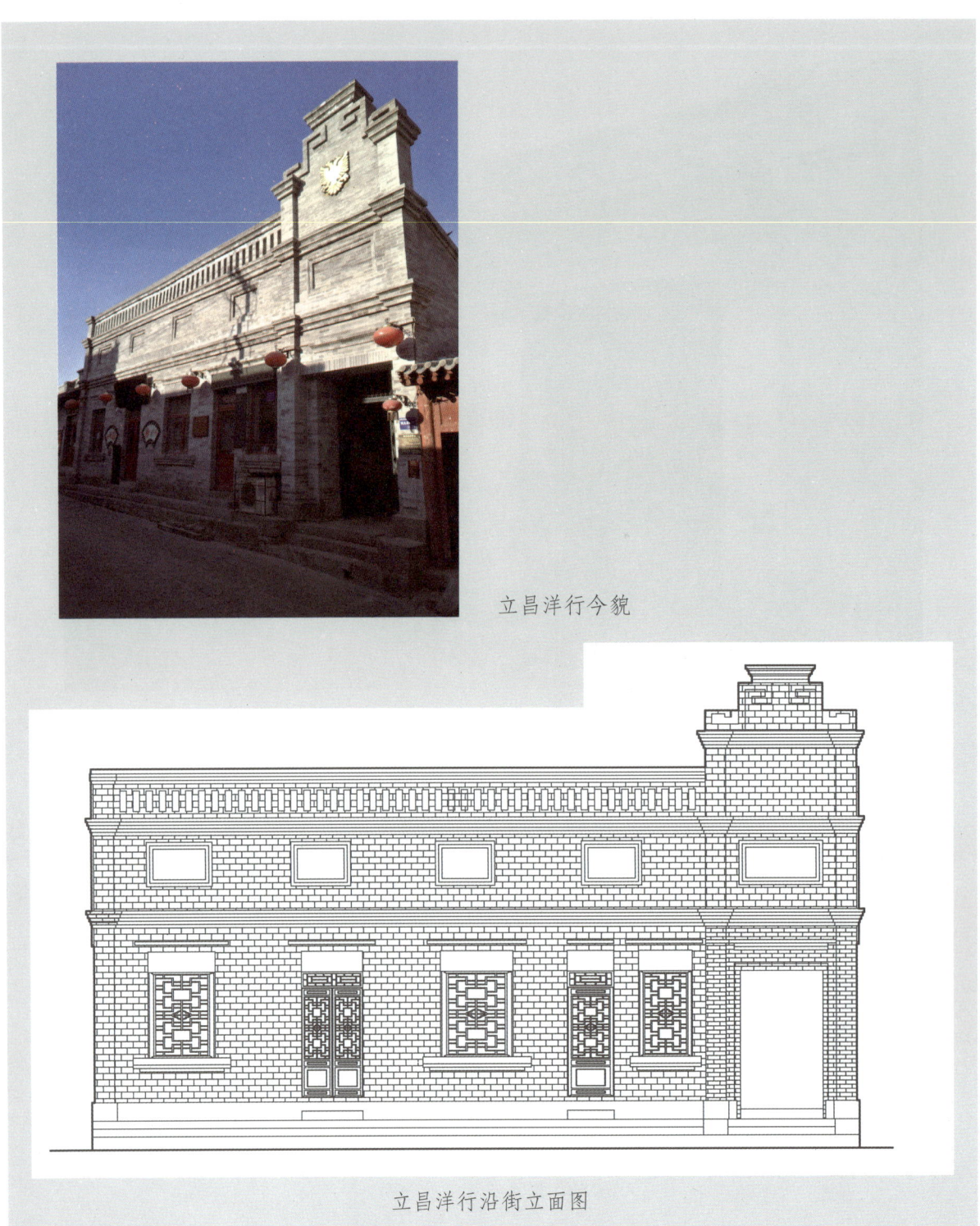

立昌洋行今貌

立昌洋行沿街立面图

（4）华丰成商号：位于鼓楼南街2号，占地面积240.7平方米，建筑面积154.92平方米，为明清时期三合院，门楼为欧式建筑。商号为民国时期中俄商人合办，从事的贸易主要为出口茶叶，进口法兰绒。

华丰成商号今貌

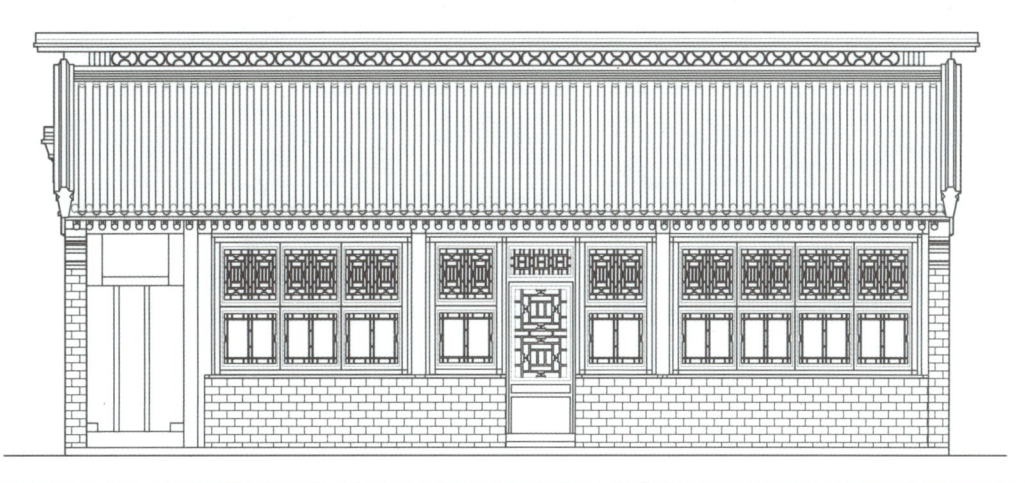

华丰成商号正房正立面图

（5）康熙茶楼：位于东门大街36号，占地面积198平方米，建筑面积396平方米，前身为大玉川茶庄，由清初皇商范永斗开设，后由旅蒙巨商大盛魁接手，为二层五开间建筑。相传康熙皇帝曾在大玉川茶楼品茗尝茶，体察民风民情，遂改名为康熙茶楼。

康熙茶楼今貌

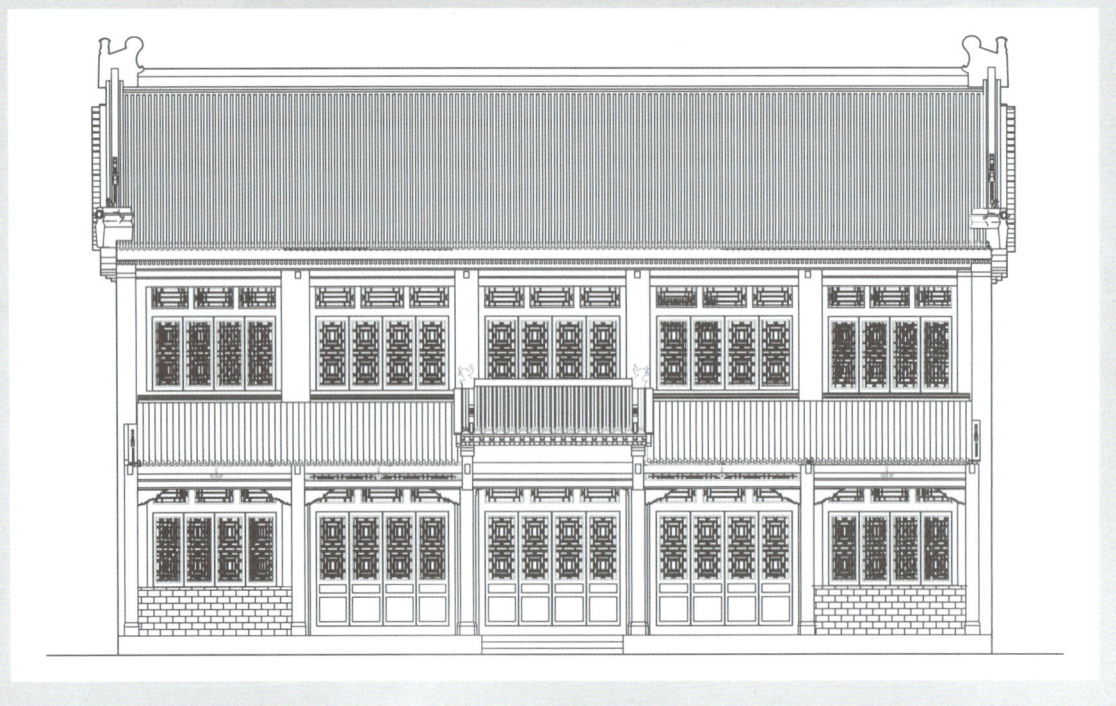

康熙茶楼正立面图

（6）常家老宅：位于鼓楼东街5号，占地面积445平方米，建筑面积265.36平方米，为明清时期四合院。常家老宅是山西榆次富商常万达的住宅，也是张家口堡最早的住宅之一。该院落大门内有一块"福"字影壁，院外临街的南墙上也有一块"福"字影壁，取福兆内外之意。

常家老宅今貌

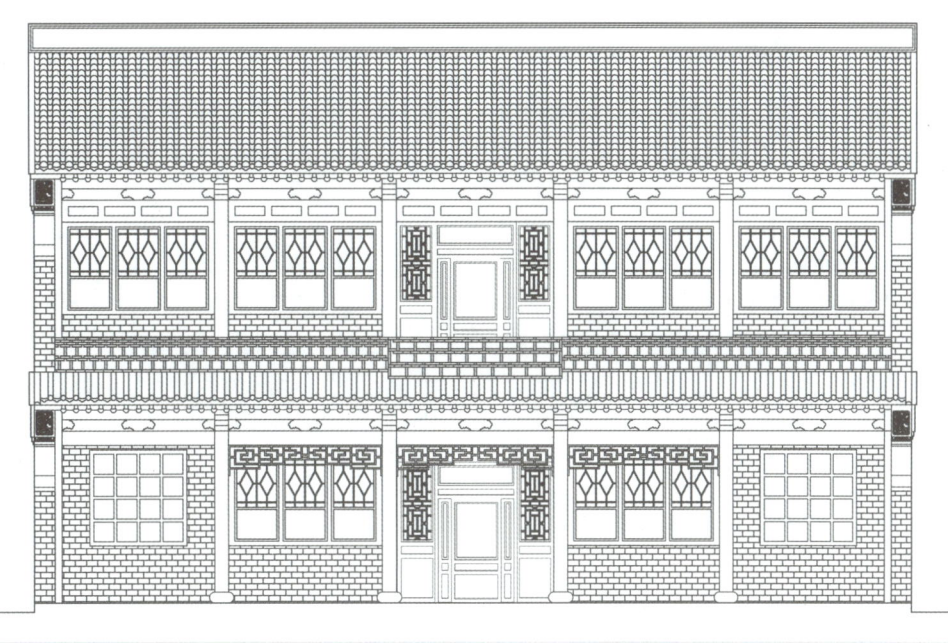

常家老宅正房正立面图

（7）关帝庙：位于鼓楼北街6号院。据道光版《万全县志》记载，张家口堡之关帝庙建于明万历四十二年（1614）前。关帝庙碑亭内的《重修关帝庙碑记》和《重修关帝庙功德碑》载清咸丰年间山西商人集资重修详情。碑身厚重大气，碑首双龙缠绕，是张家口堡保存最完好的碑刻。

关帝庙今貌

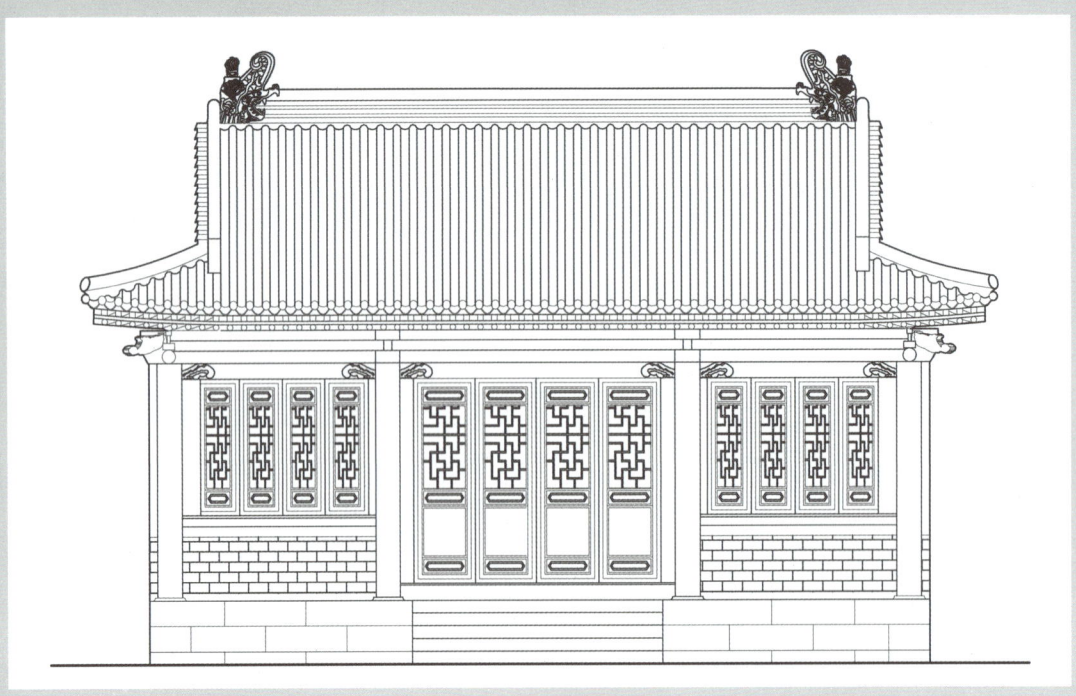

关帝庙大殿正立面图

（8）培植学校：位于西豁子街。清同治四年（1865），基督教开始传入张家口，他们把兴办学校作为传播基督"福音"之平台。1909年美国外洋布道会（美普会）派海涅尔（瑞典人）在张家口西豁子买地，扩办了博爱医院，兴建培植学校（即张家口市第十六中学前身），实行寄宿制，给当时的张家口人民带来了近代的科学、技术和教育，也开启了张家口与西方文化的交流。

培植学校今貌

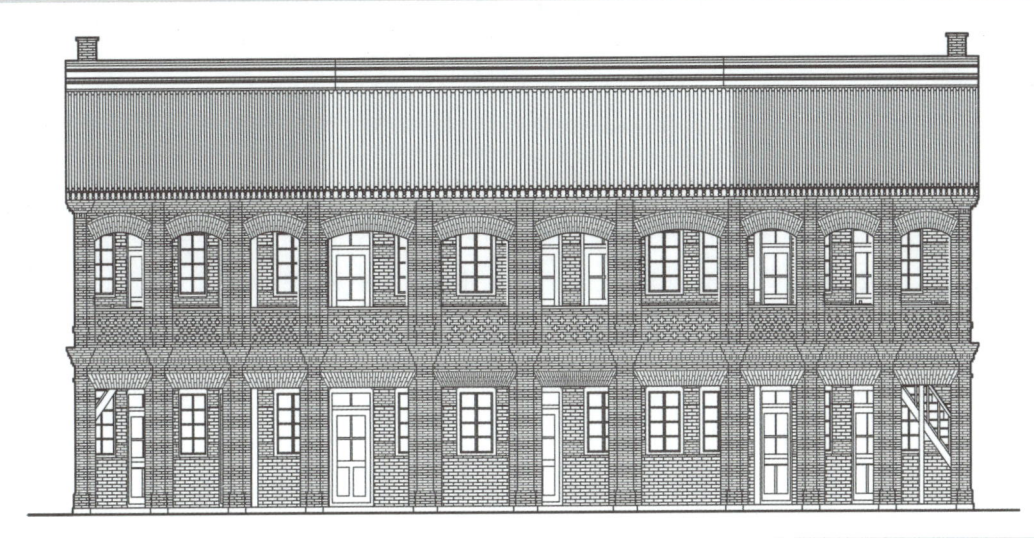

培植学校正立面图

4. 价值评估

（1）历史价值

张家口堡是明代长城九边要冲宣府镇防御体系的重要组成部分，是建制最早、保存最完整的军堡，在阻击蒙古军队进犯的过程中一直发挥着重要作用，对研究明代长城军事防御部署、建置、军堡营建规格具有珍贵的标本价值。

张家口曾是蒙汉互市贸易之所。明代隆庆议和直至20世纪初，由大境门长城外开设的"马市"逐渐发展起来的边市贸易，使张家口逐渐发展成为蒙汉民族贸易交往的中心。茶叶贸易的发展进一步推动了张家口的繁荣。乾隆二十四年（1759），商民在张家口所设店铺"资本较厚者数十余家"。这里聚集了大批中外客商，金融票号、物流贸易格外繁荣，是当时北方茶叶贸易集散中心、最大的陆路商埠，成为"天下皮裘，经此输入海内，四方皮市经此定价而后交易"誉满中外的"皮都"。英国人称张家口是"西伯利亚大部分地区和俄国对华贸易的锁钥"。故张家口堡对研究明清民族边塞史、民族关系史、商贸史等具有重要的价值。

（2）艺术价值

张家口堡从清末民初时形成了现有的十街十巷格局，共有478个院落，其中极具历史价值的共208处。张家口堡就是明清建筑和钱庄、票号、洋行的集中区，被我国著名建筑专家吴良镛评价为"明清建筑、世界金融的博物馆"。昔日繁荣的贸易，在堡子里留下了诸多商号、票号、钱庄、洋行建筑，折射出张家口浓厚的商业文化。这些建筑以中国传统建筑为主流，20世纪初的建筑则融进了西方文化艺术建筑元素，使这里的建筑群成为一座具有时代特征的群组建筑，对研究清代及民国初年的建筑艺术、中西文化的相互影响具有珍贵的保留价值。

5. 保护现状

张家口堡主体格局得以保存，其完整性却已受到一定的损失，相关遗存存在不同程度的不当修复。

2013年1月，张家口堡被河北省人民政府公布为省级历史文化街区。

2013年3月，被国务院公布为第七批全国重点文物保护单位。

二、大境门

地点	张家口市东、西太平山之间的天然隘口处	年代	明、清
经纬度坐标	N40°50′00″，E114°57′00″		
功能	军事防御、蒙汉互市	级别	国保单位
相关遗存	大境门、西境门、长城墙体、城台		

1. 基本描述

清顺治元年（1644）于边墙下开二门，东曰小境门，西曰大境门，为蒙古诸藩入京通道。大境门是一座条石基础的砖筑拱门，是万里长城的主要组成部分，为张家口标志性建筑。门墙高12米，底长13米，宽9米。券洞外侧高5.4米，宽6米，内侧高9.5米，宽6.8米，有木制铁皮大门两扇。顶部为一长12米，宽7.5米的平台，靠外一侧砌1.7米高的垛口墙，内侧有0.8米的女儿墙。1927年，察哈尔都统高维岳题写"大好河山"四个颜体大字于门楣上。

大境门段长城包括：从西太平山东侧第1座城台向东下山，经西第2号城台至西太平山下，东行至大境门，再向东经小境门（西境门）经东1号台、东2号台至清水河西岸段

大境门段长城俯瞰图

大境门西段墙体

西境门（小境门）

的砖包长城墙体。还包括内侧关帝庙，外侧的二郎庙、卧龙亭等附属建筑。

西境门位于大境门东侧，门洞高2.4米，宽1.62米，大小仅可通过一辆牛车，又称"小境门"。门洞券顶北外沿为保存完好的石拱，券洞内为青砖砌拱，现存的砖拱表面成琉璃状。门道平铺着不规则的青石板，石板上碾轧出的车辙印深0.07米。在门道内西侧，地面上有可辨的门轴石，磨痕明显；在门道内东侧，有将军石（门档），石旁无门轴痕迹，可见其为一单扇门。

大境门是居庸关外京西第一座较大的长城关口，是游牧民族与农耕民族之间交错复杂的冲突焦点。自明代隆庆议和以来，又成为最为活跃的蒙汉互市之所，清代以来，这里是著名商道张库大道的起始点。万里茶道兴起之后，大境门成为中外茶叶交易象征性的标志，有"陆路商埠""旱码头"之称。

大境门内外是蒙、汉、回、藏等多元文化友好交流的重要场所。商队从大境门出发意味着一次惊险贸易旅程的开始，而商人们从大草地回到大境门则意味着一次交易的成功结束。历史上这里曾商铺林立，繁荣兴旺，成为了整个长城沿线罕见的景观，是中华民族再次走向开放融合的象征。它所富含的历史文化信息丰富深厚，为研究中国北方边塞史、中外贸易史、军事防御史等，提供了珍贵历史实证。

大境门相关遗存保存情况表

名称	保存情况	数据	年代
大境门	好	高12m,底长13m,宽9m	清
西境门	好	高3m,宽1.62m	明
烽火台	好	高15m,底宽9m,顶宽3m	明
墙体	良好	长3700m	明
关帝庙	好	建筑面积400.73㎡	清
二郎神庙	好	建筑面积310㎡	清
卧龙亭	好	建筑面积10㎡	清

2. 历史沿革

从明隆庆五年（1571）蒙汉议和起，张家口大境门外元宝山一带，逐渐形成了在历史上被称为"贡市"和"茶马互市"的边贸市场。来自蒙古草原和欧洲腹地的牲畜、皮毛、药材、毛织品、银器等在这里换成了丝绸、茶叶、瓷器和白糖。清军入主中原后，为加强于蒙古地区的联系，顺治初年便在长城开豁建门，曰"大境门"，即边境之门。

康熙四十七年（1708）清廷批准以色格楞—库伦—张家口商道为俄国商队往返之官道，从

大境门旧景

此，张家口成为中俄贸易的重要枢纽之一。雍正五年（1727）中俄《恰克图条约》开通中俄恰克图贸易，大境门以北至元宝山下逐渐成为商业区，多汇集晋商和京商开设的店铺，俄国商人的住宅和茶叶堆栈也多集中在这一区域。元宝山和大境门之间的坝岗子则是牲畜贸易市场。大境门内外有十三家旅蒙业，其中元宝山老商

大境门内关帝庙前旧景

号居多。

张家口对俄国长途运输贸易主要依靠骆驼，故大境门外西沟渐成骆驼市，养骆驼者达百余家，主要分布在桥西黑达子沟、白家沟、西关街、东驼号和西驼号巷等处。康熙初年，张家口仅有十余家对蒙商号，雍正年间增至90余家，乾隆后期达190余家，嘉庆二十五年更达230余家。随着京张铁路和张库公路的开通，张家口迎来历史上最辉煌的时期。据《察哈尔通志》载，1918年有大小商号七千余家，银号三十余家，大境门外管市场增至一千六百多家，年贸易额达一万五千万两白银，其中年销砖茶三十万箱，输入羊毛一千万斤，羊皮一千五百万张之多。张家口成为名副其实的西北"旱码头"，号称"华北第二商埠"。

1924年蒙古人民共和国独立，阻断了商业活动。对外贸易的断绝使张家口大境门外正、西沟一带靠旅蒙生意的商户遭到致命打击，商店百不存一。到1931年，外管市场内的店铺只有三五家。

3．价值评估

（1）历史价值

张家口市大境门明长城位于市北东西太平山之间，是明代宣府镇所辖长城中的重要关隘段落，扼守着通往内蒙古草原的交通孔道，历来被兵家视为咽喉锁钥，在明代宣府镇的军事防御中发挥过重要作用。该段长城设障而通关，体现了农耕民族与游牧民族间复杂的交流与冲突关系，亦体现了中华民族保疆求和的传统外交理念，对研究明代长城军事防御体系和民族关系史具有不可多得的重要价值。

（2）科学价值

大境门明长城利用地形山势而修筑，向西蜿蜒上山，向东跨清水河而抵于东太平山下，截断一孔山口，两侧山势巍峨，中间雄关虎踞，其因势制宜的建筑设计，既满足了长城修筑的军事防御目的，也为该山口勾画出一道建筑与自然完美融合的风景。其建筑形式与建筑理念，体现了建筑美学与防御技术的完美结合，体现了古

俯瞰如今的大境门

大境门今貌

代劳动人民的伟大智慧与创造力，是研究明代长城建筑美学艺术的宝贵实物例证。

（3）社会价值

大境门是明代的蒙汉互市之所，是万里茶道集散路段的重要交通设施，是著名的张库大道的起点，也是北出长城，通往俄蒙的重要节点。大境门见证了蒙汉回藏等多元文化友好交流及万里茶道贸易在中国北京边塞繁荣及衰落的历史进程，已成为张家口的名片和区域的标志象征。

4.保护现状

依据河北省古代建筑保护研究所编制的施工方案，2012年9月，河北木石古建园林工程有限公司对大境门西段长城进行修复，2013年3月竣工。2014年4月5日，河

大境门——张库大道的起点

北省建筑科学研究院对大境门城台及东侧部分长城墙体进行修复,2014年9月竣工,整体保存完好。

2001年6月,被国务院以"明长城"之名公布为第五批国家级重点文物保护单位。

2013年1月,被河北省人民政府公布为省级历史文化街区。

三、宣化古城史迹

相关遗存	年代	级别	坐标
清远楼	明	国保单位	N40°36′45″,E115°03′22″
镇朔楼	明	国保单位	N40°36′38″,E115°03′21″
拱极楼	清	国保单位	N40°36′20″,E115°03′10″
时恩寺	明	国保单位	N40°36′40″,E115°03′19″
宣化天主教堂	清	省保单位	N40°36′27″,E115°03′04″
清真南寺	清	区保单位	N40°36′55″,E115°03′04″

第三章 万里茶道河北段文化遗产综述

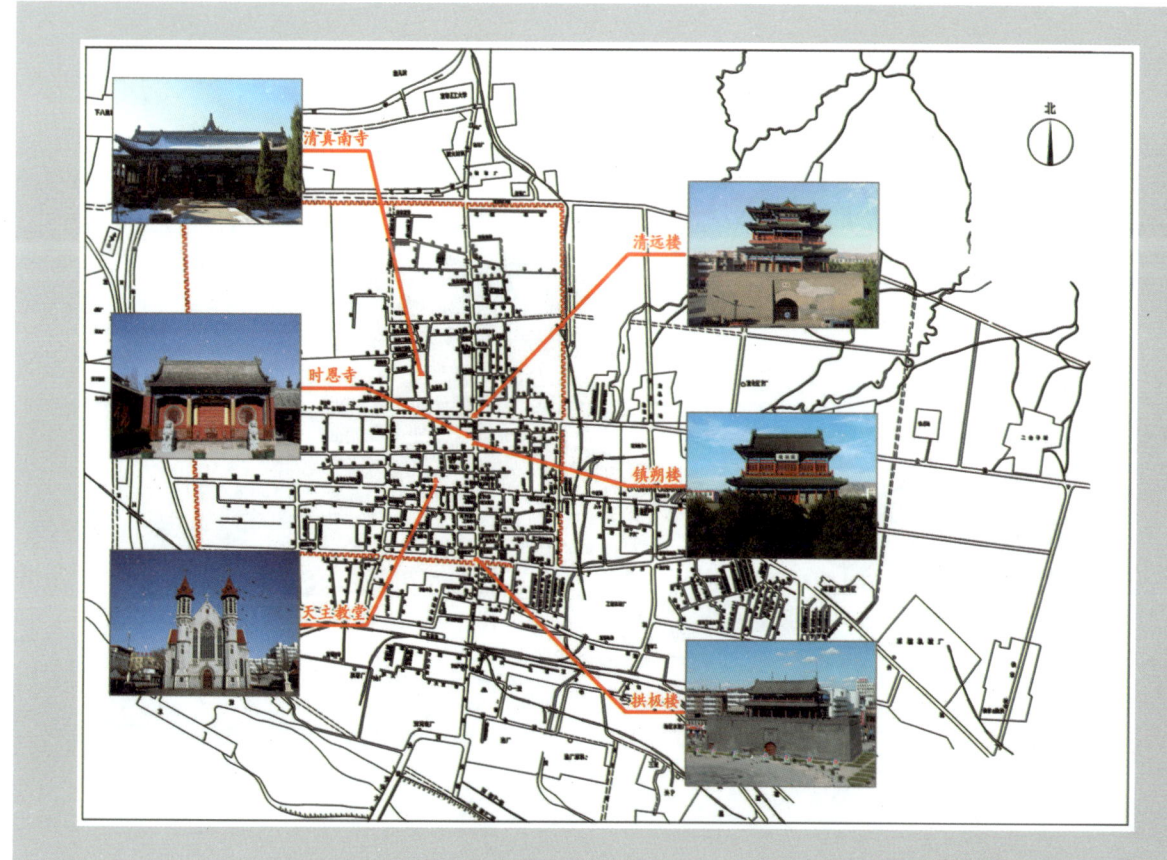

万里茶道宣化古城遗迹分布图

1. 基本描述

明洪武四年（1371），宣府成为万全都指挥使司治所，下辖15个卫和2个州，仅宣府城内就设有宣府前卫和万全左卫、右卫。明洪武二十七年（1391），明太祖朱元璋第十九子谷王朱橞开始对宣化城进行大规模的展筑，并陆续修建了大量庙宇和官宅。永乐七年（1409），明政府置总兵官驻宣府城，使其成为明朝长城九镇之一——宣府镇的"镇城"所在地。清代康熙三十二年（1693），设宣化府。至此，宣化古城开七座城门，周长"二十四里一百二十五步"，全长12120米，现存9950米。作为重要的军事和交通枢纽，宣化逐渐成为燕北地区重要的军事、政治、商贸、文化活动中心。

清代中后期，宣化由军事重镇逐渐转变成商贸城市。以钟楼和四牌楼为中心的东西、南北大街成为繁华商业街，商品加工业和手工业都非常发达，城内等各种行业门类齐全。随着张库大道的繁盛，张家口、库伦、恰克图成为"互市要区"。宣化形成了贸易物资的集散地。清代《古今图书集成》中写道："北方宣化府，市中，贾店鳞比，各有名称，各行交易店铺沿长四五里许，贾皆争居。"

清远楼

宣化古城是中国北方现存古城中规模较大、等级较高、保存较好的一座城池，有着极高的文物价值。其寺庙、教堂等遗迹集中反映了茶道沿线文化信仰的交流与传播。

2.历史沿革

明代宣化成为边防重镇，称宣府镇。永乐年以后又加派总兵，佩"镇朔将军"印，镇守边防。

据《宣化府城工记》碑载：明正统五年（1440）宣化大规模兴工修城，在城墙外侧砌石包砖，完工后的城墙厚14.4米，基础砌石条三层高0.96米，城墙高8.96米，城墙外侧砌雉堞高2.24米，城

清远楼老照片

墙通高11.2米,城墙台面宽8.96米。四座城门外各建瓮城,瓮城外又筑月城,月城外挖护城河。

清康熙三十二年(1693)设置宣化府,领三州七县,即保安州(涿鹿县)、延庆州(北京市延庆县)、蔚州(蔚县)、宣化县、怀来县、赤城县、龙门县(后并入赤城县)、西宁县(阳原县)、万全县、怀安县。宣化为府、县治所。

清乾隆二十二年(1757)宣化城再次进行大规模的修建,耗资白银119000两,并立《宣郡修城记》碑。

清光绪二年(1876)最后一次修缮宣化城墙墙体、台面、炮台、水道等结构。立《宣化府城工记》碑。

1913年北洋政府在宣化设口北道,辖三厅十县。

1937年9月日本侵占张家口后,建立伪察南自治政府。

1945年10月宣化第一次解放,察哈尔省人民民主政府在宣化成立。这是全国成立的第一个省级人民政府,省会设在宣化。1948年宣化、张家口第二次解放,省会迁至张家口。

1952年,察哈尔省撤消,宣化市划归河北省。

1963年,宣化市撤消,宣化划归张家口市至今。

20世纪80年代以后宣化城墙开始得到保护,1982年被列为河北省文物保护单位,由地方政府管理。1984年成立宣化区文物保管所负责专职管理。1992年河北省人民政府公布宣化城为历史文化名城。2006年,宣化古城被国务院公布为第六批全国重点文物保护单位。

3. 相关遗存

(1)清远楼(钟楼):位于宣化古城内中心偏东一侧,明成化十八年(1482)建。处于长28米、宽26米的长方形包砖墩台之上,通高25米。清远楼是一座重檐多角十字脊歇山顶木结构建筑,面阔五间,进深三间,外出三层檐,内两层,明间前后出抱厦,四面有游廊,内外施旋子彩绘,屋顶为绿琉璃剪边。清远楼二层檐下分别题有四块匾额:南为"清远楼",东为"耸崎岩疆",北为"声通天籁",西为"震靖边氛"。中央有四根通天柱,从一层直通二层,其上悬挂一口铜制八卦钟,为明嘉靖十八年(1539)都御史郭登镛所铸,钟高2.5米,口径1.7米,重达万斤,上铸有"宣府镇城钟"字样以及工匠的题记。城台下券洞与当时之古街道相通,石板地面上留下了20多厘米深的古代车辙,印证了宣化为当时我国北方一座车水马龙、热闹非凡、景象繁荣的商贸之城。车辙南北长26米、东西长28米,车辙宽0.2米,车辙面积43平方米。

清远楼造型独特,精巧别致,与湖北的黄鹤楼颇有相似之处,素有"第二黄鹤

清远楼今貌

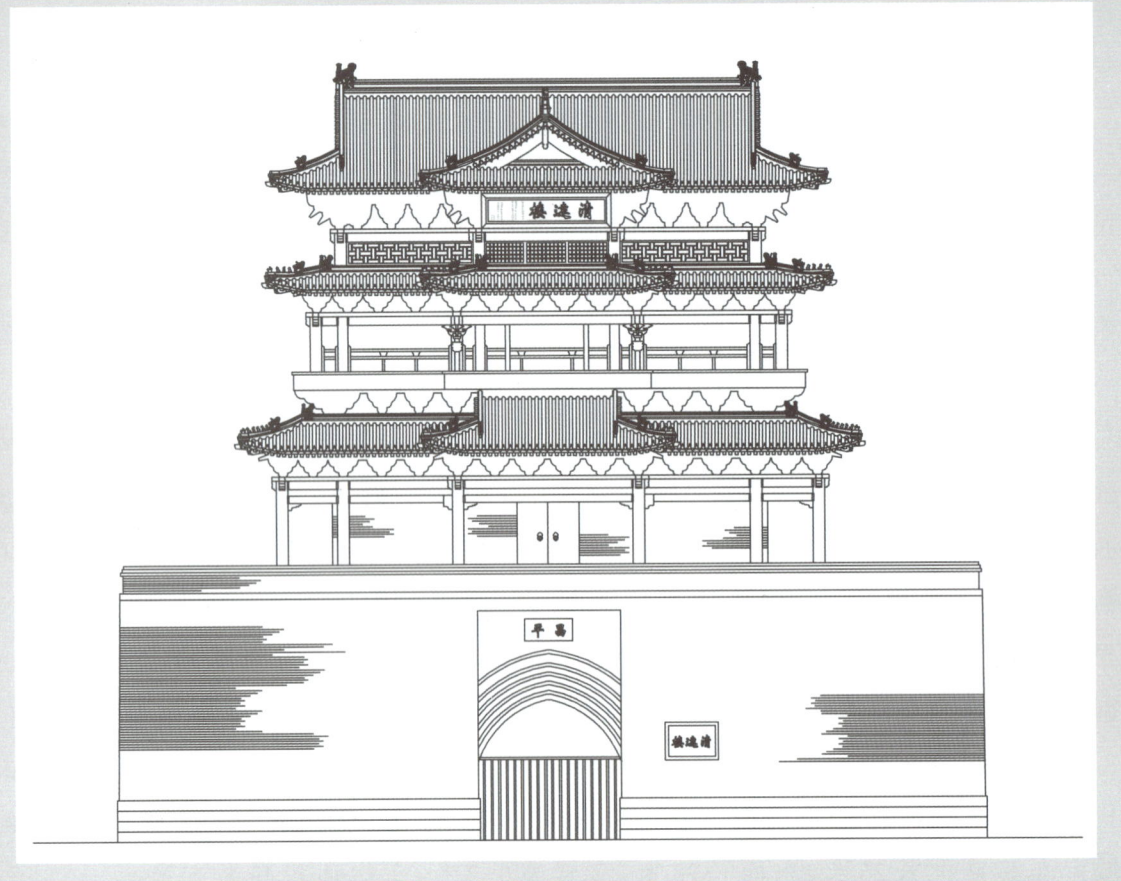

清远楼立面图

楼"之称。

（2）镇朔楼（鼓楼）：北距清远楼200米，建于明正统五年（1440）。是一座重檐歇山墩台楼阁式建筑，墩台下设券洞，南北通衢。墩台东西长38米，南北宽28米，高8米，楼体高17米，通高25米。主体建筑为木结构，上下两层，四周有回廊。

车辙印

镇朔楼一层东西两侧廊下立有四通明清石碑，分别是明正统十一年（1446）的《宣府新城之记》、明景泰二年（1451）的《宣府新城重刻铭》、清乾隆六年（1741）的《太守王公重修镇朔楼记》、清同治四年（1865）的《重修郡城镇朔楼碑记》。北侧二楼檐下悬挂清乾隆皇帝御笔亲书"神京屏翰"牌匾一块。镇朔楼雄伟壮观，古朴典雅，具有典型明代的建筑艺术风格。镇朔楼也是明清宣化商业贸易的集散地和聚集区。其中徽商吴炽甫开办的"吴德裕茶庄"便坐落于此。

镇朔楼（南）

镇朔楼(北)

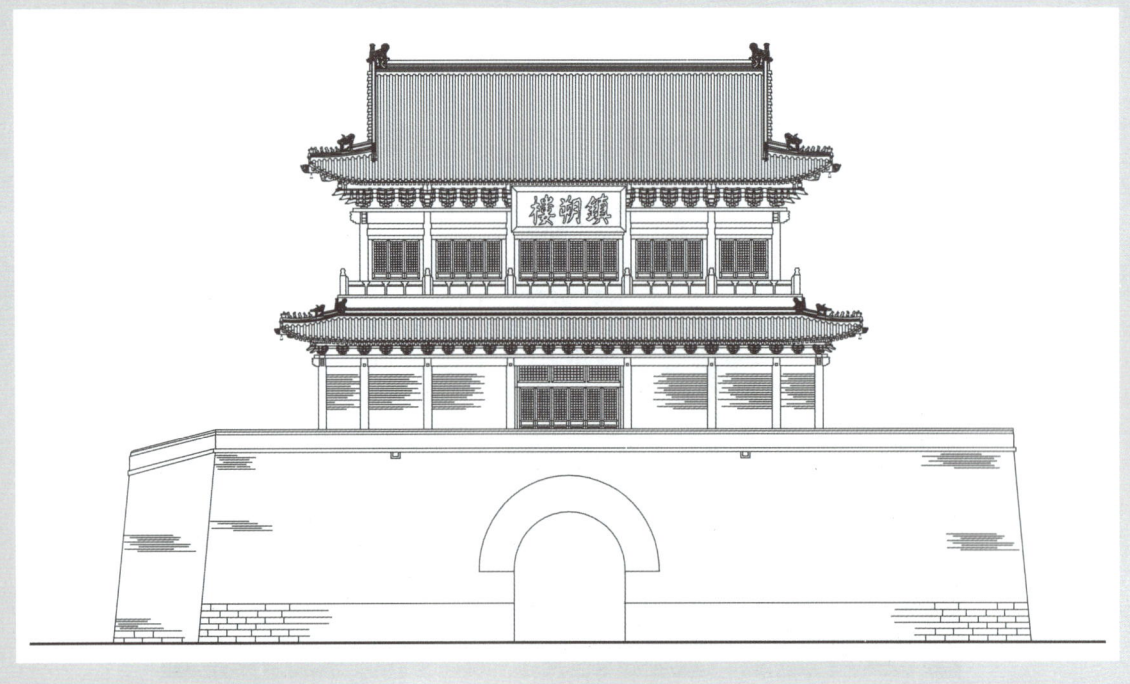

镇朔楼南立面图

（3）拱极楼（南门楼）：是出入宣化古城的重要门户，也是宣化古城唯一保存下来的城门楼，与清远楼、镇朔楼同处于古城中轴线上，是一座墩台楼阁式建筑，通高22米。墩台长47米，宽22米，高9米。拱极楼高13米，为重檐歇山布瓦顶，不置斗拱，为小式建筑，面阔五间，进深一间，四周有回廊，上檐四面为小廊，有栏杆围绕。

拱极楼今貌

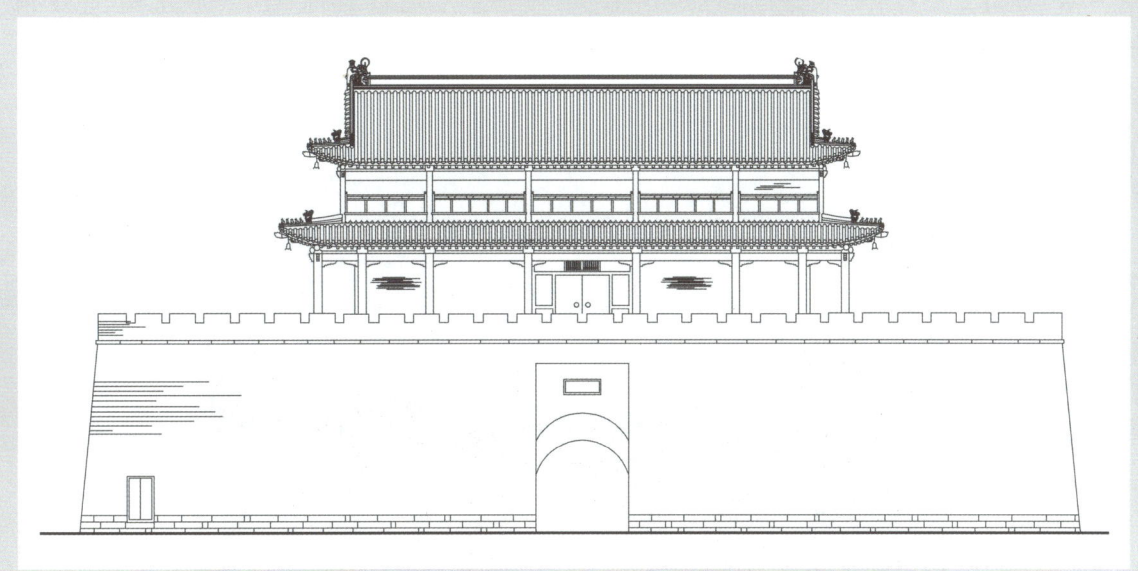

拱极楼南立面图

《宣化府城工记》石碑

《宣化府城工记》石碑立于拱极楼墩台之上楼体西侧，青石质地，字迹清晰，刻工精湛。碑宽0.75米，高2米。文革时期被毁为两截，碑头无存，文字略有缺失。碑文记载了清光绪二年至十年（1876—1884）修缮城池的全过程，同时记述了清朝初肇，内外一统，商业兴盛的景况。尤为重要的是写到与俄罗斯商人进行贸易的情况，"番僧胡贾，冒雪冲冰，穷历绝幕，橐驼牛车，来往俄罗斯者，终岁不绝"，真实再现了当时商人们在商路上的艰苦贸易之旅。最后，记录了城墙被风雨剥蚀，砖酥土松，日见倾圮的真实情况，并叙述了修缮城池的全过程。

（4）时恩寺：明成化六年（1470）建，现仅存大殿。为九檩庑殿顶建筑，面阔五间，进深三间，通高10.3

时恩寺大殿

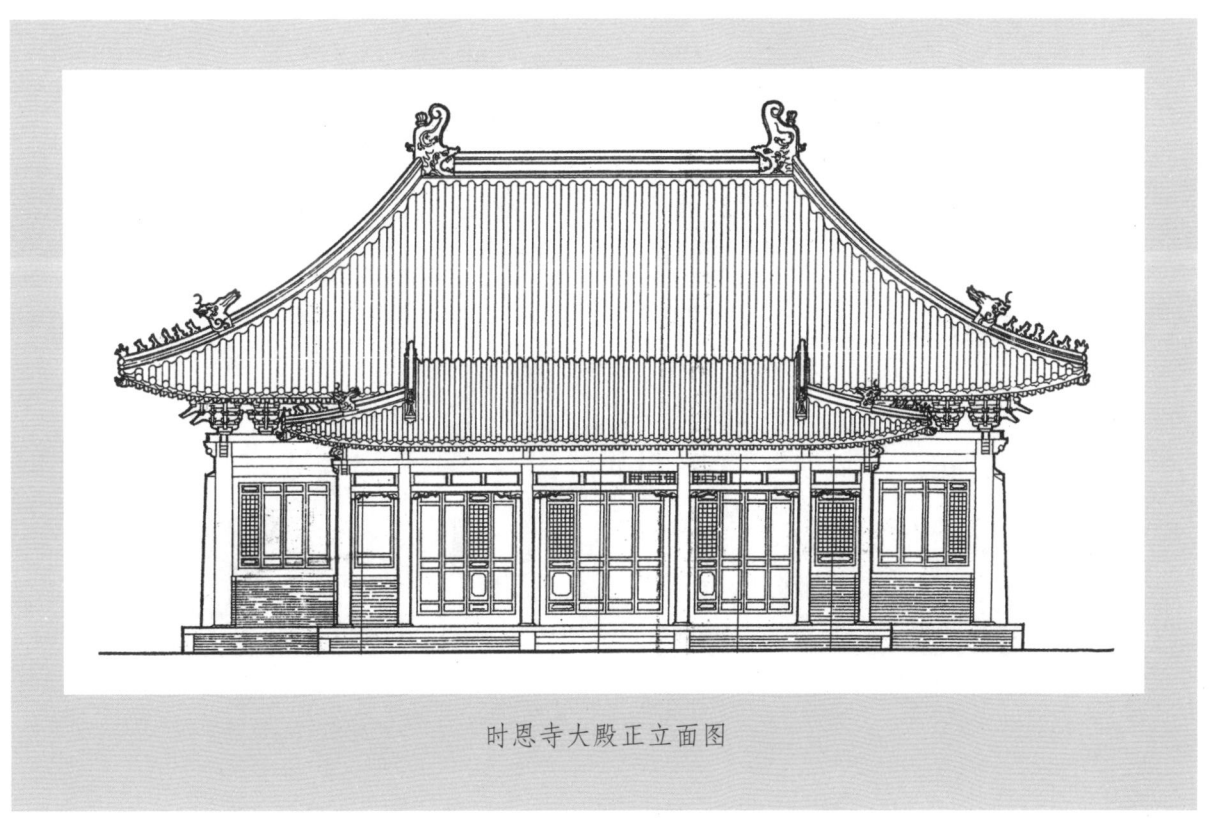

时恩寺大殿正立面图

米,大殿前出卷棚抱厦,系清代所加。大殿古朴庄重,气势雄伟,有着鲜明的时代特征和地方特色,是宣化现存众多古建筑中唯一一处庑殿顶建筑。

明清时期,宣化成为中俄万里茶路上重要的节点城市,商队络绎不绝。而时恩寺香火旺盛,信众尤多,是宣化大型寺庙之一,各国商人香客多在此祈福纳祥,时恩寺成为福佑往来于中俄之间的商贾平安顺达、生意兴隆的祥瑞之地。

(5)宣化天主教堂:位于宣化区牌楼西街51号,始建于同治元年(1862),欧洲哥特式建筑。整体造型为双钟楼十字型大堂。南北长51米,东西宽27.4米—18.9米,建筑面积1026.5平方米,大堂高21米,钟楼高27米。石柱、门窗、内部设施大量使用艺术构件,拱型结构贯穿于梁架、门窗的造型上。该建筑设计严谨,结构合理,造型别致,独具风格,既庄严古朴,又具有浓厚的宗教氛围,是欧洲建筑在我国建造的杰作,成为万里茶道上一座著名教堂,沿途进行商贸的信徒多来此礼拜。第一任主教赵怀义、第二任主教程有猷的墓碑保存在大堂内,墓穴被毁坏。

宣化天主教堂今貌

宣化天主教堂正立面图

（6）清真南寺：位于庙底街49号。清真南寺建筑布局为坐西向东的二进四合院形式，占地4420平方米，清代重修，由牌坊、山门、旁门、影壁、石拱桥、省心楼、回

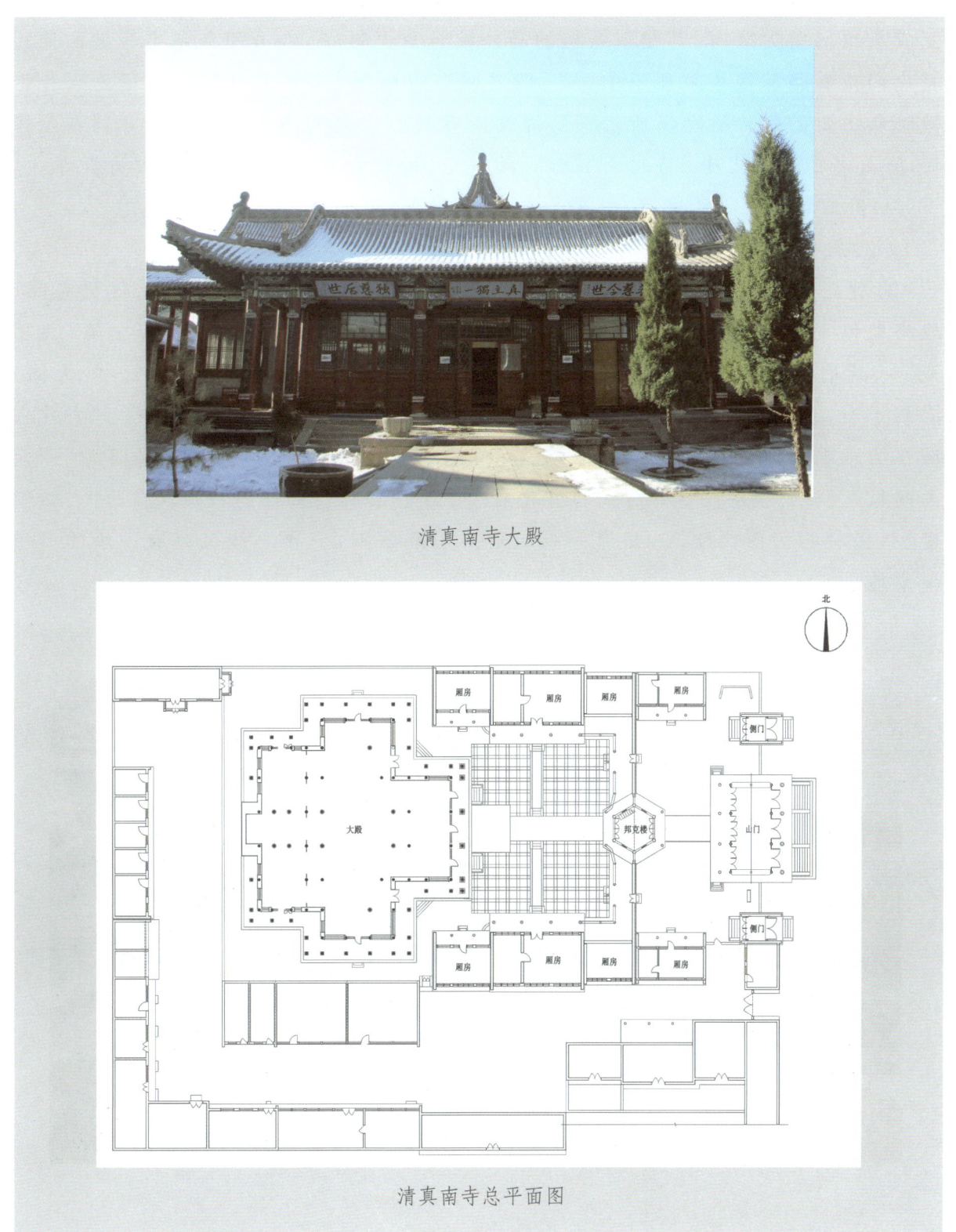

清真南寺大殿

清真南寺总平面图

廊、大殿、望月楼、侧殿、讲堂、浴室和厢房组成。主殿宽敞高大，前后均出抱厦，通面阔27.6米，通进深24.4米，建筑面积达到662.5平方米，足见其规模之大。后抱厦明间4根金柱升起成通天柱，建成二层望月楼，出奇之处在于4根通天柱升到二层变成八角形攒尖结构，其建筑结构的巧妙结合令人赞叹。在万里茶道上奔波的回民驼户们拉着骆驼常年来往于中、蒙、俄之间进行商贸，多来此礼拜。这里是宣化回教民众主要的宗教活动场所之一。清真南寺具有很高的影响和知名度，列在全国100座著名清真寺之中，与北京牛街清真寺、包头大清真寺合称北方三大清真寺。

4.价值评估

（1）历史价值

宣化距北京西北170公里，自古以来是北方的军事重地。地势险要，气势完固，战略地位十分重要，历为兵家必争之地。诚如《宣府镇志》所述："宣府全境，飞狐（关）、紫荆（关）控其南；长城、独石（口）枕其北；居庸（关）屹险于左；云中（大同）固结于右，群山叠嶂，盘踞峙列，足以拱卫京师，弹压胡虏，诚边北重镇也。"宣化古城在历史上建制较高，为明代"长城九镇"之一——宣府镇，担负着东起四海、西至大同长达515公里的防务。清代的宣化府，是万里茶道上重要的一站。清远楼、镇朔楼、拱极楼均为明代建筑，是府一级的重要军事设施，三楼一线又是府一级的商贸聚集地。

拱极楼

（2）科学价值

宣化城的防御和所辖地段防守自成体系。宣化城墙高大坚固。城门外筑瓮城，瓮城外又连月城、关城，使敌寇不能长驱直入。城外筑护城台，再外又有围城台，俱配兵卒守卫，与城内守军遥相呼应，构成了完整的城市防御体系。另外，镇守宣府的总兵挂元帅印，通过辖区内的1948座烽火台，36个军站、驿站与长城上的守军传递信息，指挥防务。其中拱极楼是宣化城尤为重要的城门，城门外建有瓮城、月城，再外还建有长宽各500米的关城一座，是出入城池最重要的通道。与主城同样高大的瓮城城墙、关城城墙及规模减半的月城城墙和拱极楼一起组成了南城门完整的防御体系。三楼一线的商贸聚集区内，商家林立，经营茶业的店铺众多，形成了自我约束、自我保护的商业管理体系。

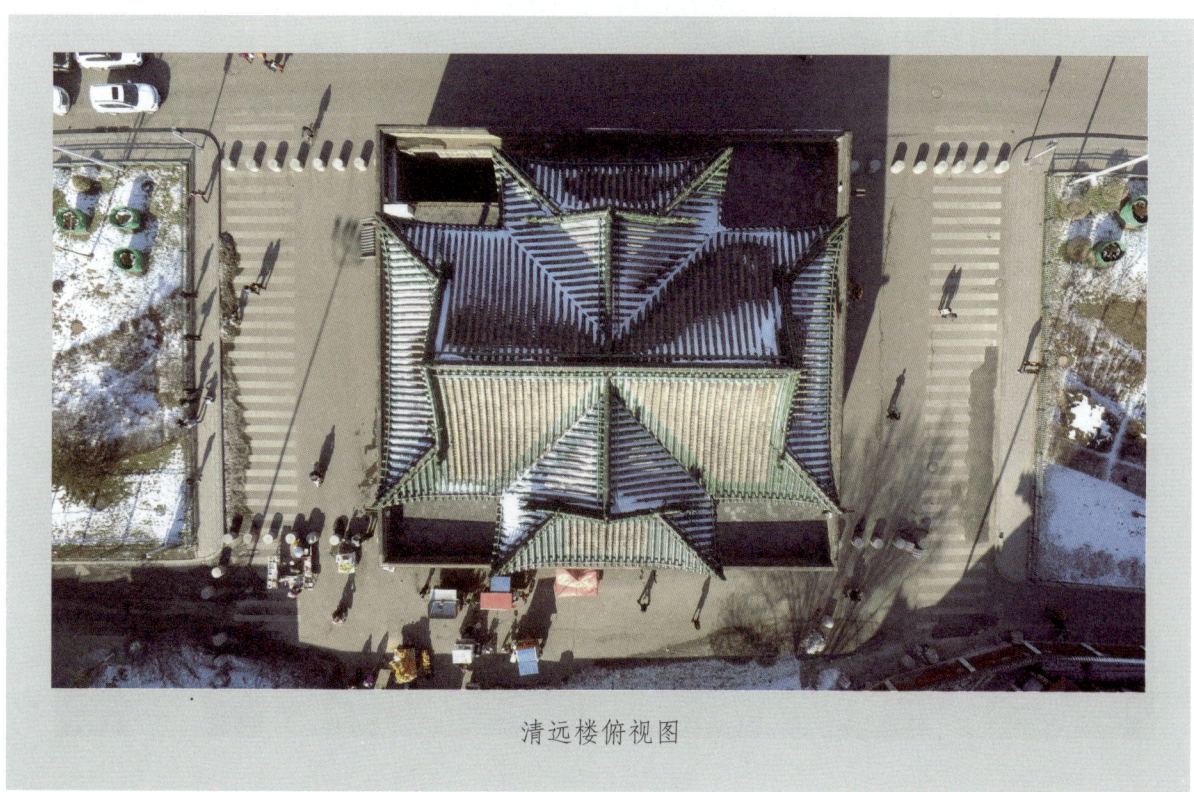

清远楼俯视图

（3）艺术价值

宣化古城中现保存有为数不少的较高价值的明、清遗迹。其中清远楼以造型奇特而著称，与北京故宫角楼相似，别致的造型构成了多檐多角的异形建筑。镇朔楼高大宏伟，具有中国古代建筑的典型特征，其建筑造型、艺术风格都体现了中国古代建筑的独特性、艺术性。拱极楼是宣化城重要的城门，高大的城楼在前塞北首屈一指，其造型庄严肃穆，气势雄伟，是北方古代城池建筑中的典范之作。天主教堂以西方哥特式尖顶造型而高高耸立。清真寺以规模宏大而列入全国百大清真寺之一。

"宣府尤屹然为畿辅重镇，其城二十四里，雄阔甲于他郡"。无论从城市布局、结构、建置还是军事、政治、经济、文化各方面来讲，宣化古城都不愧为我国的北方重镇，可谓目前国内保存较好、规模较大的古城之一，其历史内涵丰富，对于我国的城市筑造、功能及发展而言都有着很高的研究价值。

天主教堂正厅

（4）文化价值

万里茶道贯穿东西，连接欧亚，是一条国际商道。商贸的兴盛，带来了文化的繁荣。各国联系愈紧密，交往愈频繁，宗教文化愈易随之而融合。佛教、天主教、伊斯兰教，共同构成茶路宗教文化。宣化古城于明清之际出现了文化的汇融合和，佛教、天主教、伊斯兰教文化在这里同生共荣,本土文化与外来文化和谐相处,彼此包容。在万里茶道繁荣的百年之前,宣化古城内西域驼队、俄罗斯商人络绎不绝,清真南寺、天主教堂便成为他们的朝拜之所。中国商人的茶路之旅也同样需要宗教上的心灵慰藉,佛教寺庙便成为他们的精神寄托。时恩寺、天主教堂、清真南寺共同成为茶路宗教文化完整性的典型表现。

5.保护现状

2010年,宣化区人民政府委托深圳城市空间规划院编制完成了《宣化历史文化名城保护规划》。

2015年,张家口市人民政府批准公布了《宣化古城管理办法》,是对宣化古城实施保护管理的地方性法规。

四、鸡鸣驿城

地点	怀来县鸡鸣驿乡鸡鸣山下	年代	明
经纬度坐标	N40°27′06.2″,E115°18′45.8″		
功能	驿城	级别	国保单位、国家级历史文化名村
相关遗存	驿丞署、关帝庙戏台、财神庙、马家店、当铺		

1.基本描述

据正德版《宣府镇志》记载,鸡鸣驿,永乐十八年建,成化十七年都御史秦纮会同镇守官筑堡卫之。明廷在此建驿、筑堡,城内设有防守指挥署,属万全都指挥使司。清代以后,单设驿承署。万里茶道兴起之后,这里成为一处重要的补给修整的场所,一直沿用到光绪二十八年(1902)。

城墙高8—12米,底宽8—11米,上宽3—5米,顶部设垛口、女墙及排水设施。全城周长1891余米,城内总面积约22万平方米。城设东西两门,上设门楼,门外各设挡水墙。四面城墙上分布有4座角台、26个墩台。古驿道由南城墙外径行,沿古驿道分布有多处传递军情的烟墩。城墙上分布有玉皇阁、寿星庙、魁星楼等建筑遗址。城内沿城墙有5米宽的环城道路和5处登城马道。城内保存了原南北走向街道2条、东西走向街道3条,分布着驿馆、驿学、驿仓、杠房、驿丞署、商铺及关帝庙、财神庙、城隍庙、龙神庙、普渡寺、白衣观音殿、文昌宫、泰山庙等多处古建筑,它们均为硬山布瓦顶的小式，多数寺庙建筑内保存有壁画和碑刻。

随着万里茶道的兴盛，鸡鸣驿城的功能和性质发生了根本性转变。由茶路兴盛前以邮驿功能为主的驿站，成为了以商贸功能为主的集镇。鸡鸣驿城是我国现存保护最为完整、规模最大的驿城，被誉为"中国邮政博物馆"。

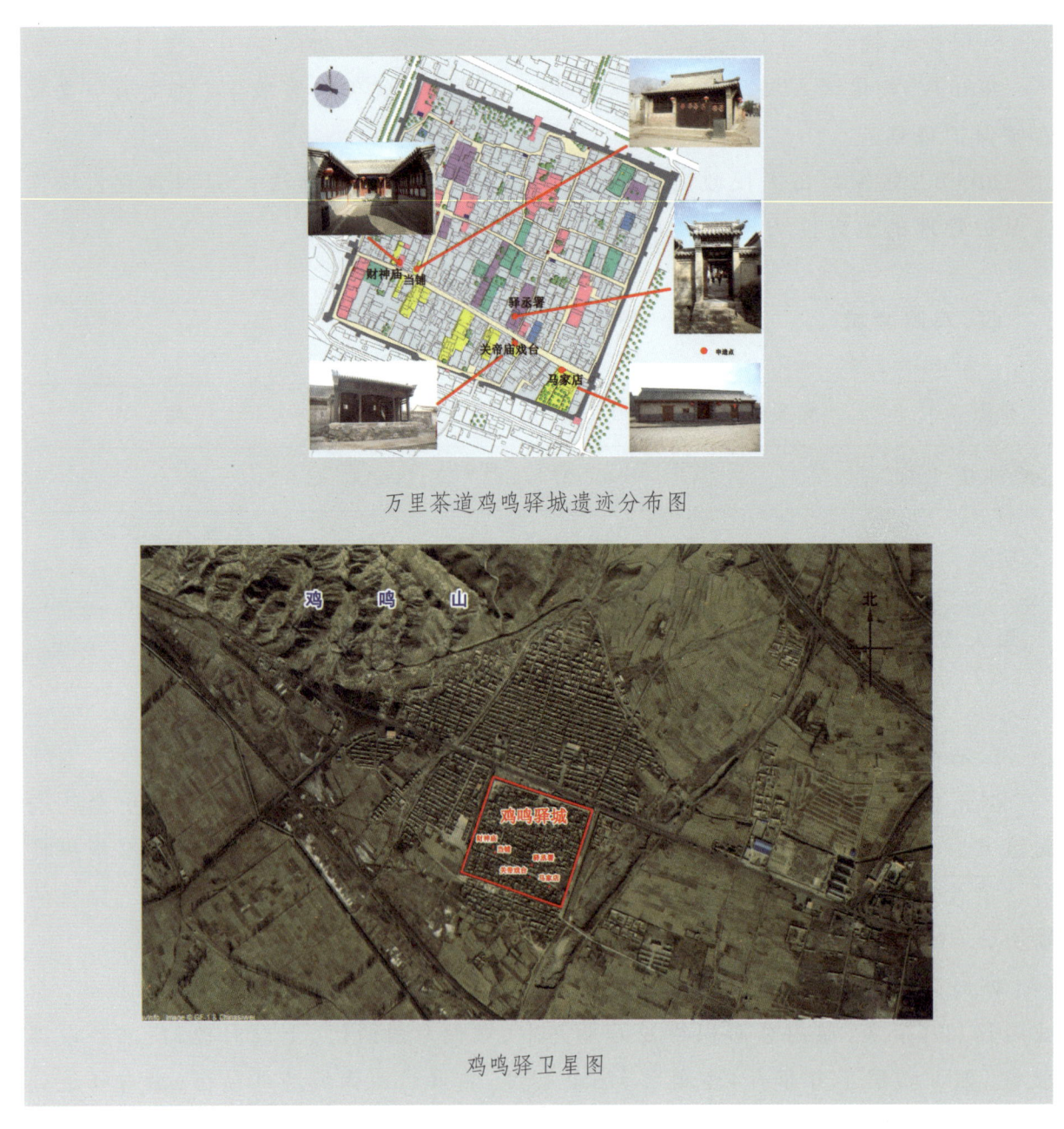

万里茶道鸡鸣驿城遗迹分布图

鸡鸣驿卫星图

2.历史沿革

鸡鸣驿距今有近600年的历史，其所处驿路，早在先秦时代就以"上谷干道"闻名于世，是为连接平原地区与西北高原的咽喉孔道，驿城更可谓是极冲之地。明代，鸡鸣驿为宣化府进京师的第一大站，城内设有防守指挥署，属万全都指挥使司，是明九边长城防务的重要组成部分。隆庆议和后，随着蒙汉关系的缓和，宣府设茶马互市，蒙汉双方的贸易往来频繁，边境安宁，鸡鸣驿的军事作用逐步削弱，转而以承担官方贸易的接待转运功能为主。

清初，鸡鸣驿仍为军驿，设站兵150名。清代一统长城内外后，由于鸡鸣驿处于中原去往蒙古地区交通干道的要处，为满足来往商旅的顿宿之需，私人经营的车马大店、茶房、酒肆之类随之出现。康熙三十二年（1693），清政府设驿丞主管鸡鸣驿站事务，设释垂署，皂隶、馆夫、马牌子、兽医、马夫、喂养夫、扛轿夫等额定114名，释马84匹，统归县派的择承管理。设把总署，额定马步守兵31名，由一名把总管领，只负城守之责，上隶宣城守营。兵、役分家，标志着鸡鸣驿正式由军驿转化为民驿。同年，清设阿尔泰军台于张家口，正式建立通行外蒙的台站交通，不久此路成为通行俄国的商贸正线。随着张库恰这一国际干线（即万里茶道）的畅通无阻、外交使团的往来、国际商贸的开展，鸡鸣驿城的商业日益繁荣。由京杭大运河运至张家口进而北运蒙古的商品，尤其19世纪后大批的茶叶经由鸡鸣驿滚滚北上，商业运输和国际信使往来频繁，驿吏、官员、商旅络绎不绝。鸡鸣驿成为万里茶道上一处重要的补给休息之地。同时，驿城的商业也随之发展起来，成为商家发聚之地。仅据城内现存文昌庙、城隍庙乾隆碑刻布施名单显示，乾隆年间城中就有永丰当等六家当铺，恒定号、双和号等九家商号，万和店等四家作坊店铺，另有车马店、茶馆等。当时南官道两旁，商号、货栈、当铺相连，酒楼、茶肆、车马大店充盈城之内外，信使交错，商旅如鲫，驿务繁忙，鸡鸣驿的发展到达了历史上的鼎盛时期。

光绪二十八年（1902）察哈尔省设邮政局，鸡鸣驿遂废去邮传之用，成为单纯供商旅使用的民驿。随着万里茶道的衰落，鸡鸣驿也日趋萧条。宣统元年（1909），京张铁路正式通车，驿运停废，鸡鸣驿彻底退出历史舞台。

3．文物遗存

（1）驿城署：驿城署是管辖全城的政务机关所在地，为清代驿城核心最高行政官员驿丞及其吏属的办公之所。位于前街北关帝庙巷西侧，占地面积1037平方米，坐北朝南，大门临街。其后为三进四合院院落布局，再后设花园。现驿城署仅存第三进院落的门楼、正房及后花园，沿正房西山墙北行即可到后花园。门楼面阔一间，进深两柱三檩，硬山布瓦顶建筑，前檐柱间施两扇板门。正房面阔三间，进深三柱六檩，硬山布瓦顶建筑。《宣化县志》载："鸡鸣驿驿丞，俸银三十一两五钱二分；皂隶二名，工食银一十二两；馆夫二名，工食银一十二两。"管理驿站中商贸往来。

驿丞署今貌

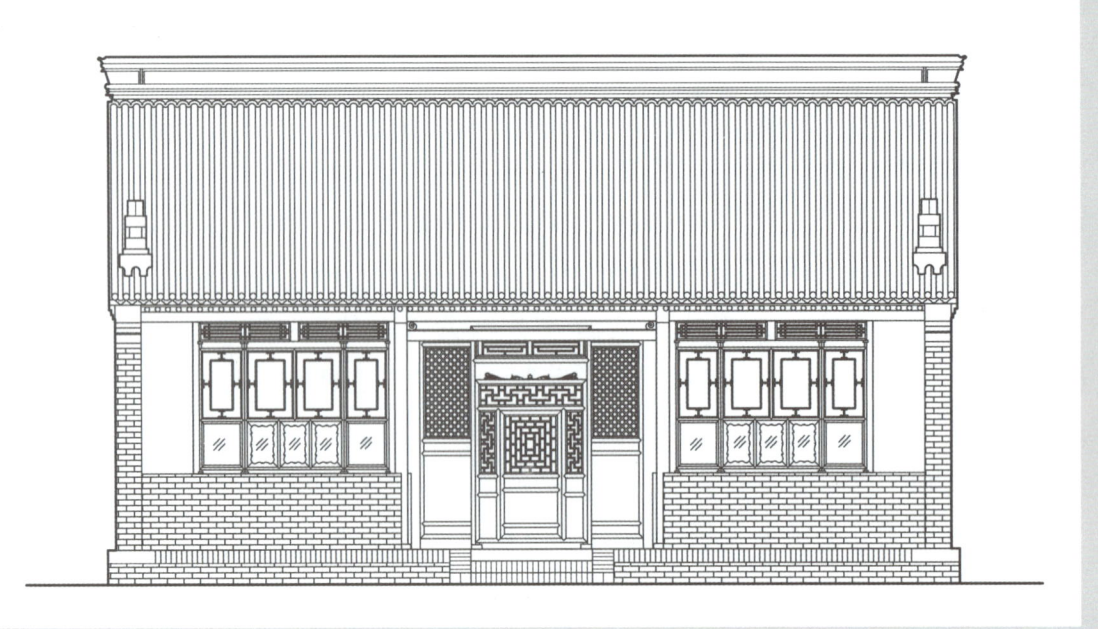

驿丞署二进院北房正立面图

（2）关帝庙戏台：位于城内东侧，占地面积100平方米，面阔三间，进深三柱六檩，前出廊，硬山布瓦卷棚顶。明间两金柱后移，金柱下施木隔断，将室内分为前台与后台，前台演出，后台化装。在这里进行的戏曲表演等曲艺活动，对旅蒙商人来说是乡土情怀的寄托所在。

关帝庙戏台今貌

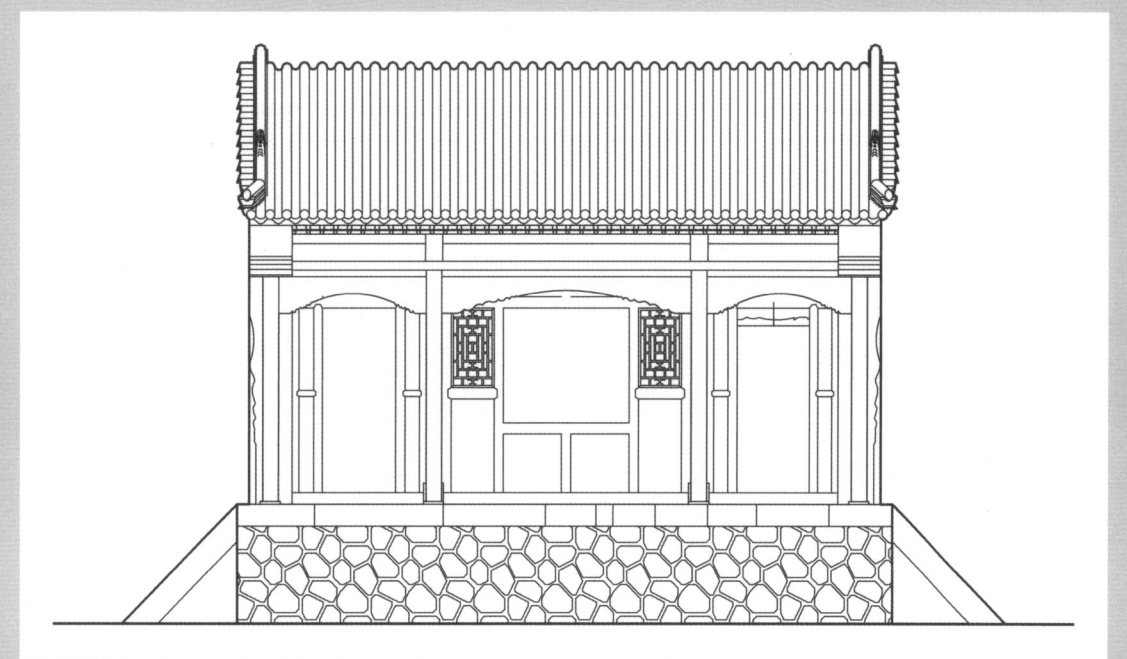

关帝庙戏台正立面图

(3)财神庙:位于头道街西端路北,两进院落,240平方米,大门上中槛间的走马板上书写"异姓同心"四个字,用刘关张三兄弟的故事告诫人们只要同心协力,异姓兄弟同样可以成天下大事,得天下财富。财神庙中的壁画采用沥粉贴金工艺,金碧辉煌,是中国古代美术史上不可多得的佳作。其中一幅壁画描绘了外邦进贡的场景,人物形象传神,贡品琳琅满目,充分展现出鸡鸣驿曾是一处门庭若市、商贾云集,各种文化聚集融合之地。

财神庙今貌

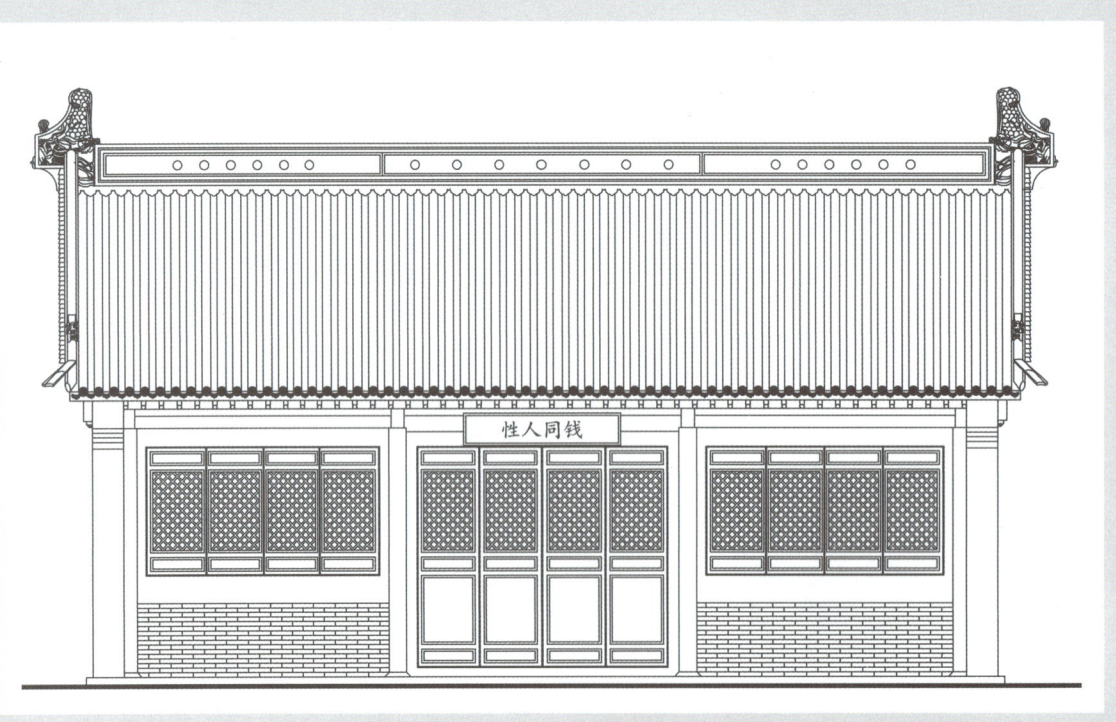

财神庙大殿正立面图

（4）当铺：在头道街和西街的交叉路口，硬山布瓦顶周围加建围廊，造型很别致。面积为64平方米。属双面当铺，两面临街、两面开门，是当铺经典对联"南通州北通州，南北通州通南北；东当铺西当铺，东西当铺当东西"的真实写照。

当铺今貌

当铺南立面图

（5）马家店：位于东城门的车马大店，土坯墙，四合院，占地面积约1500平方米。属于日杂、住宿兼营的店铺。

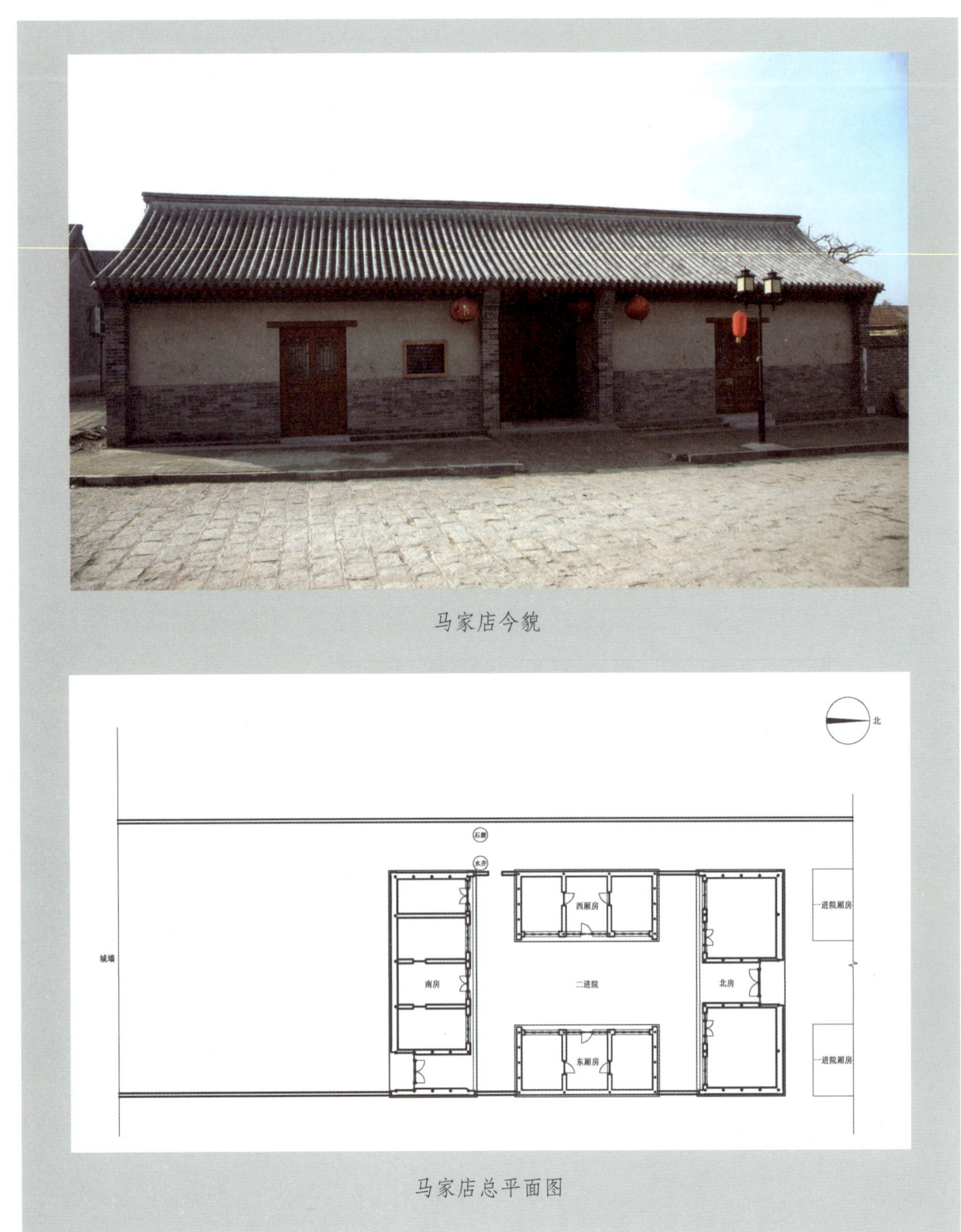

马家店今貌

马家店总平面图

4. 价值评估

（1）历史价值

驿站是古代一种特殊的建筑类型，《畿辅通志》卷四十三"驿站"条曾载："驿传，所以通朝廷之政教者也，言传号涣而万里奔走，其事甚重，其费甚烦。"而京师附近的驿站地位尤其显赫。鸡鸣驿在历史上正是京畿地区地位最重要的驿站之一，号称"极冲"，经过历史洗礼，成为目前这一地区硕果仅存的一座驿城，同时也是目前国内保存最完整、规模最大、最富有特色的邮驿建筑群。

鸡鸣驿城的城墙、城门和大量的文物建筑主要是明清所建，集邮驿、军事防御、居住、商业、文教、宗教活动功能于一体，功能完备，建筑类型复杂多样，附属文物和相关文献遗存、民间传说丰富，从各个侧面反映了古代邮驿的历史信息，同时也是河北关外地区乡土生活和地域文化的直接见证和物化形式。明清以来，鸡鸣驿成为中国社会邮驿、军事、交通历史变迁的一个缩影和见证，是古代邮政史、交通史、建筑史、城市规划史、社会学、民俗学、宗教学、工艺美术等各学科不可多得的研究范本，是极其珍贵的历史遗产，其综合历史价值不可估量。

（2）艺术价值

鸡鸣驿作为一座驿城，突破了普通驿站的格局局限，以"城"的形式出现，规模

财神庙壁画

宏大，同时在环境艺术、建筑艺术和壁画艺术等方面均达到了很高的艺术成就。

鸡鸣驿的建筑艺术成就尤为高超。城中街道的布局不拘一格，空间进退开盍，极富情趣，两侧建筑错落有致。不同的街道在交接转弯处和尽头均考虑设计了对景建筑，行进其中，可让人充分领略到古代城镇布局的巧妙。各类建筑均具有自身的特色，如城门的高大雄奇，衙署的威严堂皇，马号的宽敞气派，文昌宫的静谧肃穆，龙神庙的热闹亲切，商号店铺的便利，民居大院的舒适，无一不是古代建筑工匠的艺术结晶。

鸡鸣驿建筑多以院落形式组成，尺度不一，既有永宁寺驿馆这样连续多进的庞大院落群，也有普通民居三合院式的独门小院，形态各异。城中的城隍庙和泰山行宫等处原来均设有庙园，与殿宇建筑相配合。单体建筑造型非常丰富，屋顶有歇山、悬山、硬山等形式，门窗式样古雅，正房、厢房、门屋主次分明，更有戏台、楼阁等特殊的建筑类型。一些建筑的设计颇见匠心，如头道街与西街交叉路口处的一座面铺，就在硬山四周加上围廊，形成了类似歇山屋顶的独特造型和开敞的空间效果。城内宗教建筑曾经多绘有壁画，例如目前所存的泰山行宫以48幅壁画来描绘碧霞元君修道的经过，画工精细，造型生动，色彩明艳，另加上诙谐独特的三句半式的说明文字，堪称绝品。龙神庙中的沥粉贴金壁画金碧辉煌，更显示出浓重的民俗情趣。这些壁画作品都是中国古代美术史上不可多得的佳作，艺术价值极高。

（3）科学价值

鸡鸣驿的科学价值主要表现在充分体现邮驿功能和便于军事防御、宜于居住

驿城东城门

驿城俯瞰图

的规划设计上。全城围绕邮驿功能,因地制宜,不求对称,布局分区极为合理。军政首脑机关位于主干道中心,主要的店铺分布于干道两侧,驿馆位于全城几何中心位置,马号临近驿馆,驿仓位于东北,管理、住宿、换马、粮草供应、辅助服务等不同设施彼此响应,联系方便,极有条理。同时驿城本身紧贴南面的驿道,并随驿道的形态向西北倾斜,城内的主要的设施也相对偏南,表现出一定的向路性,还在环城墙内侧设置环形驿道,充分满足了古代邮驿方便快捷的功能要求。

驿城同时兼有军事堡垒的性质,因此在军事防御方面也具有很高的成就。城墙上马面、垛口、射孔的布置均经过精心设计,便于有效防守。同时有多处马道可以登上城墙,便于战时集合士卒组织防御。

5. 保护管理情况

(1) 保护情况

根据国家局批复的相关方案,2008年至2014年,北京城建亚泰公司对鸡鸣驿城内的街道、民居等基础设施进行修缮。河北省木石等古建施工公司对城墙、庙宇进行了加固修缮。鸡鸣驿城墙整体加固保护工程入选2011年度全国十大文物维修工程。整体保存完好。

2001年被国务院公布为第五批全国重点文物保护单位。

2005年被建设部、国家文物局列入第二批中国历史文化名村。

（2）管理机构

2002年8月9日，报经怀来县人民政府批准，成立了"怀来县鸡鸣驿城文物保护管理处"。

（3）保护范围、建设控制地带划定情况

1993年7月，河北省人民政府公布。

保护范围：以城墙两侧墙基外缘为基线，城外向东25米至大坝边缘；向南40米至民居院墙；向西30米至村公路西沿；向北42米至京张公路北沿，城墙四面各向城里扩10米。

建设控制地带：以保护范围边线为基限，城外东扩150米至田间路，南外扩120米至场院北边，西外扩至村中道路，北外扩70米至乡政府大院，城内向城里扩20米。

（4）保护档案与保护标志

保护档案已完善，2008年竖立大理石质国保单位保护标志牌。

（5）保护规划

清华大学建筑学院建筑历史与文物保护研究所编制了《河北省怀来县鸡鸣驿城文物保护总体规划》，并于2008年11月由河北省人民政府批准公布。

五、察哈尔都统署旧址

地点	桥西区明德北街57号	年代	清、民国
经纬度坐标	N40°50'08.7"，E114°53'07.4"		
功能	军事行政机构，商贸管理	级别	国保单位
相关遗存	中路建筑		

1. 基本描述

建于清乾隆二十七年（1762），坐落于桥西区明德北街三角地东侧，地处东西太平山之间，北邻长城大境门，为清式一品官衙建筑规制。清代仅设乌鲁木齐、热河、察哈尔三个驻防都统，其中察哈尔都统设置时间最早，是唯一兼辖副都统，也是目前全国唯一幸存的清代都统署。

察哈尔都统署旧址俯瞰图

察哈尔都统署旧址西门

现存建筑总体布局以中路建筑为主，东西两路为辅。中路建筑南北长162.25米，东西宽44.96米，占地面积约7300平方米，大小房间67间。该衙署坐北朝南，四进院落，采用传统的庭院式建筑风格，中轴线上由南向北依次为大门、仪门、大堂、二堂、内寝正房。大门、仪门、大堂、二堂均建有耳房,二堂及后寝前建有厢房。前朝后寝,威仪庄重,礼制森严,为我国清代官衙建筑的完美体现。

察哈尔都统统辖察哈尔八旗四牧群,实施军政管理,监督户部税务署榷税事务,负责颁发茶叶等北销商品的营销执照信票(龙票),同时保护张库商旅安全,负责稽查、征剿盗匪事宜。

清朝前中期,张家口作为驿道的起点,地位始终没有动摇。自张家口至阿尔泰大站二十九,腰站十五,共四十四站。康熙三十二年(1693)清廷在张家口设阿尔泰军台署,管理张家口至阿尔泰军台事务。乾隆二十六年(1761)设察哈尔都统,兼管张家口驿传道署和赛尔乌苏驿传道,张家口驿传道分管第一至第十五台,赛尔乌苏驿传道分管第十六至二十九台。同治十年(1871)又令蒙古各台自张家口至八台,以察哈尔都统管理。

察哈尔都统署是清政府对北部边疆和对俄茶叶贸易的管理机构,对于研究清代中国经济和清政府的对外贸易政策有着极其重要的作用。

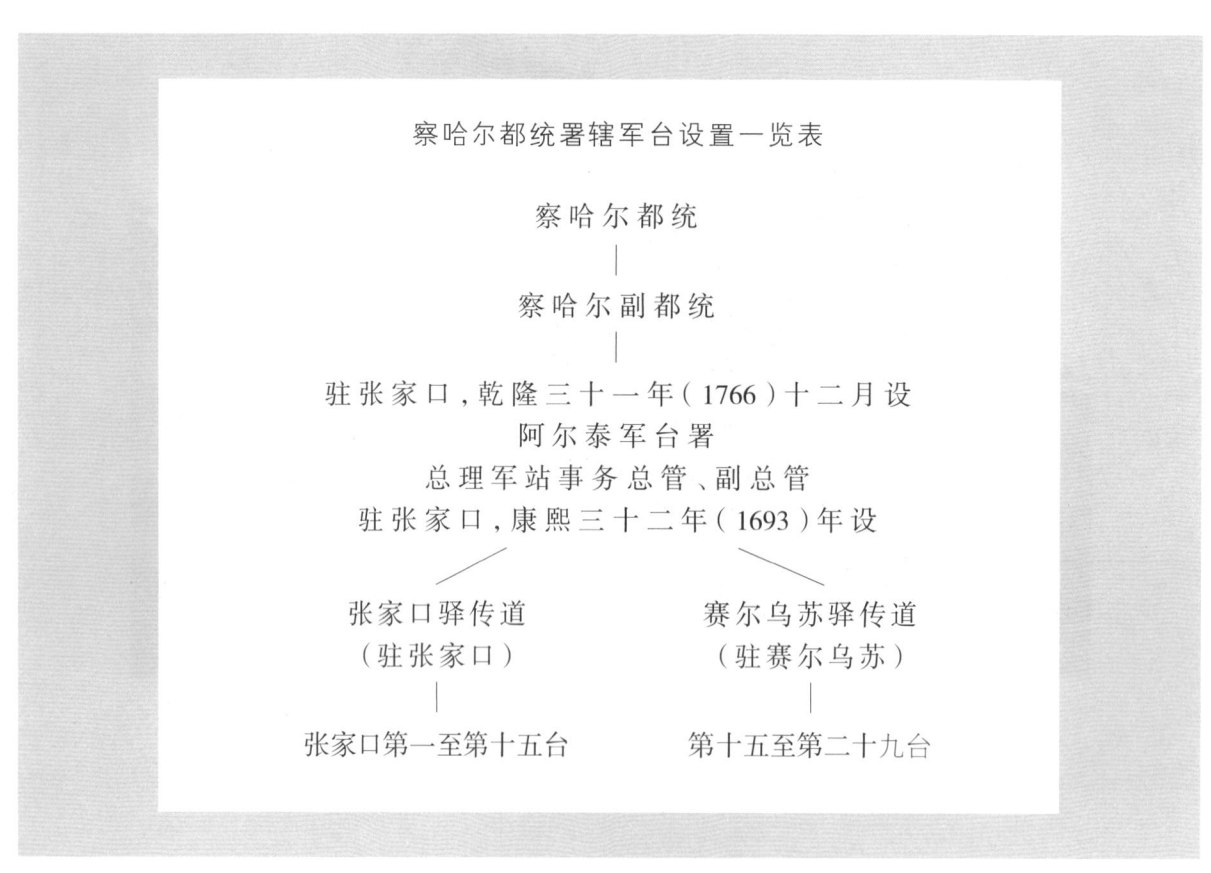

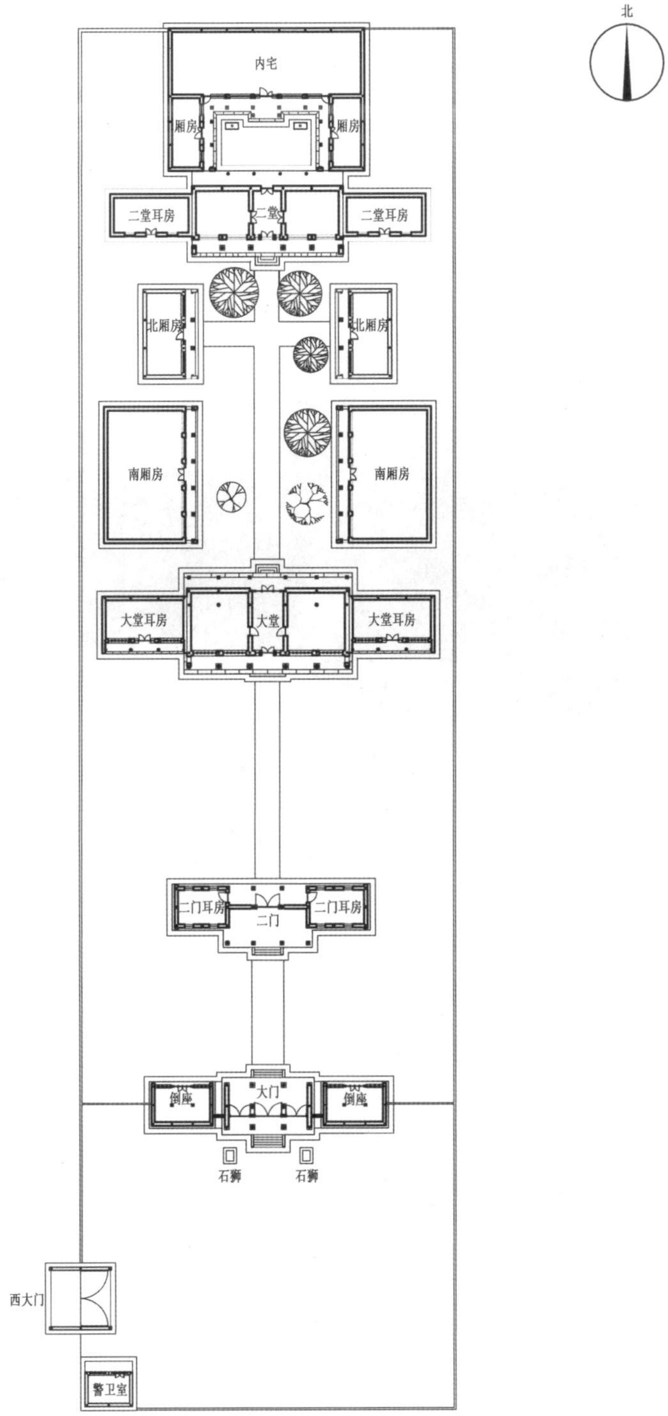

察哈尔都统署旧址平面示意图

2. 历史沿革

清察哈尔都统是清朝统一中国后,为巩固和维护满洲贵族的封建统治,于乾隆二十六年(1761)所设,借治张家口,官职从一品,辖副都统、理事同知厅,职掌八旗四牧群旗民教养、训练、驻边、屯垦,管理军台署等,不理政务。第二年建都统署。其

察哈尔都统署今貌

时,察哈尔都统的具体职责主要有四项:一是统辖察哈尔八旗军政。它不但统辖张家口驻防官兵,而且兼摄锡林郭勒盟军务;二是掌察哈尔八旗游牧之事。管理位于察哈尔境内的四牧群,为清朝政府牧养战马及牛羊;三是负责察哈尔地区的安全和稳定,做好这些地区对匪盗活动的打击,并负责蒙古族人之间以及蒙古与汉人之间的诉讼事宜;四是负责管理通往蒙古地区的站台。清康熙二十四年(1685),建立台站制度。台站是军台和驿站的合称。清代一些蒙古地区的驿站主要是为国防、军用服务的,因此常被称为军台。

清代中后期,张家口的军事地位逐步下降,政治经济地位迅速上升。察哈尔都统的作用逐步改为统管军政、民政,成为察哈尔地区最高长官。其职责在原基础上增加了两项重要内容:其一是保持张库大道的平安和畅通。随着蒙汉贸易、中俄贸易的兴盛,张家口成为长城沿线的重要关口。为规范管理,清廷于康熙五十九年(1720)要求理藩院对于前往蒙古地区与俄国贸易者实行院票制度,即许可证制度。

管理上采取就近原则，直隶出张家口者，院票由理藩院张家口理事同知衙门颁发，在设立了"张家口都统"一职之后，由都统颁发。《理藩院则例》规定："由直隶出口者，在察哈尔都统或多伦诺尔同知衙门领票；由山西出口者，在绥远城将军衙门领票。"即凡出入张家口赴内外蒙古地贸易，须经张家口察哈尔都统衙门批准，颁发准入蒙地的"部票"，在指定的蒙旗境内经商贸易。部票用满、蒙、汉三种文字书写，注明人数、姓名、品种、数量、返程日期，凡无票者不得进入蒙地贸易。凡是通过张家口运往库伦和恰克图的货物都需有察哈尔都统的签发的文

民国时期的察哈尔都统署

内蒙古自治运动联合会旧址

件，察哈尔都统还负责张家口大小境门的出入管理。其二是管理张家口户部税司署。户部税司署是中央政府户部的派出机构，主要职责是管理和收取由张家口出境商品税，当时张家口所收取的税收在中央财政中占有重要地位，是清王朝陆路对外贸易的最大关口之一，隶属理藩院管辖，其进出口税由察哈尔都统署代收。终清一代，共有61任都统、代都统、署都统在此任职。

1914年，北洋政府设察哈尔特别行政区，置都统管理察哈尔地区军政，先后有8位都统驻入都统署。1928年，改设行省，察哈尔都统署又成为国民党察哈尔省政府驻地。抗日战争期间，日本帝国主义在察哈尔成立了以蒙古王公德穆楚克栋鲁普

(即德王)为首的伪"蒙疆联合自治政府"。1941年,德王将其官邸迁至于此,以后都统署便俗称"德王府"。1945年,抗战胜利后察哈尔都统署成为晋察冀边区首府所在地,为边区政府主席宋劭文办公的地方。1946—1948年,为国民党察哈尔省政府驻地。1948年,张家口解放后,都统署为察哈尔省人民政府驻地,乌兰夫驻都统署办公。1949年,内蒙古自治政府迁至张家口驻都统署。1952年察哈尔省建制裁撤后,都统署先后作为张家口市公安局、市委党校、市国家安全局、市地质矿产局等单位和部门的办公用房,2002年,张家口市人民政府将察哈尔都统署内入住单位迁出,将衙署建筑移交市文物部门管理。

3. 价值评估

(1) 历史价值

察哈尔都统署自建成以来,经历了多个历史时期。清代是管理察哈尔地区边防军事的首领察哈尔都统的驻地;民国期间先为察哈尔特别区都统署,后改察哈尔省主席驻地;抗战时期被伪蒙古联合自治政府使用,晋察冀边区政府、国民党察哈尔省政府也先后在此办公;中华人民共和国成立后,曾有四年为内蒙古自治政府所在地,乌兰夫曾以中共中央蒙绥局书记、内蒙古自治政府席之职在这里办公;1952年11月21日,国务院决定撤销察哈尔省建制,察哈尔省级行政区划的历史从此结束。同年,内蒙古自治政府迁至呼和浩特市。察哈尔都统署又为多家单位驻用。可见察哈尔都统署使用时间之长。它经历了许多重大的历史事件,也见证了这一地区的历史变迁。

作为保存较为完整的建筑群,察哈尔都统署旧址体现了封建官僚衙门的威严,又体现了精湛的建筑艺术。作为我国古代边防重要的省级衙署和我国仅存的清代都统衙署建筑,对于研究清代官衙建筑、研究京西地域文化,具有重要的历史价值。作为"近现代重要史迹及代表性建筑",都统署至今已有250余年的历史,它以深邃的府衙文化、独特的建筑艺术以及宏大的规模让人深深震撼,它的建筑特点、文化背景以及所承载的历史积淀也给人以启迪。

(2) 社会价值

清王朝在管理民族事务方面,除了在京城设立理藩院进行综合管理外,在蒙古族、藏族、回族居住的地方,还设置了地方性的管理机构,都统、副都统就是其中的一种管理机构。察哈尔都统设置前后几年间,经过了恰克图贸易第一次"闭市"风波,俄罗斯不再垄断皮毛经营,恰克图贸易才真正迎来了"迟到的春天"。这一时期,察哈尔都统承担了原属理藩院办理旅蒙商贸票照的职能和征收税赋的职能,同时负责保护往来商旅安全,负责稽查、征剿盗匪事宜,保障万里茶道的平安畅通。

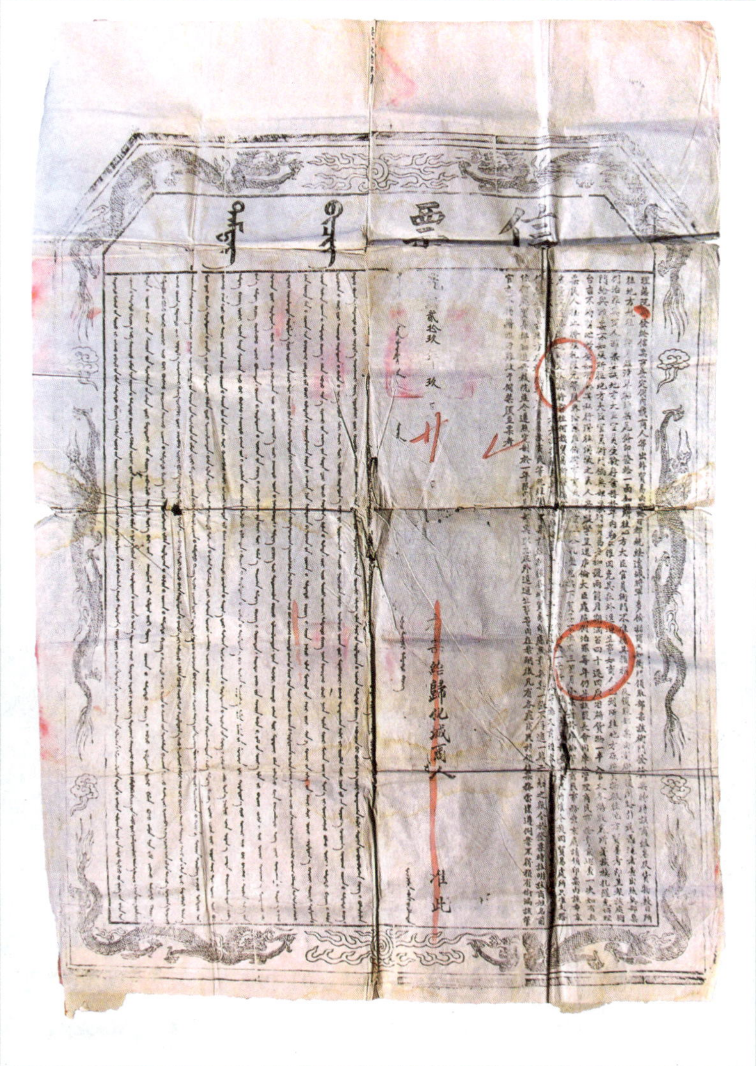

清光绪二十九年归化城商人持有的信票

这是清政府为有效掌控中国北方内贸和恰克图外贸的一项重要举措,它使张家口成为了清朝旅蒙商贸、中俄外贸最重要的管理处和集散地。清政府对旅蒙商贸、中俄外贸管理的加强,促进了恰克图贸易量的增加,引发了张家口商贸的兴盛和城市的迅速发展,张家口商业的兴盛和繁荣延续到了清末和民初。

察哈尔都统的设立对于当时张家口地区经济的发展起到了良好的作用。察哈尔都统署是清政府对北部边疆和中俄茶叶贸易的管理机构,是清政府畿辅驻防和近边地区管理的重要部分,对于研究清代中国经济和清政府的对外贸易政策有着极其重要的作用。

4. 保护现状

2006年，察哈尔都统署被国务院公布为第六批国家级重点文物保护单位。

2010年3月，河北省古代建筑保护研究所编制了《察哈尔都统署旧址修缮工程设计方案》。2012年7月，在河北省古代建筑保护研究所指导下，由河北木石古代建筑设计有限公司负责监理，北京大龙建设集团古建分公司实施察哈尔都统署旧址修缮工程，2014年8月25日竣工。

2014年9月，旧址历史陈列展示工程开始实施，于12月底完成并对外开放。整体保存良好。

察哈尔都统署旧址仪门

第四节　万里茶道河北段一般推荐

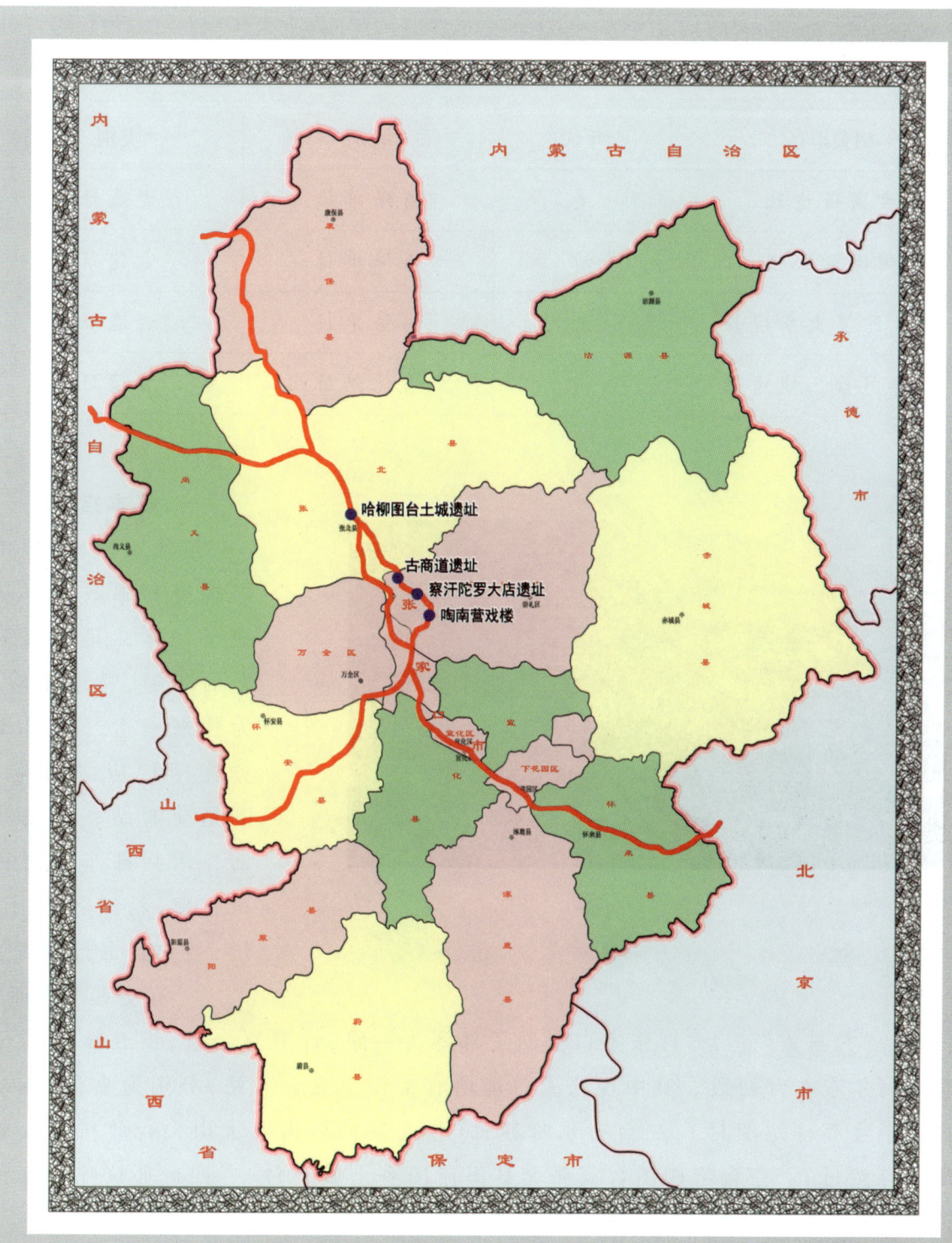

万里茶道申遗河北段一般推荐点分布图

万里茶道河北段文化遗产调查与研究

经过前期的实地调查、测绘、专家研讨、价值比对,后由中国建筑设计有限公司建筑设计研究所专家组审核,将军台遗迹作为一般推荐列入《申报中国世界文化遗产预备名单万里茶道(中国段)文本》中,并向国家文物局予以申报。

军台遗迹

相关遗存	年代	级别	类别
古商道遗址	清	省保单位	古遗址
喊南营戏楼	清	省保单位	古建筑
察汗陀罗大店遗址	清	省保单位	古遗址
哈柳图台土城遗址	清	省保单位	古遗址

军台遗迹俯瞰

一、基本描述

清代军台,是集传烽报警和邮政驿站功能于一体,呈树状分布的防御、管理体系,为往来差遣、紧要事务速于接应之设施。既是交通站,又是兵站,由兵部车驾清吏司管理,沿路各地府、州、县长官也行兼管。《清史稿·地理》"内蒙古驿凡五道"记为"自张家口至四子部落为一路,计五百余里,设五驿,"所记站道为阿尔泰军台初段。其中现张家口境内有头台至五台五站,分别为头台(崇礼区石嘴子乡察汗陀罗村)、二台布尔哈苏台(张北县油篓沟乡大山尖行政村二台蒙古营子自然村)、三台哈柳图台(张北县海流图乡土城子村)、四台鄂拉呼都克台(尚义县石井乡四台蒙古营子)、五台奎素图台(尚义县大营盘乡五台蒙古营子)。

军台承担内地与边疆的物资输送功能,尤其承担对官商保护和补给的任务(详见附表)。

同治十年(1871)至同治十二年(1873)阿尔泰军台运输项目表①

时间	兵丁	军械火药、牲畜等项	行程	参考文献
同治十年(1871)正月		硬弓五百张、箭三万枝、彭锻一百匹、大茶一千块、代烟五千包	张家口—乌里雅苏台	《清穆宗石录》卷302,同治十年正月壬寅条
同治十年(1871)	官兵五千余人		张家口、归绥—乌里雅苏台、库伦	同上,卷309,同治十年四月甲申条
同治十一年(1872)七月	官兵两千名		绥远—乌里雅苏台	同上,卷337,同治十一年七月乙巳条
同治十一年(1872)八月		火药一万斤、轰药五百斤、铅丸四万出、火绳一万丈。	张家口—乌里雅苏台	同上,卷339,同治十一年八月辛巳条
同治十一年(1872)九月		弓五百张。弦一千条。箭三万枝。长枪西百杆。腰刀五百把。火药五千斤。轰药五百斤。火绳二万根。铅丸四万粒	张家口—新疆	同上,卷341,同治十一年九月庚戌条
同治十一年(1872)十一月	官兵一千名	骆驼一千五六百只	张家口—乌鲁木齐	同上,卷345,同治十一年十一月丁酉条
同治十一年(1872)十二月	察哈尔马队二百五十名		张家口—乌鲁木齐	同上,卷347,同治十一年十二月丁卯条
同治十二年(1873)六月		抬枪二百杆、鸟枪五百杆、矛二百杆、刀二百把、洋火药一千斤、洋药卷铅子各四万出、铜帽十六万粒、火药一万斤、铅丸二十八万出、火绳六千丈、战马一千匹	张家口—新疆	同上,卷353,同治十二年六月庚申条
同治十二年(1873)六月			张家口—乌里雅苏台	同上,卷353,同治十二年六月辛酉条

---

①芦婷婷:《晚清蒙古台站弊端》,《内蒙古民族大学学报》(社会科学版)2014年11月第40卷第6期。

时间	兵丁	军械火药、牲畜等项	行程	参考文献
同治十二年(1873)七月		洋火药二万四千出、铅丸二万四千粒、劈山炮四十位、抬枪排枪各四百杆、洋枪二百杆、铅丸一万斤、竹矛一千二百、杆刀二千把	张家口—乌里雅苏台	同上,卷355,同治十二年七月壬戌条
同治十二年(1873)七月		抬枪三百杆、铅丸三万出、火绳四千盘	绥远—乌里雅苏台	同上,卷355,同治十二年七月乙亥条
同治十二年(1873)八月	官兵三百余名		张家口—乌里雅苏台	同上,卷356,同治十二年八月辛巳条
同治十二年(1873)八月	察哈尔骑兵二百五十名		乌里雅苏台—新疆	同上,卷356,同治十二年八月壬午条
同治十二年(1873)九月	察哈尔马队一千名	战马二千匹、鸟枪二百杆、鸟枪佩带五百分、刺刀五百把、帐房三百架、火药一千斤、轰药一百斤、火绳四千根、铅丸六千	张家口—乌里雅苏台	同上,卷357,同治十二年九月戊午条
同治十二年(1873)十一月	大同步队一千名		归绥—古城	同上,卷359,同治十二年十一月庚申条
同治十二年(1873)十一月		骆驼四百只、骡驼四百只、骟马六百匹、骡马六百匹	乌里雅苏台—塔尔巴哈台	同上,卷359,同治十二年十一月壬申条

旅蒙商每年三月份自口内出发,往往耗三个月时间始达目的地,九月中旬返回,至内地已是十月、十一月。途中逐水草而行,行旅极为艰辛。但为利益所驱动,故络绎于内地、蒙古者不绝。蒙古各地也遍布着来自内地的商人,以致有"苟有十数户之蒙古部落,罔不见行商者之天幕块然存焉"的记载①。这样做是为了降低运输成本,利用台站之便,便利行途。

---

① 清穆宗实录(卷130),北京:中华书局,1987年,第79页。

二、历史沿革

据《蒙古民族通史》载,清代,以京城为出发地,通驿内蒙古有喜峰口、古北口、独石口、张家口、杀虎口五条驿道,通往蒙古各盟旗、各卡伦①、各鄂博②。从张家口通往西北的各驿站,驿路最长,分叉及到达的边陲地点也最多,因清初这条站道主要功能为传递西北军情战报及运送军需物资服务,而被称为军台,即著名的阿尔泰军台。整条站道穿越阴山,纵贯南蒙、北蒙,直抵外蒙古腹地,是有史以来线路最长、辐射地域最广的驿路。

古树

张家口是通往蒙古站台的交通枢纽,是整个台站网络中的主干。据《清史稿》载,"自察哈尔而北,而西北,而又西,迄乌里雅苏台,共置四十八台。自张家口迤

---

① 卡伦是满语音译,意为"更番候望之所"。也称斥堠或哨。见义都合西格《蒙古民族通史》第四卷,第 260 页。

② 鄂博略同于卡伦。"蒙古二十五部落、察哈尔牧场、八旗各如其境,以鄂博为防"。见《清史稿》卷 137《兵八》。

四台蒙古营水井今貌

四台蒙古营敖包

西,黄河迤东,设台三百四十四座,自张家口迤山海关迤西,设台四百十七座"。康熙三十一年(1692),自独石口至浩齐忒,置六台;自张家口至四子部落,置五台;自张家口至归化城,置六台。乾隆三十四年(1769)自张家口路四子部落尽处起,置十六台。康雍时期出兵西北,阿尔台军台驿道在内、外蒙古境内几经更改,直至乾隆年间才基本固定下来,而张家口作为驿道的起点,地位始终没有动摇。

自张家口至阿尔泰大站二十九,腰站十五,共四十四站。康熙三十二年(1693)清廷在张家口设阿尔泰军台署,管理张家口至阿尔泰军台事务。

乾隆二十六年(1761)设察哈尔都统,兼管张家口驿传道署和赛尔乌苏驿传道,张家口驿传道分管第一至第十五台,赛尔乌苏驿传道分管第十六至二十九台。同治十年(1871)又令蒙古各台,自张家口至八台,以察哈尔都统管理。

《口北三厅志》载,清康熙三十二年(1693)设阿尔泰军台署,驻张家口。管理张家口至阿尔泰沿途军台事务。设张家口司员一人,笔帖式一人;随关防笔帖式一人。乾隆三十一年(1766)十二月,添设副都统一员,专行管理阿尔泰军台署,设总理军站事务总管一员,副总管一员,张家口驿传道一员,俱驻扎张家口。清末民初,军台逐渐废弃。

三、相关遗存

1.古商道遗址：位于崇礼区石嘴子乡五十家子行政村黄土坝子自然村东北。古茶道遗址北距草原天路172米，西南距水泉坝村736米。坐标为N41°2′28.60″，E114°51′37.04″，海拔为1501米。1917年北洋政府时期，张家口商人顾宝经等筹建

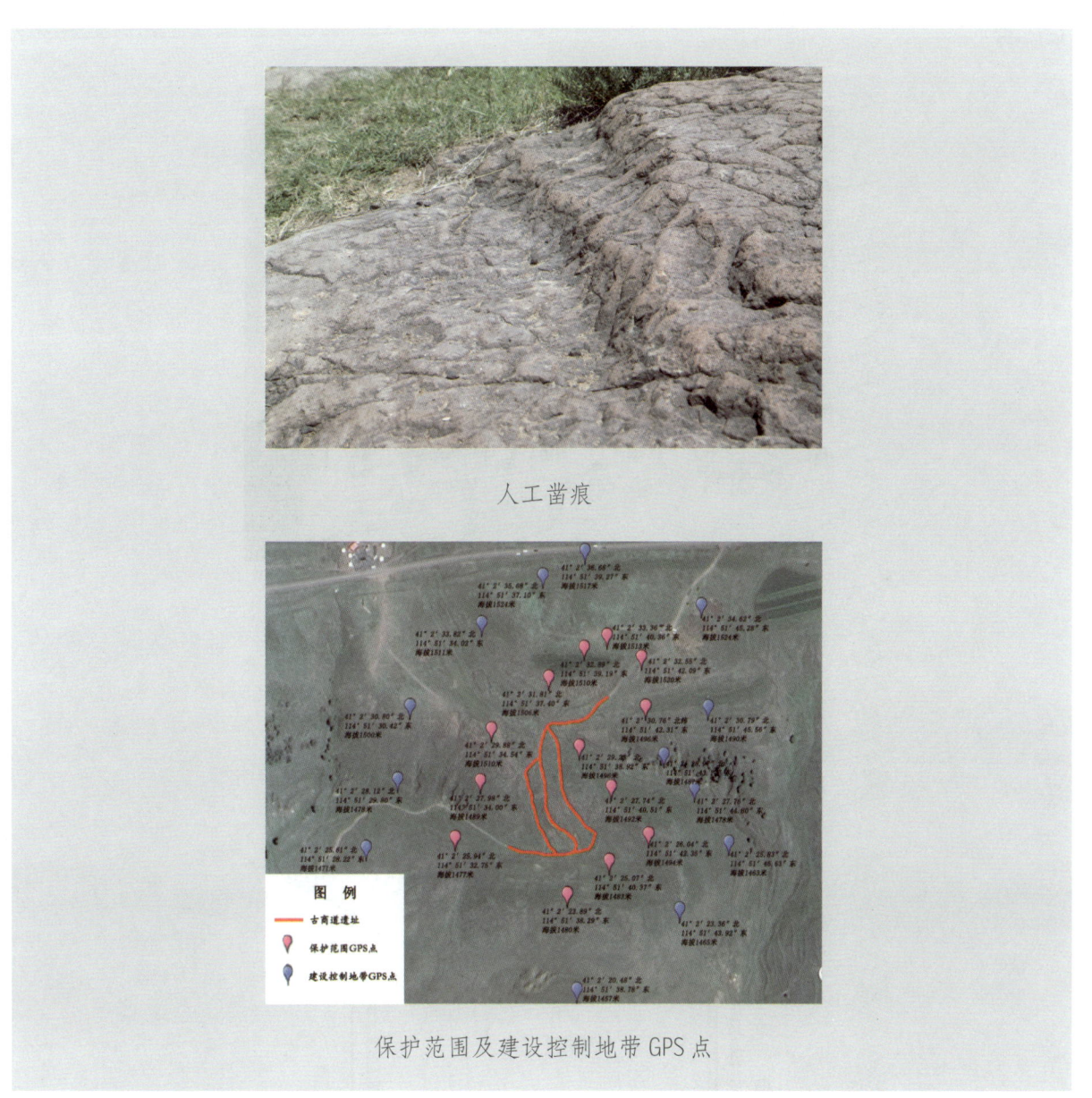

人工凿痕

保护范围及建设控制地带GPS点

张家口泰通汽车股份有限公司。1918年初，公司组织力量勘探、设计、砌凿而成上坝的重要通道，由张家口出大境门北行，经朝天洼、察汗陀罗，从五十家子北边的黄土坝北上，该路段总长60里。后因在此路不远处修建了张库公路，此路遭废弃，解放后的简易公路改线，也没有利用此段，保留至今。目前东、中、西三段保存较完

整,依山而建,南北走向,残长合计597米,宽2.1—2.8米,呈S形,商道两侧山石上修筑时凿刻痕迹十分清晰,路面由大小不一的毛石铺成,车辆磨痕清晰可辨。

2. 啕南营戏楼：位于崇礼区高家营镇啕南营村南,坐标为N40°55′16.5″,E114°56′38.3″,海拔899米。戏楼始建于清光绪年间,坐东南朝西北,为后硬山接前歇山卷棚定式建筑,面阔三间8米,进深四间8.8米,由四层条石砌筑的台基高1.2米。

啕南营戏楼今貌

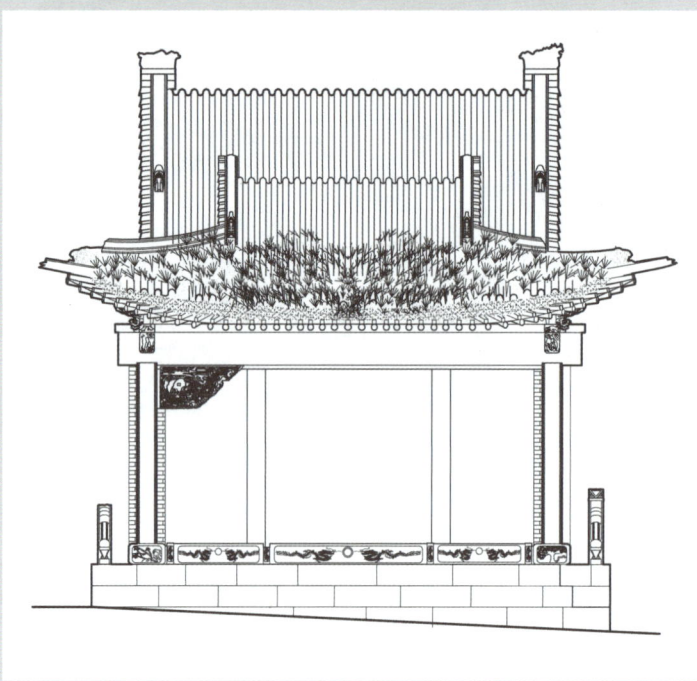

啕南营戏楼正立面图

嗬南营村戏楼建筑设计构思巧妙，前檐用大阑额，大阑额角部装饰木雕四爪腾龙大雀替，栩栩如生，呼之欲出，造型别致。檐柱金柱减柱造法。檐柱方形做海棠线角，柱础石也随之为方形做海棠线角，柱础石外侧一面做开光浮雕松树花饰。台口两侧有抱鼓石互对，抱鼓石后接石雕望柱栏杆，栏杆立柱上下用卯榫结构，并用铁楔固定，做工精细。台口檐柱之间有石雕槽形下槛，槛石之间立小望柱联接，向外一面均浮雕二龙戏珠，珠为"寿"字瓦当形，纹饰繁缛，雕凿细致。该古建筑木雕、石雕、砖雕技艺精湛，是张家口古戏楼中的精品。

嗬南营因陀罗庙而闻名，庙宇遗址现无从考察。这里曾经是茶叶之路（张库大道）兴盛时，从大境门出发中线上的第一站点。当年，嗬南营商家云集，街市繁华，有"二张家口"之雅称。嗬南营戏台就是商队胜利回来时，庆祝演戏的地方。

3.察汗陀罗大店遗址：位于崇礼区石嘴子乡上察汗陀罗台西北146米，俗称头台，汉译"白头岭"。清代末任伊犁将军、重要的竹枝词作家、光绪帝和珍妃的堂兄志锐在《廓轩竹枝词》中《察汗托罗海·第一台》中述："察汗托罗海得名，白头岭上赋长征。居民慕化犹中俗，半畜牛羊半事耕。"车马大店遗址为万里茶道上供旅蒙商休息打尖之处，南距大境门20余公里。大店近似方形，占地面积约3900平方米，南北走向，坐标为N40°58′44.81″，E114°54′38.14″，海拔1025米，遗址东、北、西三面临山。遗址内现为耕地。残存墙体高0.6—2.1米，厚度0.55—0.6米，南部和东部

俯瞰图

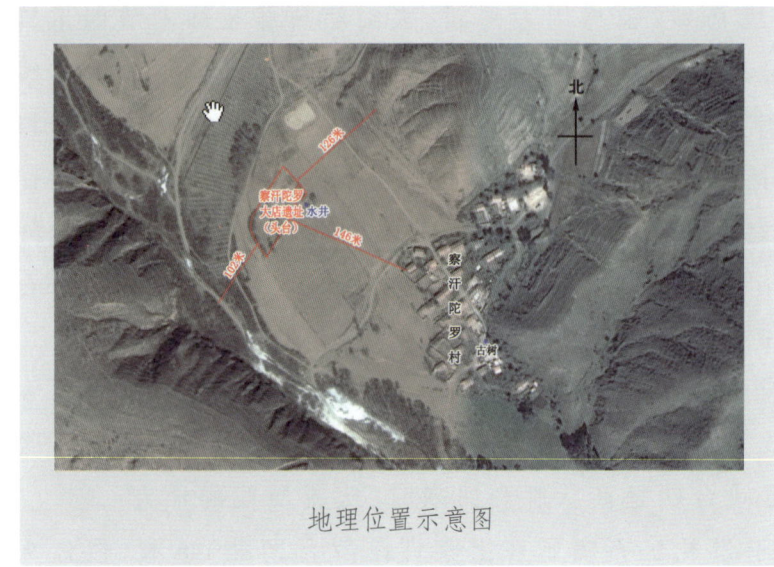

地理位置示意图

保存较好，东南角为遗址出入口，宽7米，遗址南墙外侧4.1米处有一眼老井，直径为0.8米，依然可以使用。村西南500米有百年柏树一株，曾作为古道商人的航标及寄托情怀的场所。

4. 哈柳图台土城遗址：位于张北县海流图乡大土城村北，俗称三台，汉译"有水獭之河"。志锐的《廊轩竹枝词》中《哈柳·第三台》中述："车声轧轧势如雷，十里黄尘滚不开。章盖昆都迎道左，喧传已到哈留台。"坐标为N41°17′12.21″，E114°25′24.75″，海拔1343米。遗址南北长471米，东西宽455.8米，面积约214682平方米。现南、北残存土城墙，东、西城墙消失。南城墙保存比较完整，残高2—3米，宽18—20米，中间辟一宽约8米的城门。北城墙残高1.5米，宽约10米，坍塌严重，墙体中开一上宽1.5米，

俯瞰图

下宽0.5米的梯形水泥灌渠。城址东、北、西三面为耕地,南城墙紧靠大土城子村村民房后墙。城址西北为安固里淖。村落南门外是牛车和骆驼道,沿三台坝上坝通往尚义县四台蒙古营及五台蒙古营子。

古树、水井和敖包在当年旅蒙商走后草地的行途中有着不可估量的作用。古树作为茫茫草原与戈壁的航标,指引方向;水井是商人旅途中必不可少的水源补给地;敖包是草原人民心目中神灵的象征,商人在此献上哈达,祈祷平安,以求心灵慰藉。

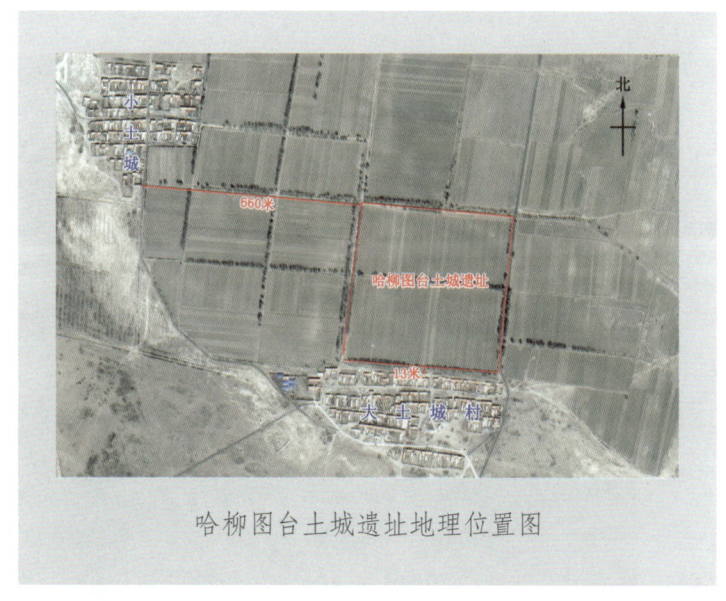

哈柳图台土城遗址地理位置图

四、价值评估

古商道遗址、嘞南营戏楼、察汗陀罗大店遗址和哈柳图台土城遗址现属省级文保单位。军台遗迹为综合性遗址,内容丰富,既有体现了军台实际功能的古城址,

古商道遗址

哈柳图台土城遗址

又包含了道路遗址、食宿遗址和娱乐生活场所。

第一，军台遗址与皇商控制的商道路线的重合，可以充分证明清代中前期的皇商在经营上获得了政府的支持和军队的保护，可以沿军台往来漠北及内地。同时，清政府对民商的经营也持保护态度，允其在军台沿线行走，以获得基本给养和安全保障；第二，古商道遗址是十分珍贵的历史遗迹，对于研究中国公路交通历史及茶叶之路运输方式的演变都有重要的价值；第三，戏楼是商道繁荣的见证，也是张家口民俗集中展示的地方；第四，大店遗址和土城遗址为研究坝上地区城址建制、沿用、社会民生、民俗提供了宝贵资料。总之，军台遗迹对于研究清至民初这个历史时度的商业路线、商业经营模式、茶路走向、社会文化、市井生活提供了直接的证据和基础资料。

第五节　万里茶道河北段文化支撑点介绍

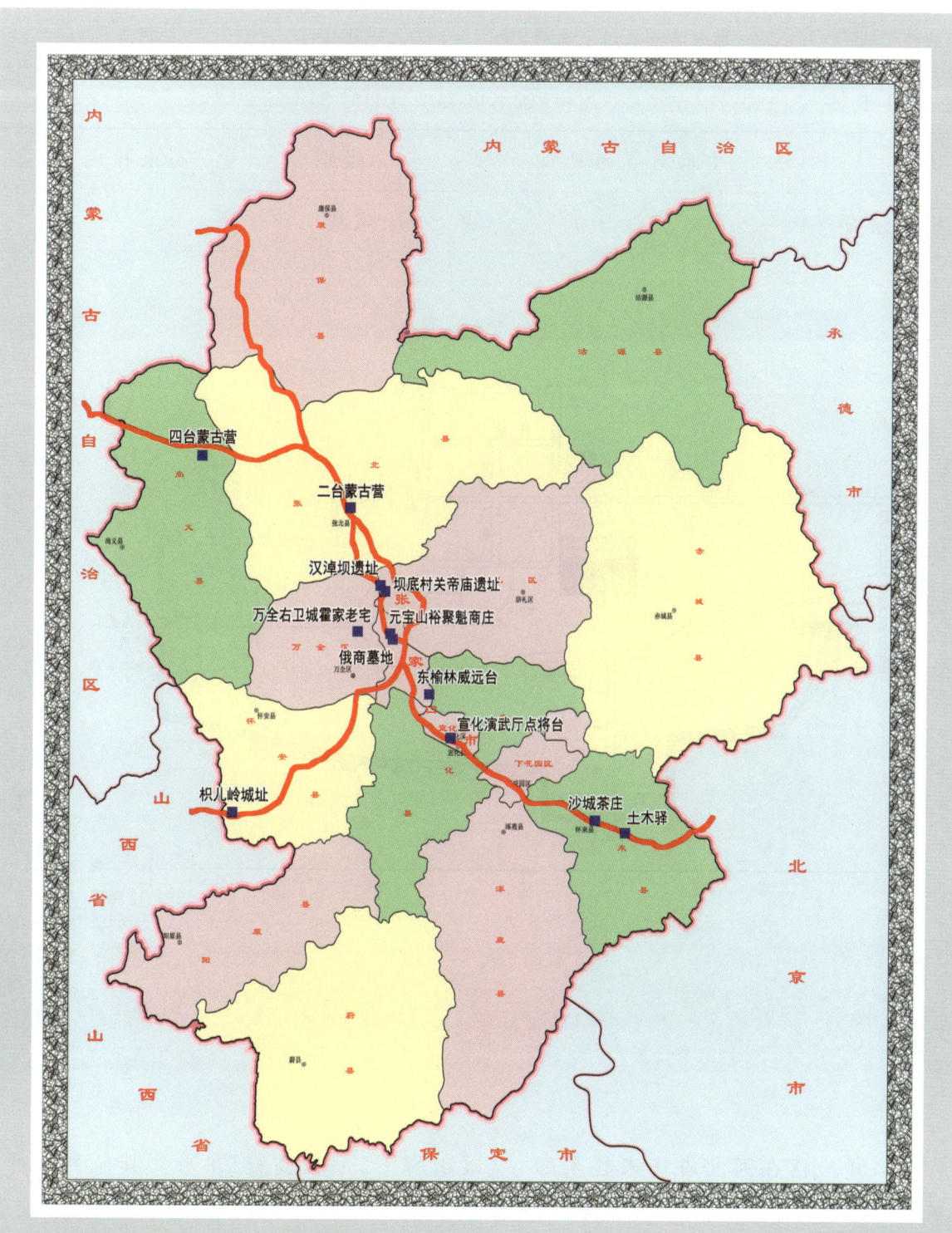

万里茶道申遗河北段文化支撑点分布图

一、土木驿

地点	怀来县土木镇土木村	年代	明清
经纬度坐标	N40°22′48.75″,E115°36′22.29″		
功能	中俄商贸的见证	级别	尚未核定
相关遗存	显忠祠、城墙		

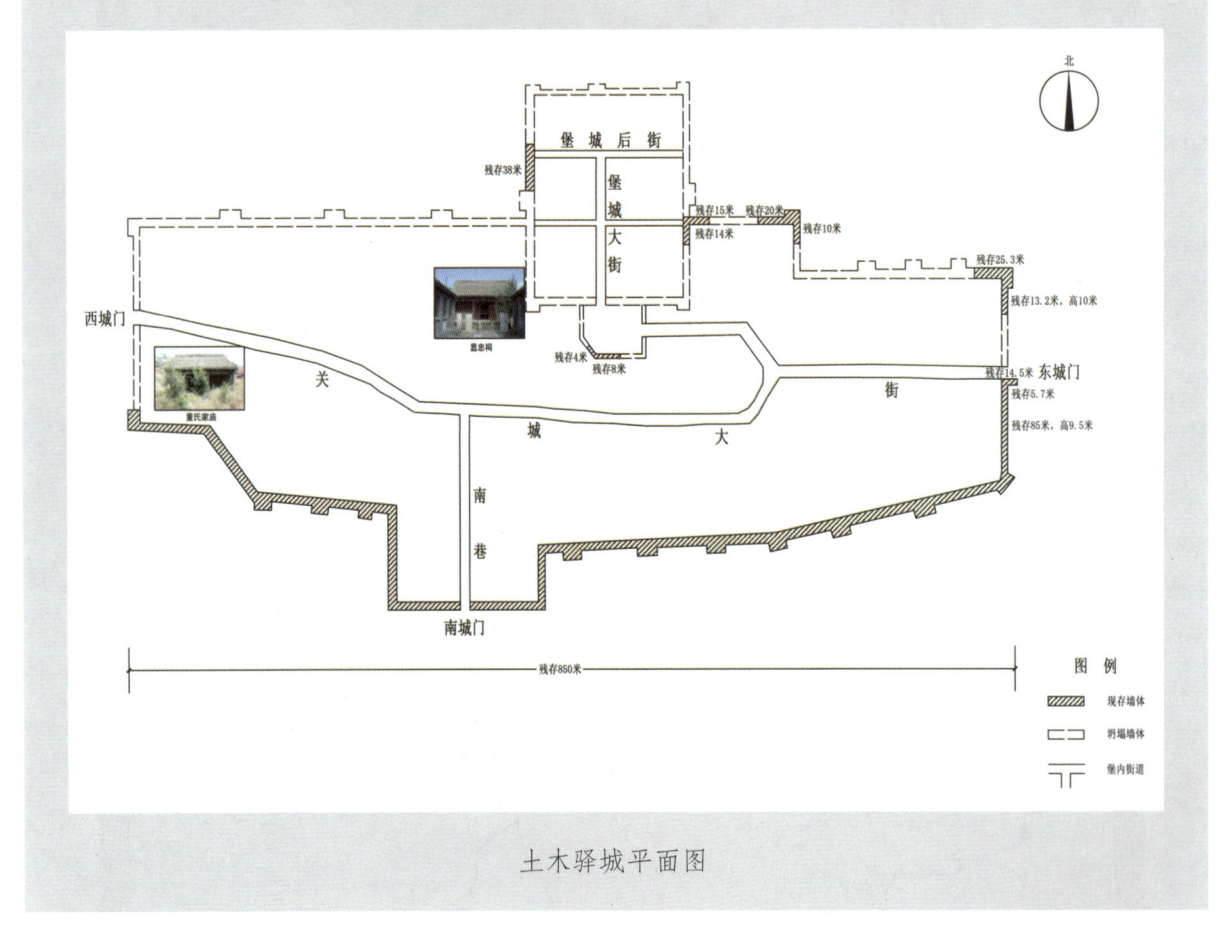

土木驿城平面图

土木驿坐落在河北省怀来县东部,宝殿山脚下,海拔高程578米。其位列极冲,地处京畿,镇京津之门户,扼西北之大漠。据康熙五十一年(1712)许隆远编撰的《怀来县志》记载:土木堡在明、清均为朝廷驿站,并设有驿丞署,配备马匹、兵丁,所有开销均由朝廷供给。土木驿站东到鸡鸣驿,北到长安岭相距均为60里,为朝廷正站。主要负责兵员运送、后勤供给、过往接待等,更重要的是专司军情急报。

土木驿站是一座"土木之变"后重建的船形城堡,依山傍河而建,这样的造型在国内外是极其罕见的。东西沙河在南门外汇流,从老营沟注入妫水河。据《宣镇图说》:隆庆三年(1569),砖甃高三丈五尺,厚一丈,周围三百五十七丈,池深七尺,阔一丈八尺。又据《通志》载:土木驿于嘉靖四十五年(1566)修筑。驿站面积近四万平方米,由于风雨的侵蚀和人为的破坏,现存北墙150米,东墙约170米,外城东南部全长大约520米,西南角约200米。城砖的尺寸是:48厘米×25厘米×10和42厘米×20厘米×10厘米两种。1913年,北洋政府宣布裁汰驿站,开办邮政。历时数百年的土木驿站就此走完了它漫长的历程。

"土木之变"作为古今军事史上的失败战例,被记载在北京中华世纪坛262米青铜甬道上,后人观瞻,多有感悟。驿站内现存的遗存点有显忠祠和董氏家庙。

显忠祠是明景泰元年(1450)代宗皇帝为祭祀在土木之变中殉难的66位大臣(其中文臣46人,武将17人,宦官1人,后文武各加11人)和50万大军而建的祠堂。景泰元年(1450),英宗被瓦剌军放回,代宗尊其为太上皇。景泰八年(1457),英宗复辟,废代宗,杀兵部尚书于谦,改年号为天顺。公元1464年,英宗驾崩,宪宗即位后,平反冤案,恢复代宗帝尊号,为于谦昭雪。为了以英宗的过失为戒,宪宗又命怀来重修土木显忠

土木驿

显忠祠

清康熙五十六年重建显忠祠序碑

祠，在其中为于谦塑像。祠成之日，宪宗亲自撰写碑文，题写显忠祠匾。

显忠祠仅存一进院落，占地面积不足2000平方米，正门两侧亦有木制楹联一对：隆千秋事典，表一代忠良。走进正门，顺着30米长的砖铺通道可直达显忠祠正殿。该殿为硬山顶柱廊式建筑，面阔三间，进深两间，正殿高7.5米。台基高0.6米，两侧抱柱悬挂木制楹联：故老尚余哀，兵溃不堪论往事；诸公应自慰，君存何必问微躯。正殿内正面横列供桌上，摆有诸位英烈牌位。东西各有厢房3间，殿前台阶两侧立有石碑：初司碑、死难诸臣名刻碑、宪宗重修碑、宪宗御笔于谦碑、万历年间胡思伸重修碑、康熙五十六年口北道徐炯重建碑。

民国年间，当地人民曾捐款重新修缮了土木堡的于谦祠，并又立碑撰文，记其初建与毁坏、重修之事。冯玉祥将军任张家口督办时，曾经瞻仰了土木堡的于谦祠，并题写于公祠匾额。后抗日战争和解放战争中于公祠都有所损坏。特别是在"文化大革命"的十年浩劫当中，祠抄碑推，昔日残留下来的一些遗迹又遭到了破坏。2004年土木村两委为了保护历史文物，给后人留下宝贵历史文化资源，投资4.5万进行重新维修。

二、沙城茶庄

地点	怀来县沙城镇三堡街	年代	民国
经纬度坐标	N40°23′51.46″,E115°30′54.8″		
功能	茶叶交易	级别	尚未核定

沙城茶庄坐北朝南，为整个宅院临街的北房，青砖砌筑，面阔五间，进深一间，为清末民国建筑，其显著特点是既注意到保留中国的传统风格，又吸收了一些西洋建筑风格，具有从传统走向现代的过渡阶段的特点。建筑墙面上的六座砖柱将整个建筑分为五间，砖柱间是砖墙，明间为门，两次间和东稍间辟窗，西稍间为整个宅院进出的宅门。砖柱上有两个冰盘檐向外挑出，将砖柱分为二段。砖柱冰盘檐与柱间砖墙上的冰盘檐相贯通，形成两条水平装饰线。装饰线之间为横匾，横匾内雕刻有文字，中间顶墙无任何装饰，具有西洋建筑风格，门框、门扉等构造、做法仍采用中国传统式样。

沙城茶庄今貌

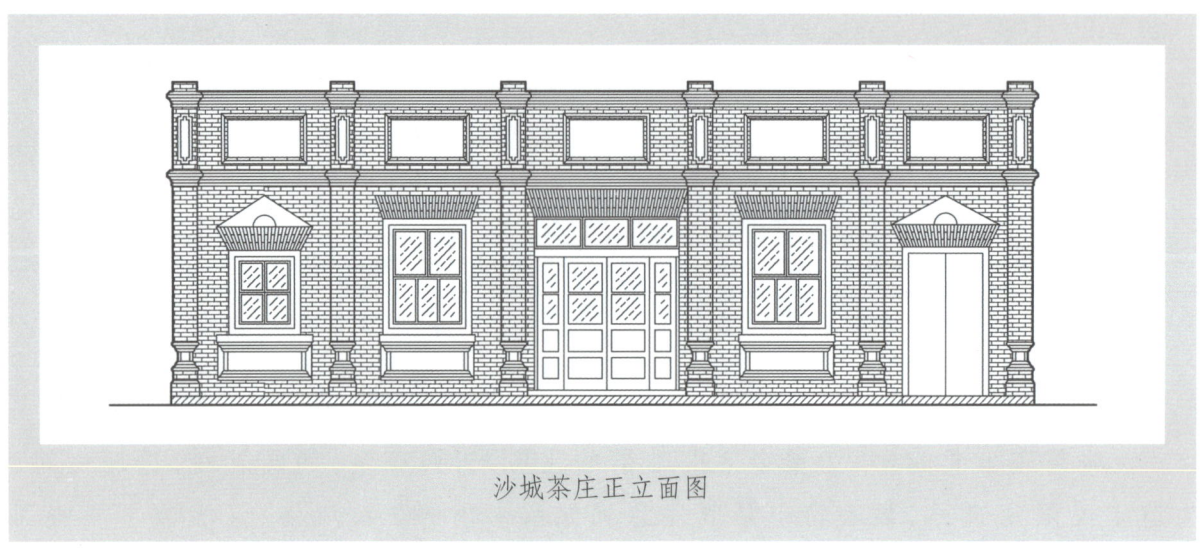

沙城茶庄正立面图

三、宣化演武厅点将台

地点	宣化区南关昌平门外	年代	明清
经纬度坐标	N40°35′25.4″,E115°03′21.2″		
功能	维持商贸秩序	级别	尚未核定
相关遗存	夯土台		

点将台今貌

演武厅点将台是明清驻宣将士演武、阅兵之场所，俗称校场。明代洪熙元年（1425）筑垫，内有各营官厅，建筑宏伟。明嘉靖年间，都御使刘源清在演武厅筑阅军台。万历四年（1567）夏，徐渭受正在巡抚宣府的兵部右侍郎吴兑之邀请前往宣府，来到校场即练兵场。看到边塞一片和平景象，徐渭感到振奋，写下了《宣府校场歌》："宣府校场天下闻，个个峰峦尖入云。不用弓刀排虎士，天生剑戟拥将军。"《重修清远楼碑记》中记载：乾隆十年（1745）九月，皇上巡幸木兰。自多伦诺尔回銮，驻跸宣府南门外。幸演武厅，阅兵，赏赉有差。乾隆十年十二月，御书"神京屏翰"匾额，颁赐悬挂宣郡鼓楼。清同治年间，总兵王可升对点将台进行了修复。

现存点将台遗址为夯土台，呈方形，素土夯实，残长15.8米，宽4.5米，残高6.7米。夯层厚20厘米左右。占地面积229.1平方米。局部开裂，有小部分坍塌，有风蚀痕迹，遗址整体保存较好。

据程光先生所著《晋商茶路》载："乾隆二十三年（1758），清政府在库伦设位居二品的封疆大吏——库伦办事大臣，满、蒙各一员，职责之一是领导买卖城的理事章京。买卖城的社会治安和市场秩序由清政府负责，清政府还从宣化府抽调一支由30人组成的精干部队进驻，被称为宣化营。宣化营尽管区区几十人，但兵丁精壮，仪态威严。"

四、东榆林威远台

地点	桥东区姚家庄镇东榆林村	年代	明
经纬度坐标	N40°43'10.8"，E114°57'52.8"，H711米		
功能	驿站	级别	长城附属
相关遗存	烽火台、围堡墙		

1. 基本描述

东榆林威远台位于桥东区姚家庄镇东榆林村，属砖砌空心高台围堡式烽火台，坐北朝南，其底部平面呈正方形，底边长19.5米，高12.3米。下部为台基，用条石砌成，中部为二层空间部分，主体结构为砖砌，用砖券顶形成较大空间，平面呈为"田"字形，即"十字交叉回廊式"，内部由以南北与东西各一道拱券垂直交叉组成。立面结构用砖墙和砖砌筒拱承重，构筑成互相连通的券室。二层四面外壁均设6个箭窗，两窗相距1.76米。箭窗尺寸形状基本一致。现东券南部以及竖井内部自北向

威远台及围堡全貌(自南向北摄)

威远台

南有后人铺设砖石阶梯通向烽火台顶部。台顶呈方形,长宽各18.5米,四周垛口残存高度最高处0.3米。垛口底部外侧四周均出1层拔檐砖。东西垛口底部各设排水嘴1个,台顶中部建筑仅存基址,长10.35米,宽6.57米,地面杂草丛生,残存部分柱础、条石、地面砖。现台顶西南角有一毛石砌筑高2.1米的圆形碉堡,东北角有一高1米的方形石砌物,均为20世纪六七十年代砌筑。东榆林村烽火台整体坐落方位:北面偏东约15°。

围堡墙北侧两端起于堡内烽火台东西两壁中部,南面居中有砖包堡门,堡门上阴刻楷书"威远台"三个大字,右下款"万历庚寅孟秋之吉立"。平面呈长方形。门匾上方有大小额枋,枋两端砌吊柱(垂柱)。大额枋上砌平板枋,枋上有砖砌斗拱三攒,为单翘三踩斗拱。翘上承托异形厢拱,出踩甚短。厢拱上无三才升,直接砌挑檐枋和挑檐檩。挑檐檩上砌断面为方形的飞椽。门洞内置两扇木板门,木板门外包铁皮。在院落东南经过试掘发现一口水井。在墩台西侧的围堡墙下、距离烽火台西侧基座1.37米处设有一处暗门(也称为"便门"),暗门门洞两壁为不规则毛石砌筑,两壁顶部置巨大条石。自堡内烽火台东侧条石阶梯可登临烽火台内二层空间。

该建筑年代为明万历十八年(1590),距今400多年,属明代宣府镇腹里接火烽火台。该明代烽火台及围堡应在清代得到继续使用,成为清雍正八年(1730)增设的负责传送军事紧急情报的宣化府榆林堡军站。该军站属于北路腰站,它和当时的张家口下堡军站一起成为清代京师经宣化府至张家口乃至西北地区沿途传送军事紧急情报的众多军站之一，同时也负责对商旅沿途给养的供给和安全。该烽火台属于世界文化遗产长城的范畴。

2.历史沿革

明代为保卫北方从西到东的漫长边境，抵御蒙古残元势力南下的侵扰，先后设

堡门匾额

置了九个军事重镇，分管不同的边防区域。宣府镇即为明代九边重镇之一，其管辖范围东起居庸关的四海冶，西至西洋河，全长1023里。这一段长城主要位于今天的河北省张家口市境内。宣府镇坐落在京师的右后方，位于蓟镇与大同镇之间，其战略地位十分重要，一直是明朝北边防御系统的重中之重。根据东榆林村烽火台围堡堡门匾额阴刻"威远台"三字，且署有"万历庚寅孟秋之吉立"字样，并结合现场勘察分析，东榆林村烽火台及围堡墙的建筑年代为明万历十八年（1590），是一座名为"威远台"的明代宣府镇腹里接火烽火台。

清乾隆八年（1743）修二十二年订补重刊《宣化府志·卷八·城堡志（附关隘桥梁坊表墩汛）》《卷十四·塞垣志》以及《塞垣图》中均未记载东榆林村烽火台，而据该志《卷十七·驿递军站志》载："雍正八年，为钦奉上谕事内，增设宣化府城北榆林堡军站，马匹四十匹，万全县张家口下堡军站，马四十匹，此项马匹系宣化昌平二站分拨，……至榆林堡、下堡二处，系北路军台孔道，向系笔帖式管理。"又载："宣化县军站五处系知县管理，榆林堡军站，北路腰站，原拨新增马三十匹，马夫一十五名（雍正八年增设，原额马四十匹，乾隆元年裁减十匹），岁支工料等银一千三百八十一两零，一应递送公文系军站笔帖式管理。"另外，据清乾隆二十三年（1758）《口北三厅志·卷六·台站志》载："张家口驿站部员管理汉驿一台站十、腰站七，外兼管内地腰站二处，宣化县榆林堡，万全县张家口下堡，……"根据上述文献记载，并结合实地勘察以及东榆林村烽火台及围堡的建筑形制和规模分析，我们认为由于东榆林村烽火台建筑规模和形制高大，且地处交通要道，地理位置重要，该明代烽火台及围堡应在清代得到继续使用，成为清雍正八年（1730）增设的负责传送军事紧

急情报的宣化府榆林堡军站。该军站属于北路腰站,它和当时的张家口下堡军站一起成为清代京师经宣化府至张家口乃至西北地区沿途传送军事紧急情报的众多军站之一,发挥着十分重要的作用。

1912年此地属直隶省口北道宣化县,1929年属察哈尔省宣化县,日伪占领时期属伪察南自治政府、伪蒙疆联合自治政府宣化县。1939年日本占领张家口以后,于1942年在东榆林村成立了日伪榆林大乡,隶属于当时日伪宣化县管辖,伪大乡公所就设在东榆林村烽火台。1944年抗日游击队与伪大乡人员激战,伪大乡人员败逃,院内房屋不幸被战火烧毁。1945年国民党军队进驻东榆林村烽火台,将原院内房屋进行清理后,在原址上又盖了正房5间,西房5间。1957年隶属于张家口市粮食局的榆林粮站进驻东榆林村烽火台院内,该地被用作粮库使用。"文化大革命"期间,台顶建筑被拆毁,现只剩基址。改革开放以后榆林粮站退出,之后该烽火台一直由东榆林村村民委员会管理和保护,相继隶属于张家口市的宣化县、高新区、桥东区。

2007年8月,河北省长城资源调查队对威远台进行了调查,2009年,该资源点被纳入长城资源调查数据库,相关认定工作完成于2010年,并通过了国家文物局的验收。现为区级文物保护单位。

3.价值评估

(1)历史价值

宣府镇是明代九边之一,长城军事防御体系是其重要的军事体现。东榆林烽火台作为明代宣府镇腹里接火烽火台的典型实例,尤其是对宣府镇境内明代戍堡及

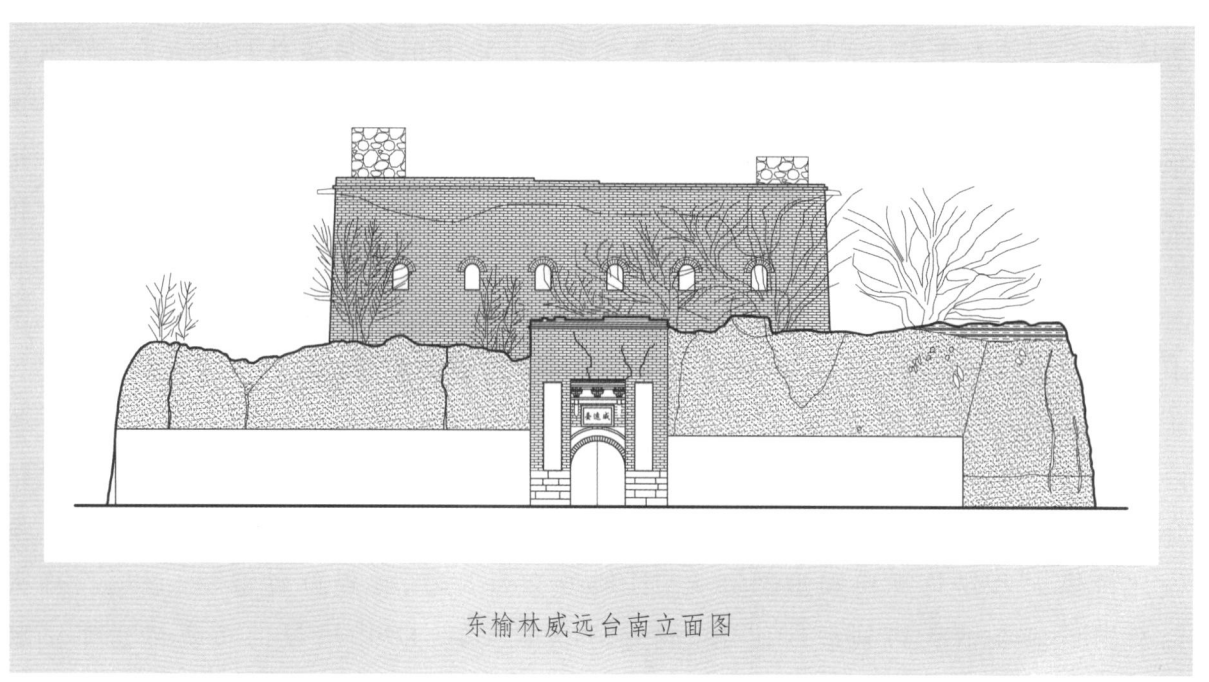

东榆林威远台南立面图

腹里接火烽火台的分布、增建以及烽火台军的行伍配置、军械配置等研究课目,提供了珍贵的实物资料,具有重要的历史价值。

在清代,东榆林烽火台作为负责传送军事情报的宣化府榆林堡军站得到沿用,成为清代京师经宣化府至张家口乃至西北地区沿途传送军事紧急情报的众多军站之一,这就为我们研究清代由腹地通向沿边地区传送军报的军站、台站制度提供了重要实例,具有重要的历史价值。

(2)艺术价值

东榆林烽火台建筑细部设计精美,堡门砖壁上常雕有吊柱、匾额、枋、斗拱、飞椽、檐等砖雕建筑构件和各种装饰纹样,增加了建筑的艺术性和观赏性。烽火台内设"十字交叉式"拱券通道,设计精美,构思巧妙,具有一定的艺术研究价值。

(3)科学价值

东榆林烽火台及围堡墙是张家口境内现存为数不多且体量较大的明代空心烽火台之一,建筑形制高大,建筑布局设计合理,多向筒券结构稳固,整体保存完整,是明代空心烽火台建筑的典型代表。它的存在对于明代长城烽火台的建筑结构和形制变化,以及中国古代砖结构建筑力学研究,具有重要的科学价值。

(4)社会文化价值

张家口市桥东区形成历史较短,开发较晚,正是该烽火台及围堡墙作为长城建筑的典型代表,其存在和保护有助于增加桥东区的历史文化积淀,是桥东区历史的重要载体,具有重要的文化地标意义。

五、枳儿岭城址

地点	怀安县王虎屯乡枳儿岭村	年代	清
经纬度坐标	N40°25′36.7″,E114°17′35.1″		
功能	驿站	级别	尚未核定
相关遗存	土夯城址		

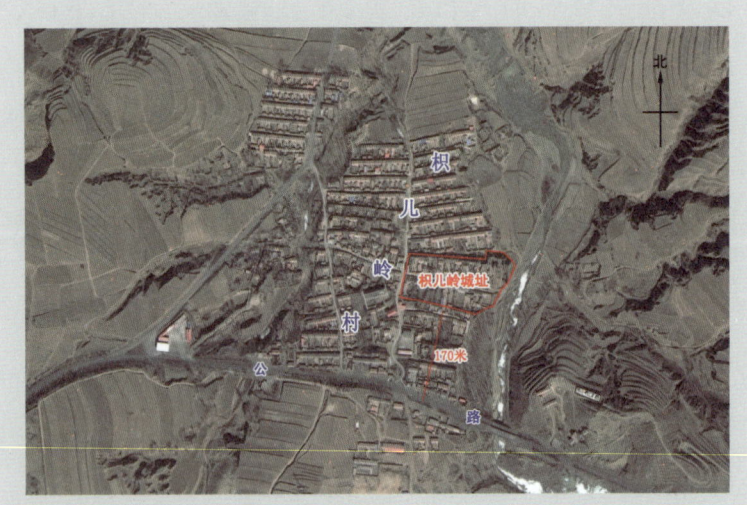

枳儿岭城址位置示意图

堡城遗迹

碑刻

1.基本描述

万里茶道进入山西后，从山阴县岐道地右行至怀安县枳儿岭进入河北境，枳儿岭城为张家口第一站。清康熙三十二年（1693），枳儿岭改为民驿。城址东临河，南、西、北部均为民居。现存城址平面呈长方形，东西长约260米，南北宽约180米，占地面积46800平方米。

该堡城由土夯筑而成，现存城墙高5—10米，夯层厚10—20厘米。城墙现存北墙及南墙，东墙、西墙已无存。城原有东、西城门各一座，现已不存，残剩镇靖楼、东北城台。镇靖楼残高10米，底边南北长7米，东西7米，顶部东西3米，南北4.5米，呈锥状，当地俗称草楼。楼体夯土实心，分为上下两层，上层周边砌垛口，下层南面正中开弧形洞门，门上曾镶嵌一匾长方形石刻，上刻"镇靖楼"，右立书：万历岁次丙戌仲夏吉日。左立书：钦差分守宣府西路参将都指挥李熙立。向南西墙成坡状，长15米，后被拆毁。向东北墙高6.5米，墙体基本保持连贯，夯层0.11米，墙体外侧夯土成块状坍塌，较为严重，底部多处被掏挖成窑穴。东北城台形制巨大，原建筑上建有房宇，东西长40米，南北15米。南墙向西被拆掉成的豁口处为山西、河北的交界点，1986年10月，县文物部门普查时，在枳儿岭北城墙上发现一块清代残碑，圆首，当地群众称之为"界碑"。碑正面竖刻"嘉庆寅午花朝，山西天镇县东界，知县龙其襄"。碑背面有"怀安"等字，其余已磨损看不清，目前该碑已遗失。

枳儿岭城俯瞰图

2. 历史沿革

枳儿岭地处山西天镇县和河北怀安县交界，南北向大沙沟将该地域自然分界，明洪武年间（1368—1398）建堡，堡墙东西呈两种颜色，便有了"隔墙分两县，鸡叫两省听"之说。清康熙三十二年（1693），宣化府怀安县境内设枳儿岭、左卫城等四处为民驿。清光绪二十六年（1900），八国联军攻占北京，慈禧太后西逃，于八月初三由怀安城启程，路经枳儿岭小憩王家大院。返京后赐王家"职戴蓝陵"匾额一块。1929年原口北道张家口改称察哈尔省，怀安为三等县，枳儿岭属其4区。1939年，伪蒙疆联合自治政府成立，枳儿岭隶属察南政厅怀安县。1942年，划归伪察哈尔省万安县。1949年，划归怀安县至今。

3.价值评估

枳儿岭地处冀晋北缘丛山丘陵之间,边界山水相连,地界沟壑交错,古称西京道,清代为古北平西北干路通往大同乃至西北的交通路线,也是晋商行走张库大道的重要通道。在历史上为沟通中原与边疆民族关系、疏通贸易渠道及和平友好往来起到了积极的作用,为研究明清时期的军台驿站提供了不可多得的实物资料。

镇靖楼今貌

六、万全右卫城霍家老宅

地点	万全区万全镇万全村	年代	清、民国
经纬度坐标	N40°51′49.1″,E114°44′24.4″		
功能	商人老宅	级别	尚未核定
相关遗存	四合院落		

万全右卫城,明洪武二十六年(1393)筑土城,明永乐二年(1404)将万全右卫治所移此,明正统三年(1438)用砖包砌,明万历三十七年(1609)重修并增筑南关。整个城堡为菱形,南北长880.4米,东西宽880.72米,占地面积0.78平方公里,高三丈五尺,开二门,南为迎恩门,北为德胜门。其中与万里茶道相关的遗迹仅存霍家宅院。

万全霍家祖籍山西孝义,是清代张家口的一个大资本家。霍家先祖从山西迁来万全时,张库大道刚刚兴起。霍家抓住机遇,常年活跃在张库大道上做"碎销"[①]生意。霍家第六代传人霍枚掌管家产时,正逢张库大道兴盛,张家口成为重要商埠。霍家迅速占领张家口市场,先后在张家口独资开设了"裕"字头的十家商号,

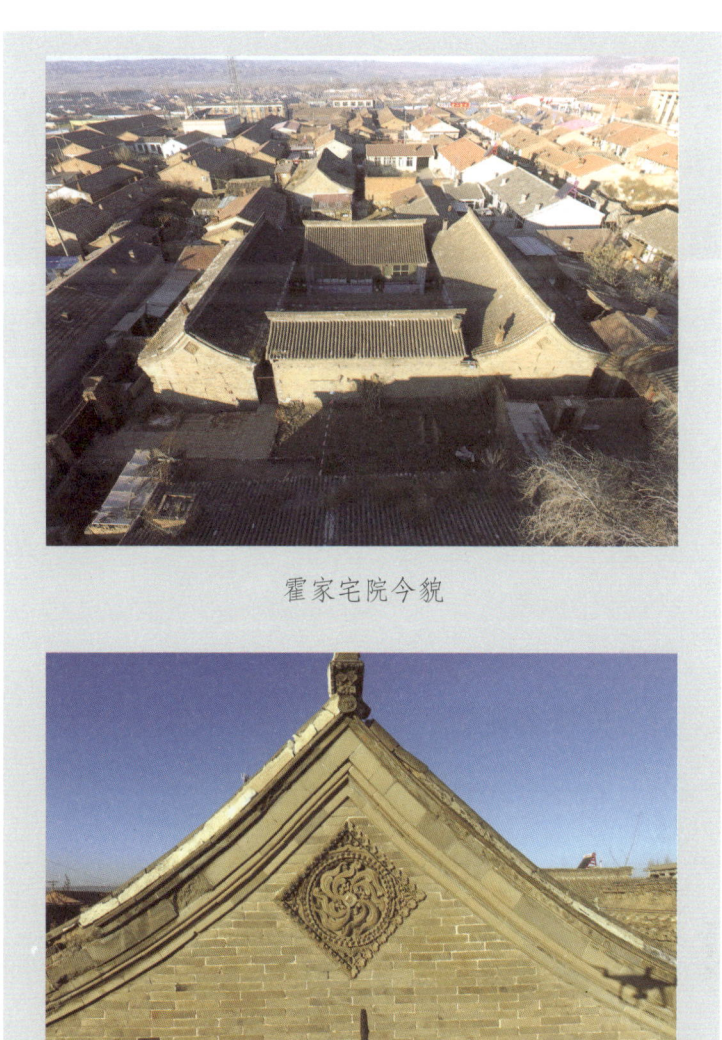

霍家宅院今貌

霍家宅院砖雕

人称霍家"十大裕"。霍家发财后,在万全城置地盖房,修筑了深宅大院。万全城内东大街把霍家院落分为霍家南宅与霍家北宅,现存遗址为霍家南宅的一个宅院落,这也是目前仅存的一处霍家院落。

霍家老宅是山西商人在张家口拼搏奋斗的见证,对于研究晋商在张家口的发展史有很大价值。

①指旅蒙业。

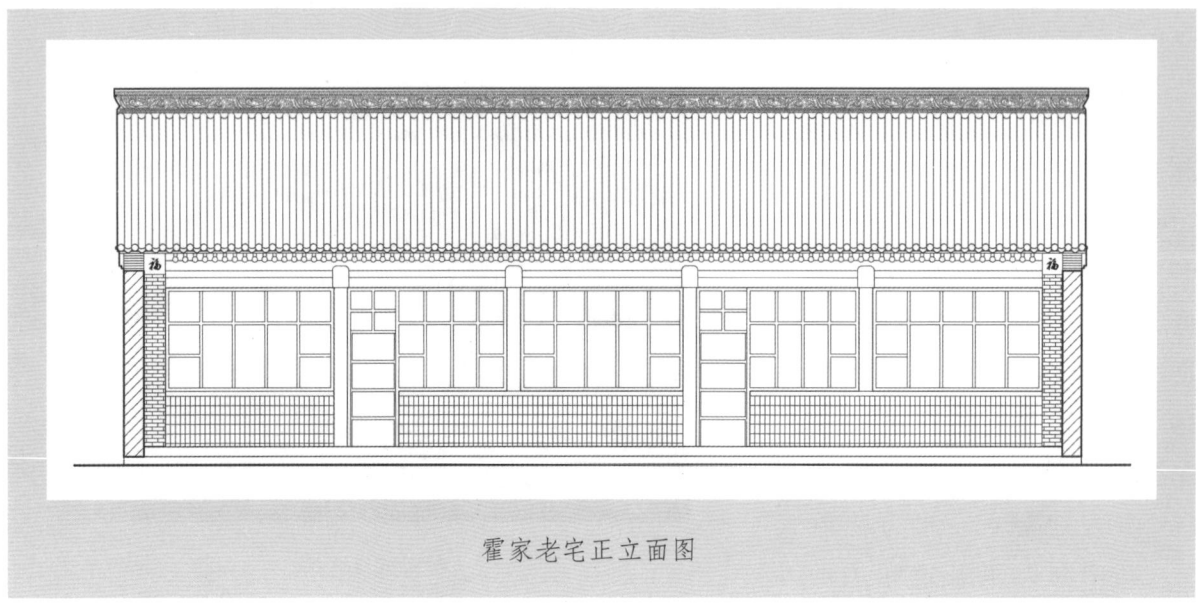

霍家老宅正立面图

七、俄商墓地

地点	桥西区东窑子镇元宝山村南	年代	清、民国
经纬度坐标	N40°50′54.8″, E114°52′18.3″		
功能	中俄商贸的见证	级别	尚未核定
相关遗存	墓碑、墓穴		

1. 基本描述

清光绪七年（1881），《中俄改订条约》签订，俄商在张家口取得了设立货栈的权利，可以将运进之货物全部留于张家口销售，从此俄商沿张库大道大举进入张家口市场。在中国内地经商的自由度大大拓展了。清政府被迫同意将张家口大境门外元宝山一带划地五万方尺租于俄国人，俄商可在此修建住宅、仓库，设立商店堆栈并设邮局。

以上举措客观上促使张家口日益成为万里茶路上的重要节点。大境门外元宝山村南山坡上，有一处俄商墓地，占地1.5亩，分为三块台地，现存五座墓穴。墓地碑碣仅存部分俄文字母，有"上帝之子马索洛夫之墓"等词，时间标注为"1902-1-22"。俄国人的墓碑都朝向西北方，表现出俄国人对家乡的一种向往与寄托。

俄商墓地今貌

墓碑

2. 价值评估

俄商墓地是俄国商人在张家口生活的记忆,是研究茶路线性文化的文物物证,更是研究万里茶道途径张家口的重要佐证。

八、元宝山裕聚魁商庄

地点	桥西区东窑子镇元宝山村	年代	清
经纬度坐标	N40°50′59.96″,E114°52′27.91″		
功能	商号	级别	尚未核定
相关遗存	二层砖木结构		

商庄今貌

元宝山裕聚魁商庄是清代山西人开办的对蒙贸易的商号之一,为一座坐北朝南、封闭独立的四合院建筑,具有醇厚的地方文化特色。院落平面呈长方形,总体布局沿中轴线对称,正房、南房位于中轴线上,两侧为东西厢房。院落建筑群主次分明,布局合理、色彩协调统一,现南房、东西厢房均已不存。正房位于院落中轴线上,为一幢二层建筑,坐北朝南;一层面阔五间,进深一间,前出廊;二层面阔五间,进深一间。屋顶为单檐硬山布瓦单坡顶,东西山立面为排山沟滴,梁架结构为抬梁式,三步梁,无斗栱。房屋东、西、北三立面青砖砌筑,淌白、一顺一丁砌法。台明为石条砌筑。门窗样式均为后期改造。

清乾隆二年(1737),清政府下令以张家口为货物集散地。张北县志载:"院内聚货如楠,沙河中亦堆积似山。商贾云集,贸易繁盛,使元宝山名传四方。这里贸易之盛可为全省之冠,察哈尔之精华。"从中可以看出当年元宝山商号林立,交易火爆的景象。裕聚魁老商号活动地区包括喀尔喀四大部、科布多、乌里雅苏台、库伦(今乌兰巴托)、恰克图、内蒙各盟旗等地,其资本较为雄厚。裕聚魁从全国各地贩运商品到蒙古销售。同治时期,开始贩运茶叶运往恰克图销售。清末,由于沙俄在我国蒙古、新疆和东北地区的侵略活动不断扩大,使裕聚魁的营业受到影响,日见萧条。后来,俄国革命成功,外蒙古独立,裕聚魁又丧失了在这两个地方的商业资本和商业市场。加之商号后期用人不当,一些掌柜挥霍浪费惊人,侵吞号款事件屡有发生。20世纪30年代,裕聚魁商号倒闭,结束了它的历史。

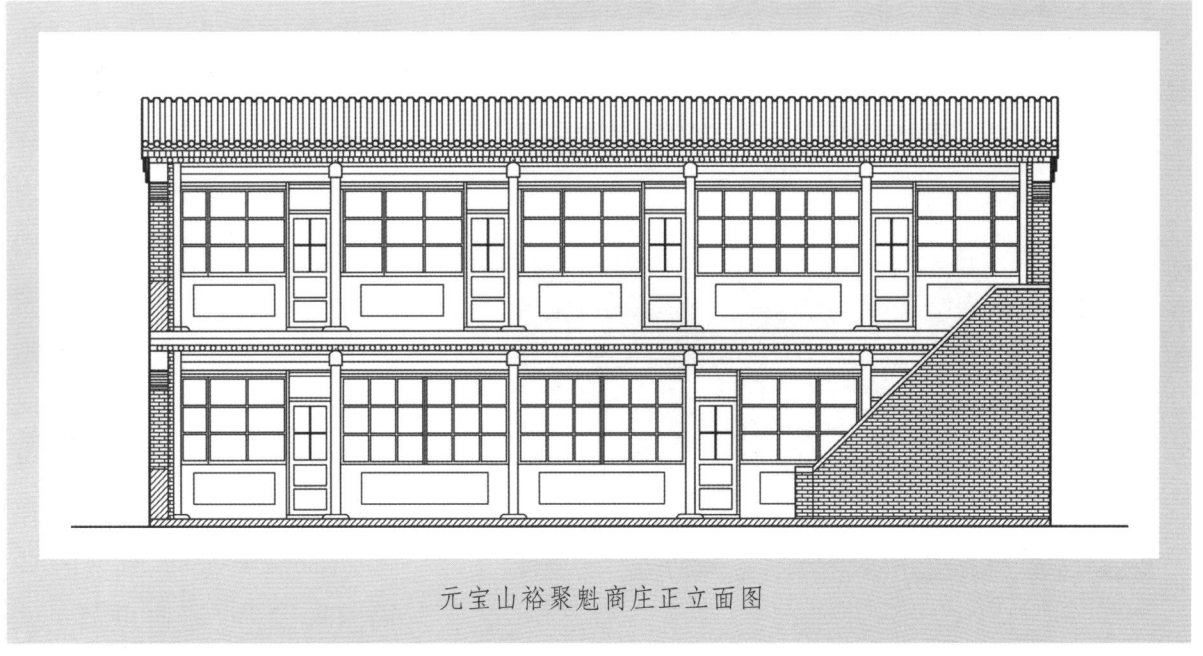

元宝山裕聚魁商庄正立面图

九、坝底村关帝庙遗址

地点	桥西区东窑子镇坝底村东北400米	年代	清
经纬度坐标	N40°57′26.40″，E114°48′08.70″		
功能	信仰	级别	尚未核定
相关遗存	关帝庙遗址、水井		

关帝庙遗址

石质基座

从坝底（银城子）上坝，到汉淖坝的五里路，可谓险峻之极。坝中关帝庙遗址，南北长33.25米，东西宽22米，面积731.5平方米，海拔高程1428米。四周发现6处条石基础，可基本判断建筑遗址范围。该遗址周围已为耕地，地面建筑无存，散落大量的青砖和建筑构件。初步判断关帝庙遗址坐北朝南，主体建筑中轴线上自南向北由山门、东西倒座、东西配殿及正殿等建筑组成。正殿前发现一段排水石槽。遗址南部东西两侧现存石质基座两个，其平面近似方形，边长为118厘米×125厘米。石质基座北侧为青砖砌筑的台阶，通向山门。关帝庙遗址西南500米处有一眼水井，水面距地面不足两米，至今仍可饮用。

据《张北县志卷三·祠庙》记载：坝底"稍上有庙，询之寺僧，云山名生金坝（即汉淖坝），庙祀关帝"，系光绪二十六年（1900）所建。后张家口十三行捐建重修，庙宇基址坐北朝南。据《张北县志·卷五·礼俗志》记载，走张库大道的商旅多数到此烧香许愿乞求路途平安、生意兴隆。

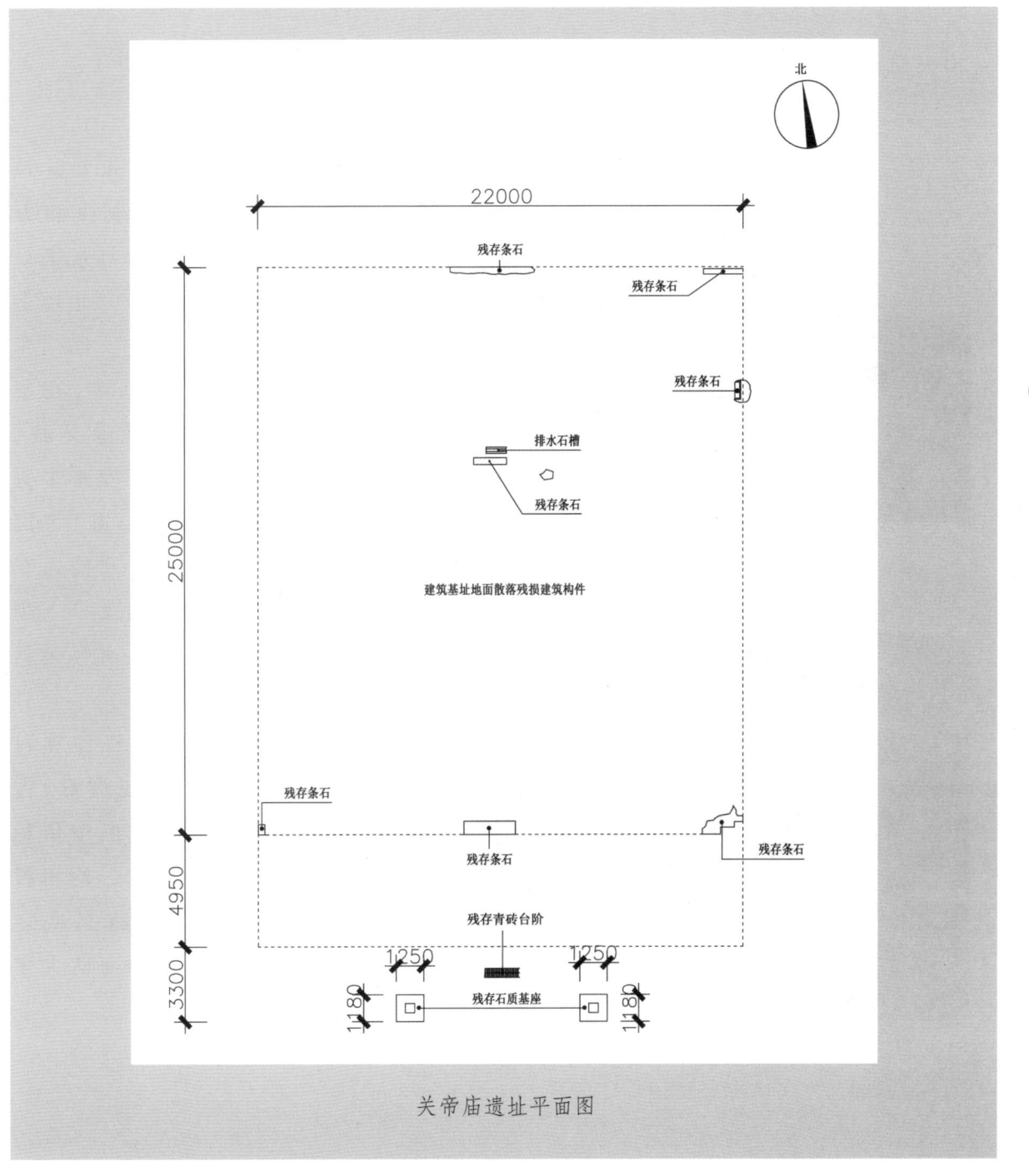

关帝庙遗址平面图

十、汉淖坝遗址

地点	张北县油篓沟乡新窑子行政村汉淖坝自然村	年代	清
经纬度坐标	N40°58′07.9″，E114°48′12.5″		
功能	食宿	级别	尚未核定
相关遗存	车马大店遗址、水井		

汉淖坝今貌

水井

汉淖坝，地处张北县最南端的半坝上，东西和万全、崇礼接壤，南与张家口市桥西区地界相邻，北边上坝与县内村庄相融。据《张北县志》载："汉淖坝，在集沙坝西十五里，北通县城，南通张家口，为张库张多暨各县晋省之通行大道。"因其独特的地理位置和能通车马的缘故，成为张家口上坝的必经之道。相关遗存包括车马店遗址、水井。

车马遗址位于汉淖坝村东北500米处，呈长方形，占地约15余亩，残垣断壁依稀可见，有水井两处，均用板石覆盖。万里茶路兴盛之时，途径汉淖坝的商队大多在此休息、补给。

十一、二台蒙古营

地点	张北县油篓沟乡大山尖行政村二台蒙古营自然村	年代	辽金
经纬度坐标	N41°8′36.42″，E114°39′35.85″		
功能	台站	级别	尚未核定为保护单位
相关遗存	古树、敖包		

位置示意图

古树

敖包

察汗陀罗台西北行60里，到张北县二台蒙古营子，即第二台布尔哈苏台，汉译"柳河"。该村北靠山坡，南临台路沟河，东、西为耕地，地势平缓，北高南低，曾为辽金军台（二台）旧址。地表古文化遗物极少，有少量灰陶片，符合志锐诗中描述"半山之处，杨柳凋残"之景。现在，村落南面有树龄三百多年的大柳树一株，残存古井遗址一处。村落西北300米处山坡上有一座石头堆成的敖包。每年农历五月二十五，蒙古人来祭祀敖包，在古树上悬挂绸带，祈祷吉祥平安。

十二、四台蒙古营

地点	尚义县石井乡四台蒙古营自然村	年代	辽金
经纬度坐标	N41°19′12.80″，E114°14′02.95″		
功能	台站	级别	尚未核定
相关遗存	敖包、水井		

清康熙三十年（1691），清政府为了治理北疆，对蒙古地区进行有效控制，在边境地带遍设台站，由台站组成驿路。这些驿路，平时供清廷传达军令、政令和蒙古王公年班、朝觐之用；战时则作为军需供应的运输通道。

第四台为鄂拉胡图克台，汉译为"多井"或"山上有井"。志锐词中亦曾描述"台旁积水成湖，方广数十里"之景。距村落西南3000米处有有一股常年流淌的泉水和一口年代久远的古井，被当地称为"神井"。水井以北三百多米的

敖包

水井

山坡上就是蒙古族特有的人文景观敖包，敖包直径8米，高15米，占地40平米，周围6个小敖包将大敖包围拢，这是目前坝上草原最大的敖包。《大清会事例·理藩院·疆理》记曰："游牧交界之所，无山河为标识，则垒石为包，曰鄂博。今称敖包。"敖包既是万里茶道上旅蒙商人走后草地的标志，又是草原儿女祭山神、路神和祈祷丰收、家人幸福平安的信仰寄托。

第四章
万里茶道河北段工作综述

一、安排部署阶段（2014年11月底—2015年5月）

（一）加强组织领导，力促工作高效完成

福建研讨会上，张家口作为万里茶道中节点城市被专家认可，为我市积极开展区域内遗迹调查工作提供了支撑。2014年12月，成立了以市文化广电新闻出版局原局长姜玉琛为组长，副局长张宝贵、市文物考古研究所所长、研究员王培生为副组长的"万里茶道"申遗张家口段文物遗迹调查领导小组。特聘地方资深文史专家陶宗冶、刘振瑛、王芙蓉为顾问。12月18日，市文物局以（张文物发【2014】146号）文件下发相关县区文物部门，要求相关县区明确专人负责收集整理本区域内相关实物、图片及文字资料。

（二）组织专家论证，提供技术指导

2014年11月26日，张家口市文物考古研究所邀请文史专家陶宗冶、刘振瑛和王芙蓉，召开"万里茶道"申遗张家口段文物遗迹调查首次专家座谈会，形成三点会议纪要：第一、尽快和文史专家讨论协商选择在张家口境内代表性的线路作为申遗

专家座谈会

线路;第二、通过查阅历史资料及地图,初步确定沿线涉及的文物遗迹点,作为下次专家会讨论重点;第三、初步确定参与文物调查人员,并且进行分组(资料收集组、实地调查组及文物遗迹核对组等)。

2015年1月15日,我市召开了"万里茶道"申遗张家口段文物遗迹调查第二次专家会,以20世纪初清国大地图(日本人绘制)和蒙疆图为依据,会议初步确定"万里茶道"张家口境内穿越路线走向(选重点)、沿线遗迹和涉及县区(简称三定:定路线、定遗迹、定县区)。

(三)多方求证,做实相关基础性工作

1.确定参考文本

经多方求助,工作组特向中国文化遗产研究院借阅《丝绸之路——起始段和天山廊道的路网》申遗范本,该范本由国家文物局、哈萨克斯坦共和国文化与信息部、吉尔吉斯共和国文化与旅游部联合编撰。因为万里茶道与丝绸之路大都属于陆上线型遗迹,具有很大相似性,以后者的申遗范本为蓝本作为我市申遗文物调查的参考,能够有效指导实地调查工作。

专门推进会议

2.确定申遗工作方案

工作组制定了较为完善的《万里茶道河北张家口段申遗的工作方案》,明确了

组织领导、工作步骤、任务分解和工作计划,同时拟于年底结合本年实现的阶段性目标,再行制定明年的工作计划。

3.确定河北段的走向及史迹分布(已在第三章中作重点介绍)

(四)省局适时调研,推进工作稳步进行

2015年3月15日,省局项目管理处处长带领省级专家赴张家口召开专门推进会议,会上就万里茶道河北张家口段形成、初步发展、繁荣和衰落四个阶段进行了明确划分,同时就张家口段入选万里茶道申遗依据做了充分调研,并对万里茶道河北张家口段的路线走向、遗迹分布做了初步审核,确保每一个遗迹点的提出均有充分的依据,紧扣"茶道"主题,同时尽量筛选能充分反映中俄蒙商贸往来印记的遗迹点。

二、实地调查阶段(2015年5月—10月底)

按照省、市文物局的要求,市文物考古研究所组织专业人员协同地方文史专家刘振瑛老师,对前期确定的路线和沿线史迹进行详细实地调查。

(一)2015年5月—6月中旬,重走路线,确定有价值的史迹

历时一月,调查组对进出张家口的五条代表性路线进行了重走,确定有价值的史迹13处。

山西歧道地

实地调研、走访、考察

（二）2015年6月中旬至10月，对有价值的史迹进行重点测绘

调查组组织专业人员对每处暂定遗存点进行测绘，以求全面真实反映史迹现状；聘请专业航拍公司对遗迹点进行航拍，明晰遗迹点周边环境状况；聘请专业测绘公司为申报点绘制高精度的地形地貌图。

测绘工作紧锣密鼓地展开

(三)专家给予指导,夯实工作真实有据

2015年7月20日,"万里茶道"申遗张家口段文物遗迹调查第三次专家会在张家口召开,文物遗迹调查领导小组办公室就前期调查情况,结合"三普"资料和相关县区文博专家沟通,对史迹进行复核。2015年8月13日,我市召开万里茶道河北段史迹调查座谈会,参会人员有中国文物学会世界遗产研究会会长、北京市政府参事郭旃,清华大学建筑学院教授、中国古迹遗址保护协会副主席吕舟,国家博物馆研究员、遥感与航空摄影考古中心主任杨林,省文物局局长张立方,文物保护处处长刘智敏,市政府副市长孙朝阳等。

会议由省文物局局长张立方主持,市政府副市长孙朝阳致欢迎辞,市文广新局副局长张宝贵就张家口段史迹调查工作情况做了汇报。会上吕舟教授就张库大道在万里茶道中的地位和文化遗产申报点的系统性问题做了重点阐述。郭旃会长就申遗的三大要点做了讲解,特别提出可以选取见证不同文化碰撞的遗迹点的工作思路,并指出应注意自然环境对道路遗迹的影响。杨林主任重点阐述了遥感和航空摄影技术对遗迹点调查的重要性和该技术的科学性,强调用时空的概念定位张库

专家现场考察

大道的兴衰。张立方局长最后指出要切实贯彻习总书记对于文物保护的重要论述，要像爱惜生命一样做好史迹调查及申遗工作。会前，国家申遗专家和省局领导到张家口堡、大境门、威远台、古茶道遗址等申报点进行了现场考察。

三、调查报告编制阶段（2015年11月—12月上旬）

结合前期文物遗迹调查数据，通过到北京国家图书馆、第一历史档案馆、古迹馆查阅资料，与地方文史专家交流，翻阅地方史志，历时40余天，张家口市文物考古研究所（后文简称"市文研所"）组织编撰完成了《万里茶道河北段申遗资源调查报告》（9处重点遗迹点），报告文本内容近8万字，另含60余张CAD图纸，上附照片100余张。12月中旬，报告经市文物局初审后，书面上报省文物局，省专家组一次性审核通过。市文物部门以快补晚，凝聚实干，圆满完成了前期遗迹调查工作。

四、推荐点遴选阶段（2016年1月—4月）

根据2016年1月湖南益阳申遗推进会会议精神，省局指示市文物部门对我市申遗重点遗迹进一步遴选，编制推荐点报告。2016年4月，市文研所编制完成了《万里茶道申遗河北段推荐点报告》（7处推荐点），报告因其科学性、真实性、规范性，顺利通过省局审核后送武汉联合申遗办备案，也成为武汉申遗推进会议的范本之一。目前，单位正在组织相关人员，编写万里茶道河北段专著。

五、申遗宣传阶段（2016年5月—12月）

1. 拍摄纪录片。根据2016年4月武汉会议精神，开展张家口万里茶道申遗推荐点纪录片拍摄。经过近四个月的辛勤工作，市文研所与市电视台策划完成了张家口第一部反映万里茶道申遗纪录片《张库大道》的制作。作为八省区中首部由文物部门策划制作的申遗纪录片，该纪录片将向省电视台推介。

2. 布展专题陈列。张库大道属于万里茶道河北段，是万里茶道非常重要的组成部分。为进一步提升张库大道在万里茶道申遗中的地位和作用，市文研所于2016年8月筹办了《万里茶道申遗张库大道专题展览方

张库大道专题陈列

案》,通过43件实物向观众真实地还原了张库大道的商贸情况。

3. 报刊宣传。编写长篇历史评说《从草原丝路到张库大道》(64辑),在《张家口晚报》张垣文艺栏目连载。编写"万里茶道申报世界遗产河北段推荐点介绍",发表于《张家口日报》2016年8月24日第五版,图文并茂地介绍了我市七处申遗推荐点。

4. 承办万里茶道申遗工作张家口推进会议。为切实推动万里茶道的申遗工作,2016年8月19日,市政府成立了"张家口市万里茶道申报世界文化遗产工作领导小组",市政府原市长马宇骏为组长,以张政办字【2016】70号文件下发。2016年8月24

日—27日，冀、蒙、晋、豫、湘、鄂、赣、闽八省文物部门在我市召开万里茶道申遗工作推进会，该会议由市文物考古研究所积极承办。会议确定了由中国建筑设计院建筑历史研究所为申遗文本的编制单位，确定了万里茶道申遗点专家考察路线及时间，确定了2017年工作中申遗工作计划等工作。

六、申遗文本编制补充阶段（2017年1月—6月）

1. 按程序签订专业文本编制公司

根据万里茶道申遗工作张家口推进会会议精神，张家口市文物考古研究所积极与财政部门沟通，于2016年12月顺利完成万里茶道申遗河北段预备名单文本编制政府采购项目。2017年1月，市文研所与中国建筑设计院有限公司签约，由其负责编制《万里茶道河北段申报中国文化遗产预备名单文本》。2017年3月，太原会议确定了八省区"万里茶道"的申遗推荐点，我市重点推荐五处：鸡鸣驿城、宣化历史文化史迹、张家口堡、察哈尔都统署旧址、大境门；一般推荐：军台遗迹。会议后至5月，市文研所根据《实施世界遗产公约操作指南（2016）》的相关要求，组织相关县区对我市申遗推荐点文本资料进行了补充。

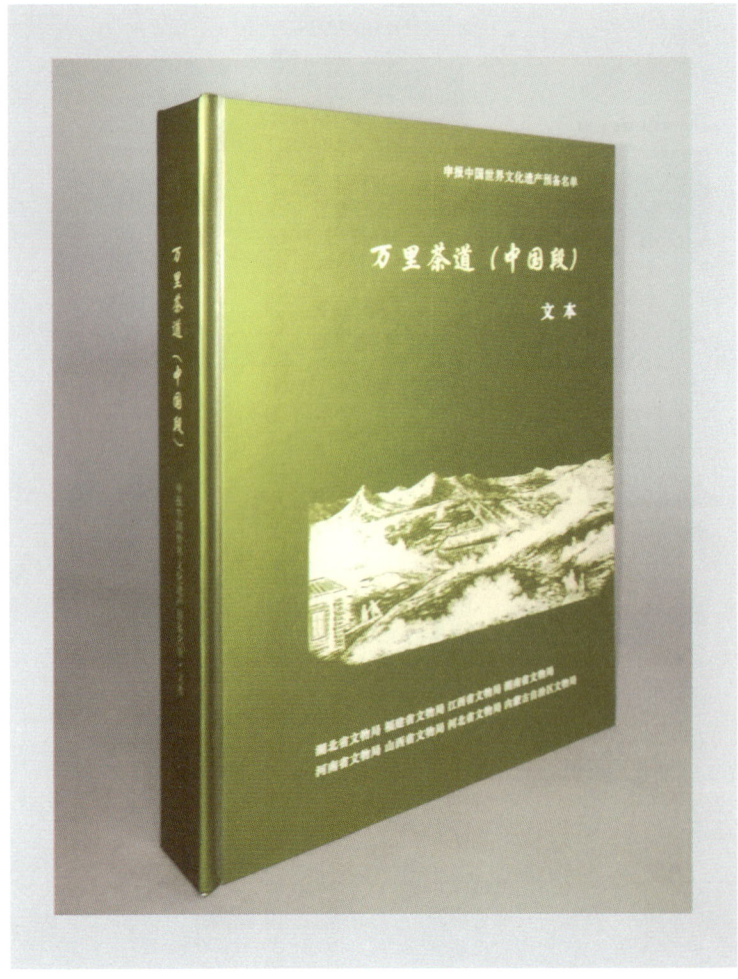

2. 积极推动申遗推荐点的建档升级

为切实加强对申遗推荐点的保护和管理工作，积极申报第六批省保单位，所长王培生作为省专家组成员之一，通过对军台遗迹的评审。2018年2月，河北省人民政府将其公布为省级文物保护单位。

截止到2017年6月底，中国建筑设计院已将《申报中国世界文化遗产预备名单万里茶道（中国段）文本》编制完成，鄂、闽、赣、湘、豫、晋、冀、蒙八省文物局和万里茶道联合申遗办公室以鄂文物文【2017】32号文请示上报国家文物局，申请将万里茶道列入《中国世界文化遗产预备名单》。

七、保护管理规划编制阶段（2018年3月—12月）

2018年3月，中国建筑设计院中标负责编制《万里茶道河北省段遗产保护管理规划》，属申遗八省区中首个省段保护管理规划，使我省由最晚参加该线路申遗的成员一跃跨入申遗工作前沿成员。6月5日至8日，中建院研究室王敏主任等四名专业人员对我市涉及的35处文化遗产点（含5处重点推荐点、1处一般推荐点及其他支撑点）进行了详细的实地勘察。该保护管理规划预计年底完成。

第五章
万里茶道河北段研究综述

万里茶道河北段研究综述

"万里茶道"是17世纪至20世纪初一条横跨亚欧的重要国际商道,其河北段即著名的张库大道(张家口—库伦)。从目前掌握的史料来看,张库大道的历史在恰克图得到了更加完美的延续。张家口的特殊地理位置对整个"草原茶叶之路"而言,起着非常重要的商贸节点的作用。在国内外专家学者、文物保护者对万里茶道展开论证和研究之时,也不得不对这个"陆路商埠"刮目相看,涉及张库大道的研究成果亦陆续刊布。

一、研究内容涉及张库大道和张家口茶叶贸易的著作

(一)国内

20世纪90年代以来,一些专家学者对万里茶道历史文化和遗迹遗存展开调查与研究,形成了一批具有学术价值的研究成果,其中包括对"张库大道是万里茶道重要的组成部分"这一观点的论证,故而张家口可谓万里茶道北方地区重要的贸易中转站。

卢明辉的《中俄边境贸易的起源与沿革》,主要研究中俄边境贸易的起源、互市贸易,及中俄边境贸易对于两国边疆经济产生的影响。在其第七章恰克图——买卖城贸易的兴衰变化中对恰克图互市后,张家口征收茶税进行了叙述。[1]

郭蕴深著《中俄茶叶贸易史》,主要研究中俄之间的贸易关系,将中俄茶叶贸易

---

[1] 卢明辉:《中俄边境贸易的起源与沿革》,北京:中国经济出版社,1991年,第68—83页。

早期发展到19世纪的茶叶贸易的兴衰过程进行了深入的分析。其中作者专门撰写了第四章第三节的"张家口开埠之争及中俄张家口茶叶贸易",运用史料论证了"作为对俄茶叶出口的转运站,张家口的作用是很重要的。无怪乎英国人称张家口为'西伯利亚大部分地区和俄国对华贸易的锁钥'。"[1]此外,著述中其他篇章也多次提到张家口在中俄茶叶运输线路中所发挥的重要作用。

卢明辉、刘衍坤合著的《旅蒙商——17世纪至20世纪中原与蒙古地区的贸易关系》,主要从旅蒙商的角度展开中蒙、中俄之间的贸易研究。文中论述了明清时期的张家口是对蒙贸易的重要交易市场,之后中俄贸易在中蒙贸易的基础上不断发展,到18世纪70年代,无论是旅蒙商还是俄商都频繁地往来于"经库伦、张家口(或归化城—张家口)来北京贸易的商路",而"中国的旅蒙商号在恰克图(买卖城)已设立固定商店有200余家。它们每年9月间,从张家口、归化城等地把大量茶叶、绸缎、瓷器等货物运来……然后在冬季再用骆驼队逐渐把货物运输到买卖城与俄国商人交易"。[2]作者引用了大量史料证明张家口在中俄茶叶贸易中具有着重要的地理中枢地位。

米镇波所著的《清代中俄恰克图边境贸易》是一部研究万里茶道的权威著作,主要论述中俄恰克图贸易的产生、曲折发展,具体介绍了中俄恰克图边境贸易商路路况。文中对张家口茶叶转运贸易和张库大道的情况作了重要的叙述,特别是有关张家口茶叶贸易的档案资料来自于国外图书馆,尤为珍贵和客观,该著作是研究万里茶道河北段的重要参考资料。米镇波的另一本著作《清代西北边境地区中俄贸易》,主要研究的是近代中俄边境贸易和近代中俄西北边境贸易状况。其中对于当时张家口在恰克图贸易中的中转地位进行了客观分析。

《品评张库大道》为张家口地方文史专家刘振瑛编著,其运用非公式化、更富民间意味的自由表达方式,主要叙述了张库大道上的贸易兴衰历史、人文历史发展历程,是一部史料集合,涉及了商贸、宗教、考古、文献、民俗甚至文学、艺术等诸多学术领域。

丰若非所著的《清代榷关与北路贸易——以杀虎口、张家口和归化城为中心》通过对张家口历史演变、尤其是实征关税的波动及实际贸易额估算的视角,深入

---

[1] 郭蕴深:《中俄茶叶贸易史》,哈尔滨:黑龙江教育出版社,1995年,第124页。
[2] 卢明辉、刘衍坤:《旅蒙商——17世纪至20世纪中原与蒙古地区的贸易关系》,北京:中国商业出版社,1995年,第200页。

展示了清代张家口货物流通的实际状况。当时经由张家口输出的商品以茶叶为最大宗，在清代北路贸易所形成的中、俄、蒙大市场，张家口亦扮演着非常重要角色，具备了我国北方城乡网络市场体系中的流通枢纽城市的功能。

此外，刘鹏生、刘建生著《晋商研究》，祁美琴的《清代榷关制度研究》及邓九刚的《茶叶之路：欧亚商道兴衰三百年》和《茶叶之路——康熙大帝与彼得大帝的商贸往事》等著作中，皆有篇章对张家口对俄茶叶贸易进行叙述和研究。

（二）国外

国外最早记载张家口概况和张库大道情况的著作是英国人约·弗·巴德利所著的《俄国·蒙古·中国》。书中辑录了俄国派遣使者出访中国的报告。其中巴伊科夫（前往中国的第一个外交使节）叙述了1656年途经并停留边城喀普喀（张家口）的情况；还有斯帕法里①使团行程从叶尼塞河到外贝加尔，然后至中国嫩江，开辟了从西伯利亚、外贝加尔到中国的道路。书中所辑斯帕法里的《通往中国之路》，列举了前往中国的几条陆路，其中第七条道路可以通往中国北京，"即使不准进入北京，也可在长城边上的关卡城（张家口）进行贸易"②。

最详细的叙述张家口茶叶贸易情况的是俄国人阿·马·波兹德涅耶夫著的《蒙古及蒙古人》第一卷。这本书是作者1892年所写的旅行日记，1913年被译为中文，其内容包括详细的行进路线和沿途所见所闻。书中第九章对库伦到张家口的商道（张库大道）作了详细的介绍；第十章专门记述了张家口这个塞外商埠，分析了对蒙贸易的商品和种类，并就中俄贸易的主要商品做了介绍。文中写到"其他侨居张家口的俄国人就都属于商业界……这里的俄国人全部经营汉口和福州茶叶转运恰克图的业务"，③足见张家口在中俄茶叶贸易中的重要地位。

21世纪，随着中外文化交流的日益密切，一些海外学者关于万里茶道的学术专著被翻译出版。美国学者艾梅霞可称得上是茶叶之路最早的关注者和研究者之一，2007年她的《茶叶之路》翻译出版，著作中将茶叶作为回顾历史线索追溯历史的工

---

① 斯帕法里著有《经过西伯利亚的旅行》，他在书中详细叙述了这条经过乌尔古（乌兰巴托，即库伦）和张家口通往北京的道路。
② [英]约·弗·巴德利：《俄国·蒙古·中国》，北京：商务印书馆，1981年，第1299页。
③ [俄]阿·马·波兹德涅耶夫：《蒙古及蒙古人》（第一卷），呼和浩特：内蒙古人民出版社，1989年，第721页。

具,对茶叶之路的兴衰及周边历史文化环境的变迁作出了细致的考察与全景式描写,论证中引用了俄罗斯博物馆和研究机构的重要文献档案,是一部研究万里茶道历史不可缺少的参考著作。书中第四章专门记述了长城之侧的明代马市:张家口,指出"16世纪宗教和政权的共同需求导致了茶叶之路上的城市张家口的崛起"。① 书中还收录了两幅清晰度很高的张家口的老照片,十分珍贵。

其他研究茶叶贸易且现已译成中文出版的著作有:威廉·乌克斯的《茶叶全书》、伊万·索科洛夫的《俄罗斯的中国茶时代》,研究内容涉及茶叶转运路线,张库大道概况等。国外学者对万里茶道的研究具有独特的视角,研究对象涉猎广泛,研究水平很高,因为一些著作还未能翻译出版,使我们难窥全貌。

二、以张库大道和张家口茶叶贸易为研究对象的国内学术论文

(一)期刊论文

目前刊布的关于张家口茶叶贸易和张库大道方面研究的论文有数十篇。时间较早的有刘选民的《中俄早期贸易考》和牛国桢、梁学诚的《张库商道及旅蒙商述略》。前者发表于20世纪30年代,其中叙述了到康熙四十七年(1708)清廷才批准将自伊尔库茨克循色楞格河,经库伦横断戈壁,过张家口抵北京的商道作为俄商队往返之官道的史实。同时记载了中俄恰克图贸易时中俄双方之间从不征税,俄国仅在本国境内征收出口恰克图贸易商人的卡税;中国则在张家口设关,内地商人如若前往恰克图或者库伦进行贸易必须在此缴税这一情况。②《张库商道及旅蒙商述略》则主要就张库大道的兴衰,旅蒙商的组织和经营活动以及它们的历史作用进行探讨。③

南开大学许檀教授于1998年和2007年发表了论文《清代前期北方商城张家口的崛起》和《清代后期晋商在张家口的经营活动》。前篇追本溯源地论证了张家口以中俄贸易、汉蒙贸易发展为契机的崛起,进而成为清前期北方最重要的商业城市和金融中心之一的过程,且专门论述了经由张家口输出的商品主要有茶叶、丝绸、棉

---

① [美]艾梅霞:《茶叶之路》,北京:中信出版社,2007年,第48页。
② 刘选民:《中俄早期贸易考》,《燕京学报》第25期。
③ 牛国桢、梁学诚:《张库商道及旅蒙商述略》,《河北大学学报》(哲学社会科学版)1988年第2期。

布等,且以茶为最大宗的商业现象。[1]后篇进一步论证了清代后期张家口如何成为了汉蒙贸易、中俄贸易的重要转运枢纽,以及清政府在此设关征税,但鸦片战争后俄国商人的介入极大地阻碍了张家口商业发展的情况。[2]

舒曼的《古代张家口茶马互市与张库大道(茶叶之路)之刍议》一文着重对张库大道的概念、茶马互市的由来、大境门和"口商"的作用,及三娘子对茶马互市的贡献与重走茶叶之路的意义进行梳理,彰显张家口在古代茶叶之路上的重要地位。[3]王永源的《浅论张库大道形成的历史脉络》论证了张库大道的起源、发展、兴衰以及沟通蒙汉俄之间的交往中所发挥的重要作用。[4]

成艳萍、王阿丽的《与恰克图茶叶贸易相关的人员流动分析》从经济学的角度,就茶叶贸易规模的变化对与之相关的人员流动数量进行了估算,并得到如下结论:道光年间由于张家口市场圈的贸易规模达到高峰,每年从张家口前往恰克图的贸易人数不断增多。[5]

其他涉及张家口茶叶贸易研究的学术论文有:郭蕴深的《论中俄恰克图茶叶贸易》,吴孟雪的《中俄恰克图茶叶贸易》,李易文的《清中后期蒙古地区的对俄茶叶贸易》,陶德臣的《古代北方东西两口的茶叶贸易》,叶柏川的《17—18世纪清朝理藩院对中俄贸易的监督与管理》,赖惠敏的《山西常氏在恰克图的茶叶贸易》,耿海天:《"一带一路"视域下张家口与俄罗斯通商史》和魏慧芳《对清光绪年间张家口关税的探讨——以〈宫中档光绪朝奏折〉为中心》等。

(二)硕士论文

河北师范大学祁杭聚焦于"张库大道",《张库大道的产生和发展及历史作用》一文结合历史文献资料和考古遗存资料对张库大道的产生,兴衰和历史地位,进行

---

[1] 许檀:《清代前期北方商城张家口的崛起》,《北方论丛》1998年第5期。
[2] 许檀:《清代后期晋商在张家口的经营活动》,《山西大学学报》(哲学社会科学版)2007年第3期。
[3] 舒曼:《古代张家口茶马互市与张库大道(茶叶之路)之刍议》,《农业考古》2014年第2期。
[4] 王永源:《浅论张库大道形成的历史脉络》,《赤峰学院学报》(汉文哲学社会科学版)2016年第8期。
[5] 成艳萍、王阿丽:《与恰克图茶叶贸易相关的人员流动分析》,《山西大学学报》(哲学社会科学版)2011年第3期。

了系统的梳理和研究，展现出张库大道作为"万里茶路"的重要组成部分所发挥的举足轻重的作用。

广西师范大学董花的《明清时期张家口商贸兴衰研究》文中所探讨的内容跨越了明清两个时代，叙述了隆庆和议后张家口为蒙汉互市之所，并随着民族商贸兴起，一直延续到了清代。清政府边口贸易政策的推行和张家口厅的设立，及晋商的推动与旅蒙商的崛起，使张家口不仅成为汉蒙贸易的中转中心和货物集散地；特别是中俄恰克图茶叶中转贸易的兴起，使张家口逐渐发展为对蒙俄的陆路商品集散地和中转站。乾嘉时期，张家口商贸达到鼎盛，张家口发展成为著名的塞外商城。

其他硕士论文有：付丽娜的《察哈尔地区的商业与城市近代化（1840—1935）——以张家口、多伦诺尔、贝子庙城市（镇）为中心》，陈静的《清代张家口关的研究》，刘德勇的《清至民国张库交通与张家口城市商贸发展》，李晨晖的《明清时期张家口地区商业地理研究》，梅兰《近代张家口城市发展研究（1860—1937）》等。这些论文从不同的角度展开了对张家口商业和城市化进程的研究，内容涉及张库大道和张家口茶叶贸易等方面。

随着万里茶道申遗工作的展开，对它的研究出现了一个高潮。一批有关万里茶道研究的中外专著和论文陆续出版和刊布，为申遗工作和相关文化遗存的保护提供了智力支持，为经济与文化的发展建设以及中外文化交流提供了丰富的精神资源。

为了让广大读者对万里茶道河北段的历史和现状有所认识和了解，本章收录了十二篇具有代表性的学术论文。论文在编辑和校对过程中，得到了作者们的帮助和支持，在此表示最诚挚的感谢！

"商队茶"考释

蔡鸿生

清代对欧洲的茶叶贸易,分南北两路;南方由广州经海路输入西欧,北方由恰克图经陆路贩运俄国。欧洲人对"茶叶"的称谓,也因闽南方音与北方官话的差异而形成不同的借词:

> 英人呼茶曰"替",法人呼茶曰"代",俄人呼茶曰"柴"。茶、柴二音相近,以其贩走北路故也①。

北路茶叶贩运的基本形式是商队,故被称为"商队茶"。在近代欧洲茶叶市场上,俄国的"商队茶"具有比海运国家更强的竞争能力。关于这一点,魏源《海国图志》卷八十三作过如下解释:

> 因陆路所历风霜,故其茶叶反佳,非如海船经过南海暑热致茶味亦减。

"商队茶"的独特性及其在欧洲商业竞争中的意义,早已引起马克思的注意。他除了指出在恰克图卖给俄国人的茶叶,"其中大部分是上等货,即在大陆消费者中间享有盛誉的所谓商队茶,不同于由海上进口的次等货";同时,还特别强调在对华关系中,"俄国人自己独享内地陆路贸易,成了他们没有可能参加海上贸易的一种补偿。"②难怪早在1840年,俄国就有人欢呼"一个恰克图抵得上三个省"③!对陆路贸

---

① 张德彝:《四述奇》第一四卷,光绪五年八月初六日条。
② 马克思:《俄国的对华贸易》《马克思恩格斯选集》第二卷,第9110页。
③ 瓦西里·帕尔申:《外贝加尔边区纪行》,中译本,第136页。

易的垄断地位,不仅在两次鸦片战争期间造成俄国的商业优势,直接影响到后来列强在华势力范围的划分,而且,清代中俄关系的某些重大政治事件,也可从中找到经济的动因。例如,沙皇政府为什么对太平天国进行武装干涉,它致理藩院的咨文说得一清二楚:"因贵国内乱,以致我恰克图买卖连年壅滞,敝国欲迅速代平叛乱"[1]。另一方面,"商队茶"贸易也与整个国际形势息息相关。例如1812年的拿破仑战争,引起俄国社会生活的动荡,使华茶运俄急剧下降:1811年,经恰克图运俄的白毫茶46,405普特,1812年仅为24,729普特,几乎缩减了一半[2]。可见,通过恰克图的"商队茶"贸易,其重要性是不应该低估的。

事实上,到了近代,恰克图贸易基本上就是茶叶贸易。1839至1845年间,茶叶已占恰克图全部出口商品的91%[3]。然而,长期以来,人们对那条在18、19世纪连结中、俄两大帝国的"茶叶之路",并未给予足够的重视。如果说,海运茶因与通商口岸的开放有关而引人注目,那么,"商队茶"则由于内陆转贩而被忽略了。从现存的清代文献看,无论是官方文书,还是私人著述,都缺乏对"商队茶"的系统记载,令人难以进行全面的钩索综合。这里暂且从考释若干重要的史料入手,借以探索"商队茶"兴起的背景、华商茶帮的盛衰,以及"俄茶倒灌"和俄罗斯馆与"商队茶"的关系等等。所有这些,虽属一鳞半爪,却是全面考察中俄两国商务与外交的相互关系所不可缺少的研究。

一、茶叶入俄之始

俄国人并不是茶叶贸易的先驱。早在"商队茶"兴起之前,西欧的海运国家已经从中国南方贩运茶叶了。据薛福成《出使英德义比日记》光绪十六年三月二十二日条说:

中国茶之到欧洲,始于明万历四十年(1612),荷兰之东印度公司携带少许,以供玩好。国朝顺治八年(1651),荷兰始载茶至欧洲发售。越十年,茶市

---

[1]《筹办夷务始末》,咸丰朝,第一六卷。
[2] 科尔沙克:《俄中通商历史统计概览》(Корсак А.Ф., Историко—Статистическое обозрение торговых России с Кигаея)喀山,1857年,俄文版,第110页。
[3] 霍赫洛夫:《十八世纪九十年代至十九世纪四十年代中国的对外贸易》,《中国的国家与社会》(Хохлов А.Н., Внешняя Торговпя Киая с 90-х годов XVIII. до40-х годов XIX ь,《Государство и общество в Китае》)莫斯科,1978年俄文版,第93页。

益行,英京始立茶税之律。当时甚为珍贵,馈送王公不过一二磅而已。又越三十年,茶务益盛,英京始多收茶叶之税①。

与上述情况相仿,"商队茶"在其形成过程中也经历了从礼品到商品的转变,但年代比海运茶略迟。在荷兰人首次携带茶叶入欧后四年,即万历四十四年(1616),哥萨克什长彼得罗夫才在卡尔梅克汗廷初尝茶味,并对这种"无以名状的叶子"表示惊异。至崇祯十三年(1640),俄使瓦西里·斯达尔科夫从卡尔梅克汗廷返国,带回茶叶二百袋(每袋重三俄磅,一俄磅合409.51克),奉献沙皇,是为华茶入俄之始②。

清朝初年,来华的俄国使臣继续将茶叶作为礼品带回俄国。康熙十四年(1675),俄使尼果赖在觐见后接受"御赐"茶叶四匣,以及托他转送沙皇的茶叶八匣③。除这种官方交往的礼品茶外,作为商品的茶叶也开始在俄境出售。17世纪后期,托波尔斯克市场上已有少量茶叶供应。④康熙十三年(1674),莫斯科也有商店经营茶叶,零售价每磅三十戈比,消费者为富裕人家。茶叶进口量还是不大的⑤。自康熙二十八年(1689)订立《尼布楚条约》后,根据该约关于"嗣后往来行旅,如有路票,准其交易"的规定,边关贸易日益活跃,华茶经尼布楚入俄的数量也略有增长。如康熙三十七年(1698),俄国"客商"加·罗·尼基丁采购的价值三万二千卢布的中国货,内有茶叶五普特(每普特重16.38公斤)七俄磅,每普特按莫斯科市价为二十一到二十五卢布⑥。康熙三十八年(1699),以郎古索夫为首的沙俄国家商队到达北京⑦,此后即隔三年一次,定期前来贩运金银、棉布、丝绸和瓷器,但尚未大笔成交茶叶。雍正七年(1729)至乾隆二十年(1755),俄国停派商队来京贸易,正式开放恰

---

①《庸庵全集》第八册。

②巴德雷:《俄国、蒙古、中国》(Baddeley, J.F., Russia, Mongolia, China)第二卷,伦敦1919年英文版,第118页。

③巴德雷:《俄国、蒙古、中国》(Baddeley, J.F., Russia, Mongolia, China)第二卷,伦敦1919年英文版,第398页。

④维尔科夫:《十七世纪托波尔斯克市场的中国货》,《苏联历史》(Видков О. Н., Китайск-ис товары на Тободъском рынко в ⅩⅦв.《История СССР》)1958年第一期,第110页。

⑤科尔沙克:前揭书,第51页。

⑥《客商尼基丁在西伯利亚和中国经商记》《巴赫鲁申学术著作》第三卷,(С. В. Вахрушин, Торги госта Никятина В Сибир и Китае,《Научные труды》, Ⅱ)莫斯科,一九五五年俄文版,第二四二页。

⑦《故宫俄文史料》,1936年版,第274—275页。

克图互市，茶叶才逐渐变成"买卖城"最大的买卖。据俄方记载，乾隆十五年（1750），经恰克图运俄的砖茶七千普特、白毫茶六千普特。嘉庆十五年（1810），这两类茶已达七万五千普特，几乎增长六倍了①。

恰克图互市的繁荣，吸引了越来越多的俄商，以致在乾隆五十七年（1792）订立《恰克图市约》时，俄方已正式组成六大商帮：（一）莫斯科帮——经营呢绒、海象皮、海獭及其它俄国货；（二）土拉帮——经营羊羔皮、猫皮和小五金；（三）阿尔扎马斯克、伏洛格达帮——经营芬兰狐皮和北极狐皮；（四）托波尔斯克帮和（五）伊尔库茨克帮——均营皮革、貂皮、狐皮和毛外套；（六）喀山帮——专营皮革制品②。这些用毛皮换取茶叶的俄国商帮，开创了"彼以皮来，我以茶往"③的贸易传统，使"商队茶"不仅在贩运形式上而且在交换内容上，都与海运茶截然不同。

二、"西帮茶商"的贩运活动

在恰克图互市中，俄国商帮的对手是山西商人，即所谓"西帮茶商"。《朔方备乘》卷三十七云：

> 其内地商民至恰克图贸易者，强半皆山西人，由张家口贩运烟茶、缎布、杂货，前往易换各色皮张、毡片等物。

山西人"善贾"，在中国历史上早已出名。据《北史》卷十五《魏宗室常山王遵传》载："河东俗多商贾，罕事农桑，人至有年三十不识耒耜。"这种河东古俗，一直保持到清代。《阅微草堂笔记》卷二十三云："山西人多商于外，十余岁辄从人学贸易，俟蓄积有资，始归纳妇，后仍出营利。"清初为内务府办进皮张的"八家商人"，也均籍隶山西。乾隆《万全县志·志余》对此记述颇详：

> 八家商人者，皆山右人，明末时以贸易来张家口。曰王登库、靳良王、范永斗（斗，《介休县志》卷九作"年"字）、王大宇、梁嘉宾、田生兰、翟堂、黄

---

① 斯卡里科夫斯基：《俄国在太平洋的商务》（Скальковский，К.，Русскай торговли в Тихом океане）彼得堡，1883年俄文版，第141页。
② 科尔沙克：前揭书，第94—95页。
③《朔方备乘》第37卷。

云发,自本朝龙兴辽左,遣人来口市易,皆此八家主之。定鼎后,承召入都,宴便殿,蒙赐上方服撰。自是每年办进皮张,交内务府广储司。

山西商人既有悠久的贸易传统,清初又获得较高的政治地位,因此,关内与塞外的商业联系,便长期掌握在他们手中。对"商队茶"的贩运,吸引大批山西商人深入武彝茶区。关于武彝茶区"西商"的财力和风度,在衷干《茶市杂咏》[1]中有具体的记述:

清初茶叶均由西客经营,由江西转河南运销关外。西客者,山西商人也。每家资本约二三十万至百万。货物往还,络绎不绝,首春客至,由行东至河口欢迎,到地将款及所购茶单点交行东,悠所为不问。茶事毕,始结算别去。

张家口是西帮茶商屯栈之地,从福建采买的茶叶都在这里接运,经"买卖路"转贩"买卖城"(恰克图)。据咸丰十年(1860)九月,察哈尔都统庆昀奏:

由口赴恰道路,除军台之外,商贾之路有三,分东西中:东路自乌兰坝入察哈尔正蓝旗界,经内札萨克西林郭勒盟之阿巴噶王、阿巴哈那尔贝子等旗游牧,入外萨克车臣汗部落之阿海公旗游牧,经达里冈爱东界,入车臣汗部落之贝勒等旗游牧,达于库伦,由库伦方达恰克图,此东一路也。西路自土默特旗翁棍坝、河洛坝,经四子部落沙拉木楞图什业图汗旗,至三音诺彦旗分为两路,其一西达里雅素台科布多,其一东达库伦,由库伦达恰克图,此西一路也。中路自大境门外西沟之僧济图坝,经大红沟、黑白城子镶黄旗牛群大马群、镶黄旗羊群各游牧,入右翼苏呢特王旗,经图什业图汗车臣汗部落之贝勒阿海公等旗游牧,渡克鲁伦河达库伦,方达恰克图,此中一路也。

自张家口至恰克图,计程约四千三百余里,地旷人稀,风餐露宿,且行且牧,三路均极艰难。因此,西帮茶商不得不结队而行,其组织形式大体如下:

晋中行商,运货来往关外诸地,虑有盗,往往结为车帮,此即泰西之商队也。每帮多者百余辆,其车略似大古鲁车(达呼利之车名),轮差小,一车

---

[1]《中国近代手工业史资料》第一卷,第304页。

约可载重五百斤,驾一牛,一御者可御十余车,日入而驾,夜半而止,白昼牧牛,必求有水之地而露宿焉。以此无定程,日率以行三四十里为常。每帮车,必挈犬数头,行则系诸车中,止宿则列车为两行,成椭圆形,以为营卫。御者聚帐棚中,镖师数人,更番巡逻。人寝,则犬代之,谓之卫犬①。

不过,牛车并非唯一的运输工具,到了冬季,塞外草衰,骆驼似乎更适于远行。姚元之《竹叶亭杂记》卷三,记骆驼队自库伦抵恰克图的情景如下:

  客货俱载以骆驼,俄罗斯人每以千里镜窥之,见若干骆驼,即知所载若干物,商未至前四五日已了然,盖其镜已见于三四百里外矣。

因此,俄国驻恰克图的商务专员对华商货物的记载,也采用骆驼和大车两种计算单位。如嘉庆二十二年(1817),运抵买卖城的中国货为2,500驼和1,420车,嘉庆二十三年(1818)为3,450驼和1,420车。道光年间的贸易额继续增长,道光九年(1829)已达9,670驼和2,705车了②。

显然,鸦片战争前"西帮"贩茶数量已经相当可观,据《海国图志》卷八十一云:

  俄罗斯茶在北边蒙古地方买去。在一千八百三十年(道光十年)买去五十六万三千四百四十棒(磅),在一千八百三十二年(道光十二年)买去六百四十六万一千棒(磅),皆系黑茶,由喀(恰)克图旱路运至担色(托木斯克),再由水旱二路分运娜阿额罗(下诺夫哥罗德)。

尽管恰克图茶市规模日益扩大,但从经营方式看,则仍具有结队贩运和以货易货两大特色。因此,即使在生意兴隆的19世纪上半期,"商队茶"贸易也还是一种中世纪式的贸易。恩格斯指出:"俄国人在进行低级形式的贸易,利用有利情势和玩弄与此紧密相连的欺骗手腕方面,都具有几乎无与伦比的本领。"③恰克图互市,正是俄商施展这种本领的场所。据俄方记载,19世纪50年代中期,"买卖城"的中国商

---

① 《清稗类钞》第一七册,第七三页。
② 霍赫洛夫:前引文,第96—97页。
③ 恩格斯:《论俄国的社会问题》,《马克思恩格斯选集》第二卷,第618—619页。

号(即"铺子")达一百家,其中九十家有铺面,但仅三十七家与俄商做批发生意,其余都是小商。"①多年的批发生意,使中国商号背上了无法兑现的"夷商钱票"包袱,陷入极端被动的状态。据咸丰二年(1852)十月乙未,库伦办事大臣奏称:

> 现在商民所存夷商钱票,以银计算,共合八万余两。设骤行禁止,夷商不肯按票偿银,恐苦累商民,易生情节②。

西帮茶商所受的"苦累",随着中国社会半殖民地化的加深,终于变成了一种苦难,迫使他们在第二次鸦片战争期间,一度只卖不买。马克思曾指出这个情况:"在恰克图的边境贸易,事实上或条约(按:指《恰克图界约》)上都是物物交换,银在其中不过是价值尺度。1857—1858年的战争迫使中国人只卖不买。于是银就突然成了购买手段。俄国人为了遵守条约上的字句,把法国的五法郎银币铸成粗陋的银器,用来当作交换手段。"③鸦片战争后,俄国加紧对华商业扩张,西帮茶商在恰克图的传统地位面临新的挑战。俄方力争陆路自运的特权,以便"俄国商人由陆路出入中国直至南方各省,购买商品并发回俄国。"④

正像通商口岸的开放使广东"十三行"失去对海运茶的控制一样,西帮茶商的没落,也与沙俄取得陆路通商的特权分不开。据同治七年(1868)八月恭亲王等奏称:

> 从前恰克图贸易之盛,由于俄人不能自入内地贩运,自陆路通商以后,俄人自行买茶,不必与华商在口外互换,因之利为所夺,兼且道途梗阻,货物渐稀;商东又因湖北汉口等处屡次遭兵,资本荡然,将恰克图存本陆续提用,以致生理益绌。

按《中俄陆路通商章程》订于同治元年(1862),它对西帮茶商的打击,至光绪初年已达到极其严重的地步。据光绪六年(1880)十月二十六日,王先谦片云:

---

① 科尔沙克:前揭书,第328页。
② 《筹办夷务始末》咸丰朝,第六卷。
③ 马克思《政治经济学批判》,《马克思恩格斯全集》第一三卷,第140页。
④ 巴尔苏科夫:《穆拉维约夫——阿穆尔斯基伯爵》,中译本,第二卷,第204—205页。

从前张家口有西帮茶商百余家,与俄商在恰克图易货,及俄商自运后,华商歇业,仅存二十余家①。

仅仅三十年间,西帮茶商便因"生理益绌"而纷纷"歇业",只剩下五分之一的商号了。这种急转直下的贸易颓势,固然主要是"俄人自行买茶"所造成的,但从清朝那套对"商队茶"的管制方法看,封建主义对商业资本的盘剥,确实也是非同小可的。

三、"部票"制度的沿革

清政府对边关互市,也象对口岸贸易一样,历来实行严格的管制。与西帮茶商关系极其密切的"部票"制度,是在嘉庆四年(1799)正式订立的。《朔方备乘》卷三十七云:

> 四年,奏定贸易商人支领部票章程,嗣后察哈尔都统、归化城将军、多伦诺尔同知衙门给票后,即知照所往地方大臣官员衙门,不准听其指称未及支领部票由别衙门支领路引为凭贸易,一经查出,照无部票例治罪。其商人部票,著大臣官员查验存案,务于一年内勒令催回,免其在外逗留生事。如商人已到所往地方,欲将货物往他方贸易者,即呈报该处衙门给予信票,一面知照所往地方衙门。再遇有私行贸易并无部票者,枷号两个月,期满答四十,还回原省,货物一半入官。

至同治元年(1862),又奏准:

> 商人在恰克图贸易,向于理藩院领取茶票,嗣后仍按旧章。每茶三百箱,作票一张,收规银五十两。所领商票仍限一年缴销②。

可知,"部票"即商队贸易的营业执照,与作为通行证的"路引"不同。现参照其他有关记载,把上述章程与实施情况结合起来,对"部票"制度略作如下的说明:

---

① 《清季外交史料》第二四卷。
② 《大清会典事例》第九八三卷。

（一）"部票"又称"院票"，其颁发权力属于理藩院，申请及查验手续则在"张理厅"即张家口理事同知衙门办理。察哈尔都统庆昀对其职责范围是很清楚的："富商大贾往来恰克图等处贩货，向由张理厅开造请领茶票姓名字号，前赴理藩院领取印票来口，如商货起运之时，先期报明，于票尾加用印信，查验放行"①。

（二）"部票"支领后，在贩运过程中还应到库伦换领"信票"前往边境，抵买卖城再将部票呈验，方算完成合法贸易的全部程序。《竹叶亭杂记》卷三，对此有明确的记述："我之货往客商由张家口出票，至库伦换票，到彼缴票"。无票或以路引充票者。科同罪。所谓"货物一半入官"，并不意味着另一半留归原主。按咸丰五年（1858）八月部院章京巴克唐阿在恰克图处理的案例，其实是"货物一半照例充公，一半赏给原拿之人"，即缉私者。这就是说，一经破获，全数没收。

（三）"部票"有效使用期为一年。每票法定的贩货量，有两种折算法：或按茶箱计算，"每茶三百箱，作票一张"。武彝茶的包装规格为"每净茶一箱按中国库平重五十五斤，连包裹茶箱重足八十斤。"（咸丰八年《中俄关于议结塔城焚俄贸易圈案议定条款》）或按骆驼计算，"每票一张，行商驮货以二百驼为率"，照塞外交通惯例，"每驼一只驮载茶斤，总以二百五十斤以下"②。

很清楚，在"部票"制度之下，西帮茶商的贸易活动，在时间空间上都没有自由。章程中"务于一年之内勒令催回，免其在外逗留生事"的条文，非常鲜明地表现出封建强制的性质。至于他们每年从张家口"出票"多少，清代文献缺乏系统记载。俄国外交档案，则有如下的数字：道光三十年（1850）出票二六八张，分发商号五六家，大商号出票可达六张以上，中小商号则四张、二张、一张不等。计自咸丰元年（1851）至咸丰五年（1855），张家口六十家做恰克图生意的大商号，每年出票共为四百至五百张③。至于同治年间的情况，这里只能引片断资料，以见一斑。计自同治元年（1862）九月起至次年三月止，张家口"市圈商民领院票后运赴恰克图售卖者，已至二百五十四票"④。这些票商的捐税负担十分沉重，与俄商相比，处于非常不利的地位。据同治七年（1868）正月恭亲王奏：

---

① 《筹办夷务始末》，同治朝，第一五卷。
② 《筹办夷务始末》，同治朝，第五一卷。
③ 霍赫洛夫：前引文，第94—95页。
④ 《筹办夷务始末》，同治朝，第一五卷。

俄商贩茶回国,止纳正税一项,而华商贩茶出口,交纳正税之外,到恰克图后,复交票规每张五十两。咸丰十年,因军饷支绌,奏准每商票一张,在察哈尔都统衙门捐输厘金六十两,凑拨察哈尔驻防常年兵饷。华商厘纳既重,获利无多,是以生计日穷,渐行萧索①。

一票贩运的茶斤总值"合银六千两"(即每箱二十两),要剥三层皮:正税(按每箱四两计,一票纳税银一千二百两)、票规(五十两),加百分抽一的厘金(六十两),自然"获利无多"了。可见,西帮茶商从六十年代末期起"渐行萧索",是与清政府越来越把"部票"制度变成一种搜刮手段相联系的。

在"生计日穷"威胁下,山西商人曾一度改陆运为水运,但仍无法从俄商手中夺回利权。据刘坤一《议覆华商运茶赴俄、华船运货出洋片》(光绪七年正月十五日)云:

自江汉关通商以后,俄商在汉口开设洋行,将红茶、砖茶装入轮船,自汉运津,由津运俄,运费省俭,所运日多,遂将山西商人生意占去三分之二。而山西商人运茶至西口者,仍走陆路,赴东口者,于同治十二年察请援照俄商之例,免天津复进口半税,将向由陆路运俄之茶,改由招商局船自汉运津,经李鸿章批准照办,惟须仍完内地税厘,不得再照俄商于完正半两税外,概不重征,仍难获利,是以止分二成由汉运津,其余仍走陆路,以较俄商所运则成本贵而得利微,深恐日后俄商运茶更多,而山西商人必致歇业②。

一面是俄商的竞争,一面是官府的勒索,终于酿成"商队茶"贸易的危机。到同、光之际,西帮茶商已视"买卖路"为畏途了。

---

①《筹办夷务始末》,同治朝,第五八卷。
②《刘坤一遗集》第二册,第 607—608 页。

四、"西商"改道与"南柜"兴起

中俄陆路贸易,自咸丰元年(1851)签订《中俄伊犁塔尔巴哈台通商章程》后,添设伊犁、塔城两地,连同恰克图共开三处通商。因此,"商队茶"的贩运,也有"西路"与"北路"之分。

西路茶商称为"西商",与在恰克图互市的"北商"虽同为山西人,贸易活动却是大异其趣的。大体而言,有三方面的不同:

(一)经营项目。西商一贯在安徽建德采办朱兰茶,又名千两茶;而北商所贩茶斤,则为福建武彝茶或白毫茶。

(二)贩运路线。"此项千两朱兰茶,专有茶商由建德贩至河南十字店,由十字店发至山西祁县忻州,由忻州而至归化,转贩与向走西疆之商,运至乌鲁木齐、塔尔巴哈台等处售卖。"故不走张家口、恰克图一线。

(三)销售对象。"此项千两朱兰茶,惟西洋人日所必需,非俄人之所用,伊亦不买。"①

可见,"西商"与"北商"各有活动领域,原是互不相干的。然而,这种平分秋色的状态,到19世纪60年代中期便因清朝发生政治危机而被打乱了。

同治三年(1864),在太平天国运动影响下,库车、伊犁一带爆发农民起义,反清斗争波及天山南北。经行西路的"商队茶"受阻,不得不谋求改道运销。同治六年(1867),西商程化鹏、余鹏云、孔广仁等,呈请绥远城将军准予"由恰克图假道行商","所经之路,由归化城走喀尔喀部落,即至库伦,由库伦即至恰克图,由恰克图出向俄边,即由俄卖予西洋诸商"。这份呈文郑重声明:"张家口商民向贩运武彝茶斤,系福建土产;程化鹏等向办之货,系安徽土产,各不相碍"②。次年,经总理衙门、户部和理藩院派人调查,证实"西商贩茶至恰克图地方,与北商生计毫无妨碍"③。因此,总理衙门正式议奏:"姑准西路之茶,改由北路出恰克图一带销售,仍俟西疆收复,改照旧章。"④

同治十年(1871),沙俄侵占伊犁地区,进行长达十年的殖民统治。在整个伊犁

---

① 均见《筹办夷务始末》,同治朝,第五六卷。
② 《筹办夷务始末》第五一、五六卷。
③ 《筹办夷务始末》第六一卷。
④ 《筹办夷务始末》,同治朝,第五四卷。

危机期间,当然不能复兴西路,"改照旧章"。同治十一年(1872),着伊犁将军荣全奏:"请饬采购茶斤,拟招集华商,渐聚各城,冀复从前旧规,以免行使俄票之累。请于绥远城代买挂锡裹箱、每箱重约六七十斤红梅茶二百箱,上细朱兰茶二百箱,解赴科布多,储存备用"①。尽管如此,自改道恰克图之后,"西商"已再难招集了。建德茶区的命运,也相应地发生重大变化。据《益闻录》第二六七号报导:

  建德为产茶之区,绿叶青芽,茗香遍地,向由山西客贩至北地归化城一带出售。同治初年,则粤商改作红茶,装箱运往汉口,浮梁巨贾,获利颇多。自光绪四年后,茶价暂低,因而日形减色。今岁(光绪九年)价更不佳,亏本益甚,故茶商之往建德者较往年仅得一半,而市面荒凉几无人过问。

"西商"改道后,代之而起的,是陕甘总督左宗棠一手扶植的湖南茶帮,湖南的"广庄红茶",又名"洋庄红茶",是在太平天国起义期间显露头角的。据同治《安化县志》卷三十三云:

  咸丰间,发逆猖狂,圜客裹足,茶中滞者数年。湖南通山凤产茶,商转集此。比逆由长沙顺流而窜,数年出没江汉间,卒之通山茶亦梗。缘此沽帆取道湘潭,抵安化境,倡制红茶,收买畅行西洋等处,称曰广庄。

"广庄"之称,因倡制红茶为广东商人而得名。在清代茶业中,改制红茶几乎都与粤商有关,建德如此,安化也不例外。随着茶业日益畅旺,湖南自咸丰六年(1856)起办理茶捐,"洋庄红茶"除山户厘金外,经茶商采做成箱者,每箱收银六钱"②。靠茶起家者,不乏其人。例如,著名的湘帮茶商朱紫桂,就是在咸、同之际崛起的。《清稗类钞》第十七册,有一段他的发家史:

  湘乡朱紫桂,初赤贫,读书村塾,三月而辍,以樵采营生。成童,执爨于米肆,甚勤。巨商刘某委之司店事,尤干练。越数年,以所得薪资红利,自设一肆,积千余金,遂业红茶,岁盈巨万,时同治丁卯也。紫桂既小康,即以少年失学为憾而补读,既而逐岁贸茶,积资近百万,湘枭汉浒,几无不知有朱紫桂名矣。

---

① 《筹办夷务始末》,同治朝,第八八卷。
② 《筹办夷务始末》,同治朝,第五卷。

按"同治丁卯"为六年（1867）。如前所述，可知程化鹏改道行商之日，也即朱紫桂业茶致富之时。两事同系一年，是非常值得注意的。因为，从此之后，湘帮茶商便逐步主宰了新疆的茶叶市场。

在清代经济生活中，"湘枲汉洴"之货，由楚达陇，行销西北，早已有之。因此，左宗棠任陕甘总督（同治八年十月至光绪六年十一月）期间，添设"南柜"，引湘红入疆。可说是沿故道，创新业。据《左文襄公奏稿》卷四十五《甘肃茶务久废请变通办理折》（同治十三年二月十六日）云：

> 甘省茶商，旧设东、西两柜。东柜之商，均籍山、陕西柜则皆回民充商，而陕籍尤众。乱作，回商多被迫胁，死亡相继，存者寥寥。山西各商逃散避匿。焚掠之后，资本荡然。引无人承，课从何出？
>
> 甘省行销口外之茶，以湖南所产为大宗，湖北次之，四川、江西又次之。
>
> 兹既因东、西两柜茶商无人承充，应即添南柜，招徕南茶商贩，为异时充商张本。

经过左宗棠精心扶植，"南茶商贩"完全取代了"山西各商"的地位，终于形成这样的局面："在上个（19）世纪70年代中国当局对西部边区的茶叶贸易实行了专卖垄断，只允许湖南商人经营茶叶"①。晚清湖商三"巨擘"，就是由此孕育出来的。刘声木《苌楚斋续笔》卷九备记其事：

> 光绪年间，湖南一省以贩运安化红茶至俄国出售，后皆成巨富。其中尤以湘潭叶焕彬吏部德辉、余介卿观察金声、长沙朱雨田阁学三人为巨擘。三家之中，又以朱雨田阁学称最。

按朱雨田，名昌琳，为"南柜"总商，在长沙设"乾益"银号，在新疆设"乾益升"茶庄，领票包运西北，转销俄国②。因此，光绪二十一年（1895），湖南巡抚陈宝箴"设官钱局、铸钱局、铸洋圆局，以朱公昌琳领之"③。起用"巨富"办钱局，堪称知人善任了。

---

① 鲍戈亚夫连斯基：《长城外的中国西部地区》，中译本，第170页。
② 《湖南省志》第一卷，第101页。
③ 《散原精舍文集》第五卷。

当"南柜"极盛之时,湘秤与库秤并行于新疆茶市,声势是非同凡响的。然而,在湘红大走红运的时候,一个阴影已经跟在它后面了,这就是印度红茶倾销欧洲所造成的威胁。光绪十三年(1887),户部主事缪佑孙奉命赴俄考察商务,曾与阿蝶沙(敖德萨)茶商列弯拉宾诺维池晤谈,获悉"英人以印度茶夺华商利十分之二三,俄境亦颇有贩者,用以参和,更无他异"①。这种打击华茶的"参和"术,是俄商从英商学来的:

> 南洋、印度、日本之茶,虽不及中茶之腴丰,然英人巧伪,每于十分之中掺入三四分,乃几乎无以辨之。其尤作伪者,乃于印度茶中掺用华茶,云此即印度茶也,人人贪其价之稍廉而争购之,以为与华茶无大分别也。其分掺时华茶多而印茶少,故不能辨,久之而华印各半,又久之而印茶多,华茶益少,以是潜为转移。

上述情况,是王之春在《使俄草》卷六,光绪二十一年(1893)三月初十日条揭露的。华茶与印茶"潜为转移"的结果,湖南"洋庄红茶",便变成洋商"巧伪"的牺牲品,滞销日甚,不得不另谋出路了。

五、吴大澂购办红茶运俄试销始末

清末湖南茶业的颓势,曾经引起地方督、抚的关切。吴大澂购办红茶运俄试销,就是一次挽狂澜于既倒的努力。

大澂字清卿,又字窓斋,江苏吴县人。工篆书,精金石,富收藏,亦官亦学,颇负时望。在湖南巡抚任上,吴大澂于光绪二十年(1894)八月二十七日与湖广总督张之洞联名上奏:

> 近年湖北、湖南两省,茶商颇多亏累,半由茶色不佳,或遇阴雨潮湿,或有掺和粗杂,以致不能得价;半由洋商压镑、退盘、割价,多方刁难,而此项红茶除洋商之外,别无销路,以致甘受抑勒。

其实,茶商、园户是不甘受俄商抑勒的。张之洞在其《晓谕产茶各处示》(光绪

---

① 缪佑孙:《俄游汇编》卷八,光绪十四年五月十八日条。

二十年五月初七日），曾披露过一个这样的事例：

本年三月间，俄国百昌茶行（按即 K ＆·S·Popoff Bros）商人达尼罗夫前赴羊楼峒办茶，行至新店地方，被该处闲人围绕，内有无知顽童掷石致伤，并于羊楼峒地方出有匿名揭帖，……揭帖谓中国茶务向来称盛，近因洋人来此，以致亏累等语①。

针对茶商专累和民怨日增这种情况，两湖的督抚大吏决定由官府出面，选办红茶运俄试销：

经饬江汉关道恽祖翼选办上等红茶二百箱，南北两省各半，与俄商设法婉商，即附其茶船运赴俄国阿叠萨（敖德萨）海口试行销售。经臣电商出使俄国大臣许景澄，托其代为委员照料。其茶价、箱工、杂费、出口关税等项，共洋例银五千四百七十二两零。

复经臣吴大澂电商俄商佘（当作"佘"）威罗福，拟再购红茶若干箱，分运俄境，水陆两路试销，即托该商照料。旋接复电商允，已经饬江汉关道恽祖翼照办。旋据复称，头茶早已销毕。复经设法选购二茶中之最上红茶一百二十箱，亦作南北两省各半，发交顺丰洋行，分运俄境，水运之漠斯科洼（莫斯科），陆运之恰克图，两路试销。计茶价、箱工、杂费、出口关税等项，共洋例银一千八百一十六两五钱零。②

可知试销茶斤很少，总共才三百二十箱，尚不足两张"茶票"的贩运量。在"商队茶"的历史上，这只是沧海一粟。但托运红茶牵涉的人事，却是值得注意的。吴大澂与俄商佘威罗福的关系，其历史渊源如何，颇有探讨的必要。

俄商佘威罗福，在清代文献中又译成"佘威罗伏"或"佘威列甫"，即米·格·舍维略夫（Михаил Григоръевич Щевелбв），同治二年（1863）毕业于恰克图华文馆③。缪佑孙《俄游汇编》卷八，曾记其人其事如下：

佘商于海参武，襄年珲春勘界，曾允该国翻译官，施少时游学于中国，通华文，解华语，且洞达中外人情世故者也。

---

① 《张文襄公公牍稿》第二八卷。
② 《清季外交史料》第九六卷。
③ 斯卡奇科夫：《俄国汉学史纲》（Скачков П. Е.. Очерки истории Рус — ского китаеве цеиия）1977 年俄文版，第 113 页。

按挥春勘界,事在光绪十二年(1886)。当时,吴大澂以"钦差会办北洋事宜大臣、都察院左副都御史"的头衔,作为清方首席代表参加谈判。他与俄国"翻译官"佘威罗伏,有过三次会外的接触:

四月二十一日,拜会俄员,内有"佘威罗伏,火轮洋商公司";

六月十六日,"巴拉诺伏(东海滨省巡抚兼理军务将军,俄方首席代表)与马秋宁(南乌苏里界务官)、多谟日落伏、佘威罗伏同来,聚谈竟日;

六月二十九日,吴大澂"与巴使同车至佘威罗伏家宿焉"①。

吴氏记佘威罗伏供职于"火轮洋商公司",与缪佑孙说"佘商于海参崴"是一致的。据俄文资料,此人早在光绪六年(1880)已在海参崴创办航运公司,拥有火轮"贝加尔号",每年由沙皇政府资助六千卢布,往来汉口、上海、长崎各地,包运客货邮件②。自1876年起,他与托克马科夫在汉口合资开办茶行,至1883年初,佘威罗伏拆股独立经营,该行遂改字号为"新泰洋行",吴大澂与这名茶业和航运业的老板既已结识在先,日后将运俄试销的红茶"托该商照料",就不难理解了。至于他发交红茶的"顺丰洋行",则是俄商李特维诺夫于同治二年(1863)在汉口创办的砖茶厂。90年代该厂已经年产十五万箱,成为两湖红茶加工和外运的操纵者了。

吴大澂以湖南巡抚的身分,为疏通湖南红茶外销的渠道,不惜求助于一面之交的佘威罗伏,可谓用心良苦矣。但托俄商、附俄船,无异自投弱肉强食的罗网,是注定要失败的。果然一试之后,那个受制于人的"水陆两路试销"计划,便烟消云散了。

六、"俄茶倒灌"——"商队茶"的终结

"商队茶"的终结,是与传统的茶叶之路被西伯利亚铁路所代替相联系的。光绪二十六年(1900)七月初一日,工部左侍郎杨儒在变法条议中说:"悉卑利铁路剋日告成,陆路通商,强邻逼处,满蒙情形从此一变"③。上述预见,完全被往后的事实所证明:"这条铁路象铁链一样把欧洲和亚洲连结起来,它使东方地区的移民和经济

---

① 顾廷龙:《吴愙斋先生年谱》,哈佛燕京学社,第134—135页。
② 斯卡里科夫斯基:前揭书,第463页。
③ 《清季外交史料》第一四九卷。

的发展起了革命性的变化,并且预示远东的整个力量对比将被打破,转向有利于俄国的形势。"[1]所谓"俄茶倒灌"的反常现象,就是"转向有利于俄国的形势"的一种表现。

早在80年代,我国西北地区已出现少量的"俄茶倒灌"。光绪六年(1880),到塔城、古城和科布多等地贸易的四十一个俄国商队,计输入工场棉纺织品175,381卢布,中亚织物12,140卢布,茶叶仅值11,760卢布[2]。如果说,这是俄国强占伊犁,排挤华商所造成的暂时现象,那么,西伯利亚铁路建成后,"商队茶"的贩运就发生根本性的变化了。

北路方面,据宣统三年(1911)四月丁酉,理藩部会奏称:

> 蒙古商务,向以茶为大宗,理藩部例有请茶票规,为大宗入款。近来销数顿减,不及旧额十之三四,实因西伯利亚铁路交通便利,俄茶倒灌,华茶质窳费重,难与竞争。[3]

西路方面,也同样"难与竞争"。早在光绪六年(1880)九月十五日,张之洞已经在奏稿中慷慨陈辞:"查张家口、恰克图一路,旧有茶商二十八家,利息丰盛。自咸丰季年俄商盛行,今存者止三家耳。西(安)、汉(中)若引入俄商,吾民生计尚堪设想哉!"[4]自光绪三十二年(1906),签订《俄商借道伊、塔运茶出口章程》之后,俄商将在内地收购的茶叶沿途倾销,使新疆境内的"湖商"深受打击,茶业每况愈下。据宣统二年(1910)十二月,伊犁将军广福奏称:

> 从前甘肃湖商运茶,行销蒙古哈萨克各部落,及俄国沿边一带,销场尚旺。嗣光绪三十二年,订有俄商运茶假道伊、塔回国新章,不独俄境不能运销华茶,且有俄商贩运华茶在伊、塔境内洒卖,此外影射偷运者,更不知凡几。私茶充斥,销场疲滞[5]。

---

[1] 乔治·伦森:《俄国向东方的扩张》,中译本,第136页。
[2] 斯卡里科夫斯基:前揭书,第156页。
[3]《清实录·宣统政纪》第五三卷。
[4]《清季外交史料》第二三卷。
[5]《清实录·宣统政纪》第四七卷。

很明显,到了辛亥革命前夜,"商队茶"的运销局面已经全部改观。在"俄茶倒灌"冲击下,封建性很强的"西帮"和"南柜"一一败下阵来,终于在清王朝的丧钟声中由"疲滞"而奄奄一息。

七、俄罗斯馆与"商队茶"的贩运

"商队茶"贸易由互市到自运的转变,以及中国南北茶帮由盛而衰的过程,已略见以上诸节。至于俄罗斯馆与"商队茶"的贩运有何关系,也拟征引一些资料,稍加探讨,以明问题的大概。

清代北京的俄罗斯馆,与广州的"夷馆"似乎毫无共同之处,"驻京喇嘛"比"留粤大班"给人的印象"清高"得多。其实,在谋求商业权益方面,它所起的作用是并不逊色的。俄国人自己承认:"俄国派赴北京的布道团,虽与贸易没有直接关系,但对我们仍然大有裨益。他们处于中国的中心,能够摸清它的特点及其居民的需要,并且熟悉那些合中国用的货物得以畅销的条件。"①俄罗斯馆这种特殊的地位,曾经长期引起西方海运国家的羡慕。《海国图志》卷八十二引《澳门月报》云:"俄罗斯有书馆在北京,中国情事俄罗斯可以知悉。"事实正是这样,俄罗斯馆对"中国情事"的搜集包罗万象,其中也有大量的商情。早在雍正九年(1731),俄国枢密院已训令俄罗斯馆的学生"以学习为掩护,留在北京以便熟悉中国的商业。"②随着茶叶贸易比重的增长,他们注意的重点便集中到"商队茶"方面了。

对"商队茶"贸易,俄罗斯馆的喇嘛和学生,曾提供过系统的背景材料。第九班达喇嘛俾丘林,在其所著《中华帝国详志》(1842年出版)一书中,专章记述中国茶业。第十三班随班学生涅恰耶夫辑译《中国茶叶条令》,于1851年呈送俄国外交部亚洲司③。此外,他们还致力于茶种和茶样的搜集。第十一班随班医师基里洛夫于1840年换班返俄后,将茶种进行家植丛栽试验,取得成功,于1853年在《北方蜜蜂》公布实验结果④。第十三班监护官科瓦列夫斯基1850年返俄时,带去大批茶样送交俄国

---

① 科尔沙克:前揭书,第151页。
② 加斯东·加恩《彼得大帝时期的俄中关系史》,中译本,第261页。
③ 斯卡奇科夫:前揭书,第156页。
④ 斯卡奇科夫:《俄国驻北京布道团的医生》《苏联的中国学》(Скачков П.Е.. Руоокие врачи лри Российской пуховиой миссии В Пекине,《Советское Китаеведение》)1958年第四期,第143—144页。

贸易部,自诩其数量之多,"堪称欧洲第一"①。

俄罗斯馆在两次鸦片战争期间的情报工作,尤其引人注目。驻京喇嘛多次向亚洲司送去商业情报,及时反映中国茶叶市场的动向。

道光二十四年(1844)三月八日,俄罗斯馆第十二班达喇嘛佟正笏,向亚洲司书面呈报中国茶业的近况:

> 茶园逐年增加,最近十年使中国茶商大获其利,对茶叶的需求虽然有增无已,但产地的茶价却几乎比往年下跌一半。茶区民户将茶叶跌价归咎于茶园太多,以及因大量购入鸦片所造成的白银短缺②。

咸丰三年(1853)二月二十五日,第十三班达喇嘛巴拉第用隐显墨水给亚洲司写了一份秘密情报,详述太平军控制长江下游对"商队茶"贸易造成严重后果:

> 据来自张家口的传闻,中国目前的动乱对贸易额的不良影响愈来愈甚。从事恰克图贸易的华商,由于武装暴动者破坏商业城镇汉口并洗劫这些华商存放期票的当地商号,已亏损2,000,000两(合4,310,000银卢布)。为恰克图定购200,000箱茶叶,迄今运抵张家口的只有一半,至于其余茶帮何时到达,尚无确讯。人们甚且认为,由于中国南方动荡不安,本年到福建定购茶叶的商人将会寥寥无几,因此,明年(?)未必会有新茶运到。叛乱者在整个长江下游造成的恐怖,使取道樊城的交通已经中断。在这样混乱的时期,山西商人未必敢拿自己的资本去冒险③。

咸丰七年(1857)六月间,又是巴拉第将武彝茶区的局势及时报告沙皇政府:

> 暴民向福建挺进,包围该省西境。今年二月间,他们大举侵入福建境

---

① 瓦里斯卡娅:《伊·彼·科瓦列夫斯基的游历》(Валъская Б.А., Путешествии Егора Петровида Ковалевского)莫斯科,一九五六年俄文版,第147页。
② 霍赫洛夫:前引文,第107页。
③ 格·尔:《十九世纪三十至五十年代的北京布道团与俄中贸易》,《红档》Г.Л..Пекниская духовная миссия и Русско-Китайская торговляв 30-50гг. XI Xв.《Красный архив》)1932年第四期,第154页。

内，为时不久就连续占领这个工商业区的若干城市，他们既控制了武彝山与福州府之间的水路交通，又占据了邻接武彝茶区的崇安县城①。

这些关于中国茶区、茶路和茶商的情报，不仅对沙皇政府制定侵华策略有重要意义，而且直接增强了俄商在对华贸易中的预见性和主动性，为乘机抑勒华商，夺取"商队茶"的暴利提供门径。至于俄罗斯馆达喇嘛佟正笏如何一再要求理藩院添设伊犁、塔城两地通商，以及"官生"出身的孟第和孔气，在其天津领事任期内，如何谋求并扩大俄国在华陆路通商的特权，更不是什么秘密了。很清楚，在清代中俄关系史上，俄罗斯馆的经济职能，是与它的外交职能同时并存的②。

从以上的考释，可以约略看出"商队茶"贸易演变的阶段性。大体而言，"商队茶"的历史可分前后两期，而以同治元年（1862）《中俄陆路通商章程》的签订为界线。前期为边关互市时期，"彼以皮来，我以茶往"，贩运的主动权完全掌握在华商手里。尽管咸丰元年（1851）添设伊犁、塔城两处与俄通商，具有某些与恰克图互市不同的特点，但并未引起"商队茶"贸易性质的根本变化。至于后期，则是陆路通商时期，俄商自买自运，不必与华商在口外互换。随着俄商茶行和茶厂相继在天津、汉口、福州、九江出现，"西帮茶商"生理日绌，纷纷歇业。这个时期内，虽有"南柜"兴起，但只反映了清代茶帮本身的消长，并没有挽救茶业没落的趋势。在"俄茶倒灌"之下，它也同样陷入"销场疲滞"的绝境。

同、光年间的"商队茶"贸易危机，作为清朝边疆危机和统治危机的经济表现，是即使督抚大吏也回天无力的。张之洞、吴大澂联合制订的"水陆两路试销"计划，不外是"商队茶"贸易史上一个苦心孤诣的"乌托邦"而已。它的破灭，无异向后人宣告：没有中国社会的复兴，就没有中国茶业的复兴。

（本文作者蔡鸿生，1933年生，中山大学历史系副教授。）

【原载于《历史研究》1982年第6期】

---

① 波波夫：《太平天国起义时代的沙皇外交》，《红档》，(Попов А.Л..Царская липломатия в апоху Тайпинского Восстания，《Красный архив》)，1927年，总21期，第195页。

② 另见拙作：《"朔方备乘"俄罗斯馆纪事补正》，《文史》第七辑（1979年，中华书局），第119—128页；并参威德麦：《十八世纪俄国驻北京布道团》(Eric Widmer, The Russian Ecclesiastical Mission in Peking during the Eighteenth Century) 哈佛大学，1976年英文版，第148—167页。

张库商道及旅蒙商述略

牛国祯　梁学诚

张库商道,南起张家口,北至库伦城(今乌兰巴托),后延伸到北部边城恰克图,是明清时代我国北方的一条重要国际商路。活跃在张库商道上的旅蒙商,在联系内地与边疆地区经济活动中,起过极为重要的作用。两者相伴始终,历时三百余年。考察其兴衰历史,弄清它的来龙去脉,对研究蒙汉以及中俄经济文化交流史和交通史,均有重要意义。对此重要题目,多年来历史学者鲜有涉足。本文就张库商道的兴衰、旅蒙商的组织和经营活动以及它们的历史作用,做一初步探讨,抛砖引玉,以冀对这一课题的研究更深入地开展。

一、旅蒙商的出现和张库商道的形成

民族间的通商贸易,是民族关系中的一个重要组成部分,通过经济往来,不但满足了各族人民间生产和生活上的需要,而且进一步增强了各族人民间的感情。劳动生息在相毗邻土地上的蒙汉人民,自古以来就有着不断的经济联系。早在西汉时期,汉高祖刘邦就曾与匈奴结和亲并开放汉与匈奴之间关市。北朝时期,契丹人常在和龙、密云间以名马、文皮与北魏互市,有时还入塞市籴。隋唐时期,和突厥互市非常频繁,唐每年用帛数十万匹换取突厥的马匹。到了宋代就出现了"贩茶规利,阑出徼外市羊"①的茶马互市贸易。但是,这多属官方进行的贸易,其规模毕竟有限,再加时遇战争的破坏,所以既无相对稳定的地点,又无固定日期的保证,严重影响了两个地区蒙汉之间应有的交往。明代以来,蒙汉人民冲破官方种种限制,翻

---

①《宋史·张永德传》。

山越岭,横穿草原,长途跋涉,以各种方式偷偷进行民间往来,于是出现了旅蒙商业的萌芽。在长期的商业活动中,又逐渐选择出几个比较适宜的贸易地点,连结成一条比较近便宜行的通道,从而,为明清时代张库商道的正式形成铺平了道路。

明代后期,两族人民间的商业关系更加频繁。汉族商人常常偷越关防,以铁锅、茶叶、绸缎、布帛等日用品换取蒙古人的马匹,牛羊皮毛和马尾。更于明代隆庆五年(1571)蒙古封建主俺达汗与明朝握手言和,明朝在宣府等长城关口设立马市7处。在万全等地开市之日,南来北往之蒙汉人民相互交易,商业贸易盛况空前,除去茶马互市外,市集上"贾店鳞比,各有名称","南京罗缎铺、苏杭绸缎铺、潞州绸铺、泽州帕铺、临清布帛铺、绒线铺、杂货铺,各行交易铺沿四五里许"①由是,旅蒙商业得以发展,张库商道初具雏形。

清代康乾盛世时期,国家的统一,社会的安定,民族友好关系的加强,商品经济的发展促成了全国各地商业的兴盛。许多城市不但恢复了明代后期的繁荣,而且有了更大的发展。尤其是在当时的西北边疆也出现了一批新的商业城市,如库伦、乌鲁木齐、呼和浩特、多伦诺尔、伊犁、打箭炉等。有些城市字号、店铺鳞次栉比,"商旅满关,茶船遍河",其商业之繁荣可与内地相比美。它们的兴起和发展,标志着各族人民之间经济联系的进一步加强。从而也为张库商道的畅通和旅蒙商业的发展,创造了有利条件。

当时的塞北重镇张家口,已成为我国北方与蒙族经济联系的重心,北关、元宝山、西沟一带发展成商业中心。烧锅、粉坊、油坊、铁匠炉、瓦窑以及制革、制毯等手工作坊,如雨后春笋蓬勃兴起。市区内货栈林立,车畜往来络绎不绝。同一时期,17世纪中叶兴起的库伦城亦更加兴盛,东西市街延长约十里许,由内地商人建立的店铺,货栈多达数十家。因此,张家口发展成为内地物资销往蒙古地区的集散地,而库伦也成为蒙古货物输往内地的大本营。

清朝政府为了军事和经济上的需要,对以张家口为起点,经兴和(张北)、滂江、乌德、叩林至库伦的大道重点进行了整修,并列为官属北路三大干线之一。(吉林、黑龙江为东路,张家口、库伦、恰克图为中路,嘉峪关、新疆塔尔巴哈台为西路),自此,满载货物的商帮和牛车、驼队络绎于途,旅蒙商人常年跋涉在这条千里古道之上。一个沟通蒙汉两族人民往来的张库商道正式形成了。

---

① 万历《宣府镇志》卷二十。

二、张库商道的畅通和旅蒙商业的繁盛

张库商道和旅蒙商业,始于明末,盛于清中,衰于民初。在历时三百多年的时期里,随着政治、经济、军事的动乱与变迁,曾几经兴衰。但其间曾出现过两次大的兴盛繁荣,是为蒙汉贸易以及中俄经济联系的"黄金时代"。

第一次兴盛时为1728年到1840年,即从清朝雍正五年恰克图互市到1840年鸦片战争前后,在长达120多年的时间里,蒙汉贸易和中俄经济联系的发展是比较正常的,且一直是向前发展并出现了兴盛繁荣。

雍正五年(1728),清朝政府应俄国政府之请,双方议定在交通比较方便的中国北部边城恰克图开设商埠。边界两侧分设中国市场和俄国市场(当时称做中国街和俄国街),自此,张库商道由库伦北行656里,途经库依台、布尔噶勒台、博罗诺尔台、呼齐干台、他沙尔台、伯特格台、勒莫格特依台、库特勒那尔苏台、噶萨那台、努克图台、库都格诺尔台等一直延伸到恰克图。

恰克图的开埠,张库商道的北延和畅通,促成了蒙汉贸易和中俄经济联系的极度繁荣。双方以恰克图为交易中心,纷纷前来进行交易,使名初不著的恰克图,"以互市故始大显",成为"百货云集,市肆喧闹"的"买卖城"。

俄国政府为了垄断对华贸易,下令禁止私人商业对华贸易,于清朝乾隆五十七年(1792)正式组成了官方六大商团,分别经营各种商品如专营呢绒、海獭的莫斯科帮,专营皮革、貂皮、毛外套的伊尔库茨克帮,专营皮革制品的喀山帮等。中国方面则以旅蒙商为主开展对蒙对俄贸易,由于清政府对旅蒙商的支持,所以这个时期的旅蒙商业迅速发展。以张库商道的起点张家口为例,在康熙初年仅有旅蒙商十几家,雍正十三年(1735)有90多家,乾隆十三年(1741)有190多家,嘉庆二十五年(1820)有230多家,至道光三十年(1850)就发展到260多家。这些大大小小的旅蒙商,组成庞大的商帮,携带着"烟茶缎布杂货前往易换各种皮张毡片等物"。在绵亘数千里的张库商道上,车驼迤逦,商贾辐辏,旅蒙商人把大批蒙俄所需要的物资运到库伦和恰克图销售,因为当时交通不便和运输工具落后,只能用牛车和骆驼驮运。每辆牛车载重500斤,每峰骆驼可驮货物400斤,故当时俄国商务人员,对由华输入之货物采用骆驼、牛车作为计量单位。史载"客货俱载以骆驼,俄罗斯人每以千里镜窥之见若干骆驼,即知所载若干物,商未至四五日前已了然"。[①]据统计,1817年运

---

① 《竹叶亭杂记》卷三。

抵恰克图的中国货为2800驼和1420车，1818年为3450驼和1420车，年运量约在三四百万斤以上。中俄双方贸易额1777年为280万卢布，1796年达510万卢布，1810年增加到1316万卢布，1845年达到了1362万卢布的高峰。以上数字足以说明当时张库商道和旅蒙商业的兴盛繁荣。

第二次兴盛期为1915年到1920年，即自1915年俄国由于国内外形势所迫与中国政府签定《中俄蒙恰克图条约》开始到1920年西北筹边使徐树铮退出蒙古库伦城结束。这次兴盛时期虽然仅短短五年，但无论从运货数量还是双方贸易额计算，都创造了历史上最高纪录，成为张库商道贸易史上的鼎盛时期。

1915年，中俄签定《中俄恰克图条约》后撤销了外蒙"独立"，曾被外蒙排挤出来的中国商人又纷纷返回外蒙经商。张家口又恢复了昔日的繁荣，与通商贸易密切相关的旅蒙业大小商店增至1450家，每年进出口额约在口平银1万2千万两。

1918年，中国政府派徐树铮为西北筹边使，提一旅之师进驻库伦，经与外蒙活佛哲布尊丹巴呼图克图洽商，外蒙取消"自治"重新由中央政府统治。进一步为张库商道的畅通、旅蒙商业的发展创造了条件。同时，徐树铮动用军队和民工开拓修筑张库汽车路并很快通车，徐树铮又置汽车百辆，每星期开行一次，载运客货，交通发达，商旅络绎，极盛一时。因此，到1919年张家口西沟的旅蒙商店骤增至1600家，在库伦的中国商店也发展到400多家，贸易额达15,000万两，创张库商道贸易最高纪录。

三、活跃在张库商道及蒙古地区的旅蒙商

旅蒙商是明末初期间活动在内外蒙古、新疆兼及东北三省（以蒙古地区为主）的大号商店和小本商贩，是蒙汉经济联系和中俄通商贸易活动中的中介人物。研究蒙汉及中俄经济联系，必须对旅蒙商有一个全面的了解。

旅蒙商的组织状况。首先，从商号内部的人事组成看，分为"东家""经理""掌柜的""伙计"和"学徒"。"东家"也就是商号的财东，他们是商号成立之初集资垫款人，所以成为商号的资金主人。一般他们不直接参与店铺的经营，只是到决算时分得一定比例的盈利。"经理"是由"东家"聘雇经营商店的责任者，在从业人员中，经理的地位最高，权力最大，是号内最高职权的行使者。他们除得到应有的工资报酬外，尚可分得一定比例的盈利。"掌柜的"和"伙计"相当于业务骨干，他们是收购、推销货物的实际工作者。"学徒"是商店内最廉价的劳动力，尤其是在入号的头三年，简直是被当做仆役使用，成天离不开三把壶（茶壶、酒壶、夜壶）和一些勤杂工

作。而其待遇却最低,除吃饭外,每月只得微薄工资。其次,从旅蒙商组成的地域看,由于多年的经营习惯,逐渐形成了按经营品种不同,地域组成不同的"晋帮"和"京帮"两大集团。"晋帮"多由山西祁县、太谷、范县人组成。他们人数众多、资金雄厚、经营范围面广、营业数额甚巨。所谓"京帮",实由宣化、怀来、怀安、阳原、蔚县、冀县等河北人组成。无论从哪方面比较,他们都比山西人的"晋帮"稍逊一筹。第三,从旅蒙商的规模大小来看,又分为集团性的大旅蒙商和小商贩式的小旅蒙商两种。小旅蒙商,人们又称为"走碎销的货郎帽",他们在内地和蒙古地区都没有固定的商号店铺,只是每年春天雇用或自备牛车,联合同行或跟在大旅蒙商队伍后面而从事旅蒙商业,一般他们活动在内蒙地区,很少去外蒙活动。大旅蒙商有一套严密的组织机构,总号多设在张家口和归化城。在内地和蒙古地区都设有分庄和小号,而且范围很广,在购货、运输、销售方面几乎都依靠他们进行。总号只是起组织和指挥作用。大旅蒙商,大多得到清政府的支持,有的握有清政府发给的"龙票"(盖有皇帝印玺的营业票照,因上面印有龙的图案,故亦称龙票)。龙票不仅是经营执照,而且是一种专利特许证。因此,持有龙票的大旅蒙商,在政治和通商贸易中,都享有较大的特权。当时,在外蒙地区领有"龙票"的旅蒙商只有大盛魁和天义德两家,再加上另一家大旅蒙商元盛德号,号称旅蒙业中的三大号。三大号的大盛魁是大旅蒙商的典型代表,它从清代康熙年间开业,到1929年宣告歇业,有二百多年的历史。大盛魁的总号(总柜)设在归化城,以外蒙的乌力雅苏台、科布多为中心,活动于内蒙西部和外蒙大部地区。以放"印票"帐为主,经营牲畜、皮毛、药材、日用百货等业务。京、津、沪杭、晋、冀、鲁、豫、湖、广等地,均有它的分庄、小号和坐庄人员,它的从业人员,连同雇佣的牧民、工人有六七千人,它的营业额,一般年份约在白银一千万两左右,资本估计在一万万两以上。其经营范围之广,贸易额之巨,获利之多,在我国民族贸易史上是罕见的。

旅蒙商的经营活动。与它本身一样,都具有一种特殊性质,在采购、推销和运输诸方面与内地的商业不尽相同。旅蒙商的经营范围是无所不包的,其商品都是倍受蒙汉人民所欢迎的急需货物。可以说是"上自绸缎,下至葱蒜"应有尽有。甚至于每年冬至以后,用白面和羊肉包成大量的"扁食"(饺子)冻了以后,也当做春节应时商品运往外蒙各地出售。如果以运蒙商品和运内地商品划分,旅蒙商从内地贩运到内外蒙古的商品,不外两大种类。一种是销售量大的商品,如砖茶、生烟、绸缎、布匹和三白、哈达之类;一种是销售量较多的商品,如铁器、铜器、蒙靴、马鞍、木碗、木桶、药包、白糖、炒米、糕点之类。这两大部分商品都是蒙古地区必需的生产和生活用品,然而又都是内地的手工业产品。旅蒙商从内外蒙古运回内地的商品则主要是土特产品。可分为牲畜、皮张、绒毛、药材以及其它土特产品几种。牲畜有牛、羊、马、骆驼。皮张有各种羊皮、牛皮、马皮、驴皮、驼皮、骡皮和灰鼠、扫雪、猞猁、旱獭、狐、狼、貂、豹等20多种珍贵皮张。绒毛类计有各种羊毛、羊绒、驼毛、驼绒以及马尾、马鬃、西牛尾等。药材主要是鹿茸、贝母、枸杞、麝香、羚羊角等珍贵品种。其他土特产品则有蘑菇、葡萄干、金沙等，这些产品都是内地手工业急需的加工原料。

旅蒙商的运输工具。旅蒙商活动的蒙古高原，方圆数千里，荒荒大漠，草盛人稀。在交通闭塞、运输工具落后的时代，他们往返经商运载货物的工具全待牛车和骆驼。据《察哈尔特别区域志》记载："商旅交通皆待牛马驼脚，中亘大漠，人烟甚稀，夏至各地草长如茵，随处皆可游牧，故多用牛马车运送，冬春之际，多用骆驼，若遇酷暑则结队夜行，随地设幕。"《清稗类钞》又载："晋中行商运货往关外诸地虑有盗，往往结为车帮，此即泰西之商队也。每帮多者百余辆，其形略似大方鲁车（达呼利之车名），轮差小，一车均可载重五百斤，驾一牛一御者可御十余车。日入而驾，夜半而止，白昼牧牛，必求有水草之地而露宿焉，以此无定程，日率以行三四十里为常……"从以上情况可以看出旅蒙商运输货物之困难和旅程之艰辛。

旅蒙商与蒙族的贸易方式，更与内地的商业有所不同，甚至可以说是非常奇特的。象大盛魁、元盛德、天义德等几家大商号，从内地运去的日用百货，大部分交给爱玛克、和硕等官府以及供给王府。一小部分货物，由若干个售货小组分别临时雇用一个熟悉路途的蒙民，用骆驼驮上货物，串蒙古包送货上门。然后收购皮张、牲畜等土特产品，运回内地总柜。大部分的中小旅蒙商，其经营方式则是，从内地购齐货物之后，一般每年在旧历3月至5月，由会讲蒙语、懂得蒙族礼仪和生活习俗的店员数人用牛车和骆驼满载商品向目的地出发。到达后，便以因多年的贸易关系而建立的"根据地"为中心，分头向分散在附近的蒙族牧区去出售，旅蒙商的行话叫"出拔子"。"外路"人员与牧民进行的交易，除小部分以现金支付外，其大部则为以物易物。如每只绵羊可以换两块"三九"砖茶，每匹马可以换十四块"三九"砖茶，七斤绵羊毛可以换一块"三九"砖茶等。如果现金、实物交换后，双方仍有差价，则用自制的"面条子"支付（面条子上面写有所欠金额、成交商品名称、数量以及发行人姓名、发行年月日和记账号码）。外路人员在各自的交易范围内售完货物以后，就返回自己的"根据地"，然后把收购的货物集中起来，再返回内地，交到总店进行销售。

四、张库商道和旅蒙商的衰亡

1840年鸦片战争后,帝国主义列强迫使清朝政府签定了一系列不平等条约,使中国一步步地由封建社会沦为半殖民地半封建社会。早就对中国领土有强烈野心,对中国丰富的物产垂涎三尺的沙皇俄国,更加明目张胆的对中国进行掠夺和侵吞。通过《瑷珲条约》《中俄北京条约》《中俄勘分西北界约记》《中俄天津条约》《陆路通商章程》等一大批不平等条约,沙皇俄国不但霸占了144万多平方公里的中国领土,而且攫取了俄国可以在中国边界和内地自由经商,可以在张家口、库伦等中国任何地方开设商店和行栈,可以享受免税优惠等一系列特权。自从1866年俄国在库伦出现第一个商店后,其商业活动迅速向我国西北地区扩张。很快形成了一个以库伦、科布多、乌力雅苏台为中心的商业运输网络,俄国官商控制了从新疆到蒙古以至东北的经济命脉。张库路上俄国商人横冲直撞,蒙古地区俄国商品充斥市场。几百年来活动在蒙古地区的旅蒙商人此时外受帝国主义的挤压,内受清朝政府苛捐杂税的束缚,无力再与外商竞争。因此,往日张库商道以旅蒙商队为主的繁荣景象,渐渐失去光彩。

1911年,辛亥革命爆发,趁中国政权更迭之机,沙俄政府煽动外蒙活佛哲布尊丹巴呼图克图"独立",后又宣布"自治"。中国商店多被掠夺,中国商人倍受排挤。张库商道路断人稀,商品运输濒于绝迹。1924年外蒙古再次宣布"独立",1929年实行国有化,商业和运输完全由国家垄断,中国和苏联又发生冲突,外蒙古借机把在库伦等地的中国商店完全没收,汽车被扣百余辆,商业损失在1万万两白银以上。自此,张库商道彻底断路,延续了几百年的旅蒙商业由逐渐衰落到最后消亡。

历时数百年之久的张库商道和旅蒙商业,由于受自然、地理、交通诸因素的影响,阻碍了它应有的发展规模,更由于政治、经济、军事原因而几经兴衰,最终消失在历史的长河中,但在蒙汉以及中外经济文化交流和交通史上,它毕竟占有极为重要的一席地位。

在荒沙大漠,地旷人稀的恶劣环境中,旅蒙商人年复一年地出入在几千里的张库商道和蒙古高原上。他们历尽千辛万苦,往返贩运商品,不但满足了边疆和内地对生产和生活资料的需求,而且也刺激了边疆和内地手工业以及农业生产的发展,商品经济的繁荣。同时因受旅蒙商人的影响,内地的商人、小手工业者和手工业工人,相继来到西北边疆安家落户,在库伦等地开设商店和手工作坊,通过他们的活动,使内地和边疆的商业联系更加频繁,并且把内地很多先进的手工业技术带到了边疆,为开发祖国边疆地区做出了积极贡献。

张库商道北延恰克图之后,即成为一条重要的国际商路。俄国和欧洲一些国家,通过俄国商队在恰克图与中国互市,"以皮货、呢绒、玻璃易中国茶叶、大黄、磁器、丝发、棉花"①,中国的一部分商品如茶叶等再经俄国商队,转售给欧洲。从乾隆年间始,张库商道上中国输俄国的商品中,茶叶已成为大宗,"仅道光十二年,俄国商人从中国北边界蒙古地方,买走黑茶646万1千磅"②。因此,我们可以说,张库商道是继西汉"丝绸之路"后在我国境内出现的又一条重要国际商道。因此,有人称它为"茶叶之路"。

【原载于《河北大学学报》(哲学社会科学版)1988年第2期】

---

① 《朔方备乘》。
② 同上。

论中俄恰克图茶叶贸易

郭蕴深

被誉为"沙漠威尼斯"的恰克图,在1728年后的一个多世纪的时间里,是中俄贸易唯一或最重要的孔道。"彼以皮来,我以茶往"[1]是恰克图贸易的主要内容,曾对两个相邻的大国产生过极为重要的影响。它是中俄经济关系史研究中一个十分重要的课题。

一

根据1728年6月《恰克图条约》第四款在两国交界处进行零星贸易者,可在尼布楚和色楞格之恰克图选择适当地点建盖房屋、墙垣和栅子[2]的规定,中俄双方着手建设恰克图市场,同年8月底,早期建设工作即告完成。俄国人在恰克图"搭有六个帐篷和一所有十二个粮仓的大院,三十二座供商人住的小木房以及一个拥有二十四个铺面的商栈。"[3]中国在其南建有买卖城。9月恰克图贸易正式开始。恰克图市场的出现,为中俄贸易的发展创造了条件。

恰克图贸易最初并没有多大发展。至1752年以前,沙皇政府曾六次明令禁止私商进行毛皮贸易。既不允许私商进北京,又不允许私商在边境进行毛皮贸易,结果恰克图可供中国商人交换的商品极少,至40年代,交易额也不过40—60万卢布[4]。

---

[1] 何秋涛:《朔方备乘》卷37。
[2] 步平等:《东北国际约章汇释》,第52页。
[3] 瓦西里耶夫:《外贝加尔的哥萨克》中译本第2卷第42页。
[4] 特鲁谢维奇:《俄中通使与通商关系(19世纪前)》第162页。

其中茶叶交易额每年2—3千普特,最多亦不过1万普特①。按当时的价值计算不超过5万卢布,大约只占全部出口货总值的十分之一②。

如果说18世纪上半叶是恰克图贸易的初期阶段,茶叶作为商品还没有引起俄商充分注意的话,那么18世纪下半叶茶叶在恰克图贸易中的地位则越来越显著了。以贸易额为例,1762—1785年间,每年从恰克图输出的茶叶近3万普特,占全部中国货的15%左右③。18世纪的最后三年增长的速度更猛。1798年为46997普特,1799年为52343普特,1800年为69580普特④,茶叶在出口贸易中所占比重也成倍增长了。

叶卡捷琳娜二世上台后(1762—1796),继续推行彼得一世的政策,工场手工业进一步发展,鼓励发展商业,商人成了俄国社会的一支重要力量。叶卡捷琳娜二世目睹国家商队垄断对华贸易的弊病,决定顺应历史潮流,上台伊始,就公开宣布"不禁(止)任何人买卖这些皮货,也不禁止按税率纳税后把这些皮货运往国外"⑤,同年又正式有声明以后再不组织国家商队来华。这种政策上的变化消除了恰克图贸易萧条的主要障碍,俄商有了偿付华商的手段。手工工场的发展,又使俄国的棉布自给能力大为提高,从而使中国以往对俄出口的主要商品棉布和丝绸大为下降。同时,由于西伯利亚地区的经济发展,人口增加,也刺激了茶叶贸易的巨大发展。

另一方面,18世纪下半叶的中国,经过清初顺康雍三朝的经营,国内统一,政权巩固,农业、手工业得以恢复发展,可供交换的商品日益增多,江南茶区的栽种面积扩大了,从而促进了制茶业的发展。康熙中叶以后,仅福建瓯宁一地就有上千家制茶作坊或工场。"每厂大者百余人,小亦数十人。"⑥商业生产的发展促进了商业的繁荣。汉口"地当孔道,云贵、川陕、粤西、湖南处处相通,本省湖河,帆樯相属,粮食之行,不舍昼夜。"⑦四川的打箭炉"商旅满关,茶船遍河。"⑧出现了票商、盐商、行商三大商行,而以贩运茶叶为主的山西票号商人成为全国最富有的商人之一。国内经济的发展,政权的巩固,又在一定程度上推动了对外贸易的发展。这就为19世纪中俄恰克图茶叶贸易的繁荣奠定了基础。

---

① 西林:《十八世纪的恰克图》,第146页。
② 据《中国是俄国茶叶的供应者》第158页计算,载《满洲公报》1925年第5—7期。
③ 西林:《十八世纪的恰克图》,第146页。
④ 西林:《十八世纪的恰克图》,第68页。
⑤ 班蒂什—卡缅斯基:《俄中外交文献汇编(1619—1792)》第310—311页。
⑥ 《云廖山人文钞》,卷二《禁开茶山议》。
⑦ 《皇朝经世文编》(户部·食谱)下,晏斯盛:《请设商旅疏》。
⑧ 《乾隆雅安府志》卷七,茶政。

18世纪末,茶叶已成为西伯利亚每个家庭的生活必需品,以至每次关闭恰克图贸易,都使"许多家庭因茶叶而贫困下来,乃至乞讨为生。"①茶叶成了恰克图俄商财富的象征,"每一个商人都只是用茶叶来炫耀,他们把来客没有见过的各种类的茶叶一种接一种地拿出来给他喝。"②

　　恰克图茶叶贸易的经济作用远远超出了西伯利亚地区,对于欧俄亦有较大影响。茶叶的进口额在1780年到1785年的五年中增长了五倍③,已成为普通俄国人的生活必需品。1785—1792年中国关闭恰克图贸易期间,俄国人不得不"购买和饮用从英国、荷兰和丹麦运来的茶叶,付出三倍或四倍的价钱","因为一普特中国茶叶80年代在俄国值11卢布,而从西欧运来的则要52卢布以上。"④陆路贩运到俄国的茶叶不仅比欧洲进口的价格低,而且干旱的气候完好地保存了茶叶的芬芳,这些茶"大部分是上等货。即在大陆(指欧洲)消费者中间享有盛誉的所谓商队茶,不同于由海上进口的次等货。"⑤由此可以更加明显地看出恰克图茶叶对于俄国是何等的重要。

　　进入19世纪,恰克图茶叶贸易逐渐超过棉布、丝绸而占据第一位。1811年输出茶8万普特,1820年已超过10万普特⑥。19世纪20年代开始,茶叶输出已占中俄贸易总额的88％,30年代增加到93％,进入了恰克图茶叶贸易的黄金阶段,到19世纪中叶,茶叶贸易额已高达95％。实际上,中俄贸易在很大程度上说,就是中国向俄国输出茶叶。以数额为例,1847年俄国从恰克图进口茶叶349652普特,1848年达369995普特,为19世纪上半叶贸易的最高峰。这一时期中俄贸易在中国对外贸易中占的比例是相当高的。1844年中国向俄国的出口额占中国出口总额3300万美元的16％,由俄国的进口额占当年中国进口总额2800万美元的19％,仅次于英国,居第二位。

　　茶叶贸易的发展使恰克图这个"名初不著"的边疆小镇迅速繁荣起来,生意兴隆,商铺林立,仅山西茶庄就有一百多家,常住人口达1500人⑦。茶叶之利不仅使俄国商业资本异常活跃。也刺激了华商的积极性。华商常驻产茶区。通过传统的陆路商道将茶叶运到张家口,再改用驼队,穿过八百里茫茫的戈壁滩,络绎于途的商队使

---

①西林:《十八世纪的恰克图》,第166页。
②西林:《十八世纪的恰克图》,第90页。
③西林:《十八世纪的恰克图》,第109页。
④西林:《十八世纪的恰克图》,第183页。
⑤《马恩选集》第2卷第122页。
⑥《中国是俄国茶叶的供应者》载《满洲公报》1925年第5—7期。
⑦加利佩林:《18—19世纪上半叶的俄中贸易》,载苏联《东方学问题》1959年第5期。

这块罕为人至的蒙古高原生机勃勃。

恰克图茶叶贸易是两个大国之间进行的平等交易,没有任何超经济的强制,贱买贵卖的商业法则起着支配作用。农历的正月是一年交易的最好季节,许多买卖都是在节日里,甚至在餐桌上进行的。除正常交易外,双方亦有些互助往来。"自乾隆五十九年以来,恰克图我方栅栏两次失火,皆俄罗斯派人一同扑灭,前任给克图章京恩赏俄罗斯一包冰糖、二篓砖茶。俄罗斯栅栏失火一次,我方亦派人协助扑灭,伊等赏我全牛。"①恰克图贸易虽然使双方商人富有起来,但中国政府不在这里设关抽税,因而对俄国更为有利。首先,它是俄国国库一项可观的收入。1775年对华贸易的关税收入占俄国总关税收入的38.5%,这一年恰克图的税收金额为453278卢布,到1800年更增加到715364卢布②。而在整个19世纪上半叶,俄国在恰克图的关税收入占其全部关税收入的15%—20%③。这笔为数不小的收入,加速了俄国原始资本积累的过程,也为俄国的对外扩张提供了资金。其次,恰克图茶叶贸易改变了俄国西伯利亚商人的社会地位。西伯利亚商人向来被俄国政府称为"贫乏的人",1699年10月27日沙皇在训令里称:"在某些城市中(指西伯利亚地区的城市——引者)有些商人,在征收钱款及实物税方面,无论什么税都没有人对他们抱有信心,因为他们是'贫乏的人'"。然而,到了18世纪下半叶"许多人已经如此富裕起来,以致成了在西伯利亚许多城市中占统治地位的高贵市民"④。19世纪上半叶许多殷富的俄国商人的地位更高了。第三,双方贸易的方式是以货易货,自从1762年俄国政府取消毛皮专卖后,俄国商人用来交换茶叶的主要商品是毛皮。以往西伯利亚所产的大量毛皮都是运往欧俄销售,上等毛皮常常因为价格昂贵而无人问津,下等毛皮则由于运费高又无利可图,中国则是西伯利亚毛皮最大的销售市场。用滞销的毛皮换取俄国人必需的茶叶,常常使俄商获一倍乃至几倍的利润。

俄国政府也承认恰克图贸易对俄更为有利。1792年订立的《恰克图市约》第一条公开声明:"恰克图互市于中国初无利益,大皇帝普爱众生,不忍尔国小民困窘,

---

① 中国第一历史档案馆(以下简称:一史馆):《佛尔卿额奏恰克图俄棚失火我方派人扑灭俄省长赏赐物品折,(满文月折档)。

② 柯尔萨克:《俄中通商历史统计概览》第73—97页。

③ 索勃列夫:《十九世纪前半叶俄国的关税改策》第3页,转引自卡巴诺夫:《黑龙江问题》中译本第68页。

④ 西林:《十八世纪的恰克图》,第154页。

又因尔萨那特衙门吁请,是以允行,若复失和,罔再希冀开市。"①这虽是第三次恰克图闭关之后为解决双方矛盾而达成的协议,然而在两个平等的大国之间用这种口气,无疑可以充分反映恰克图贸易对俄国更为有利的真实情况。1841年《莫斯科人》杂志这样写道:"恰克图贸易是俄国获利最大的贸易,大概俄国人所从事的任何一种贸易都无法同它相比。"②晚一些时候,莫斯科商人代表大会也对恰克图贸易的作用给予了很高评价。他们说每年花费在莫斯科和恰克图往返路上的"运费达350—400万卢布,这些钱大部分流入了西伯利亚和大俄罗斯一些省的农村居民手中。这不仅使他们过上了温饱的生活,而且有利于这一地区耕作业和畜牧业的发展。"③

二

19世纪三四十年代,恰克图茶叶贸易进入了鼎盛时期。然而,正是这个时候,长期以来酝酿着的危机终于爆发了。1851—1890年间,恰克图贸易呈衰落的趋势,情况如下:

1851年—1855年每年平均9272000卢布

1856年—1860年每年平均8306000卢布

1861年—1865年每年平均5585000卢布

1866年—1870年每年平均4635000卢布

1871年—1875年每年平均3984000卢布

1876年—1880年每年平均2487000卢布

1881年—1885年每年平均2126000卢布

1886年—1890年每年平均2186000卢布④

恰克图贸易呈衰落趋势的根本原因,是由我国社会性质的变化决定的。清朝中叶,清帝国达到了空前的统一和强大。然而,中国毕竟是一个等级森严的封建国家,官僚地主阶级支配着整个社会,商人的社会地位低微,即使很富有的山西票商的资本也始终没有超出商业资本和高利贷资本的范围。获利的商人往往不愿将利

---

① 王铁崖:《中外旧约章汇编》第1册第29页;第181页。
② 卡巴诺夫:《黑龙江问题》中译本第69页。
③ 卡巴诺夫:《黑龙江问题》中译本第70页。
④ 刘选民:《中俄早期贸易考》,载《燕京学报》第25期。

润继续用于商业活动,更没有投资于生产部门,而多半是投资于土地,即所谓"以末致财,用本守之"①,集商人、高利贷者、地主于一身。清中叶后,传统的"以农为本,商为末"的思想仍占支配地位。雍正说:"农为天下之本务,而工贾皆其末也。"②为此,清政府采取种种措施限制贸易的发展,视商人出海贸易为非法,这种重本抑末的经济政策,束缚了商品经济的发展,也使华商在恰克图贸易中处于基础不稳固的状态之中。而且,中国的对外贸易主要用于满足封建官僚地主阶级奢侈的需要,完全不是为了增加商业资本,增加国库收入。乾隆帝曾说:"天朝物产丰盈,无所不有,原不借外夷货物以通有无,特因天朝所产茶叶、丝斤为西洋各国及尔国必须之物,是以加恩体恤。"③这虽然是对英国人说的,也完全适用于俄国。正是出于这样一种目的,清政府在"恰克图并无税课关系,只是稽查有无违禁货物"④,以"边疆贸易绥静宁辑为要"。⑤只要俄方在边境挑起事端,清政府就以闭关相加。乾隆年间,清政府曾三次闭关,尽管对稳定边疆局势起了一定作用,但双方在经济上都受到很大损失。当时两国国力相当,经济发展各有所长,所差无几,而俄国战略重点在西方,清政府如能采取其他措施,恰克图贸易会对中国更为有利。

清中叶以后,中国封建社会固有的矛盾激化,封建剥削日益加重,商人的捐税负担日重。"茶叶每一移动皆须纳捐,不仅出省有捐,即在同一省内亦处处有捐,……自产地运至汉口,一担茶叶须纳二两半以上。"⑥清政府规定,每担(100斤)茶叶出口税银二两半,此外还要交纳部票税、厘金等。据《俄罗斯互市始末》记载:"四年(1799)奏定贸易商人支领部票章程,嗣后察哈尔都统、归化城将军、多伦诺尔同知衙门给票后,即知照所经地方大臣官员衙门,不准听其指称。未及支领部票,由别衙门支领路引为凭贸易,一经查出,照无部票例治罪。"⑦清政府规定,"每茶三百箱,作票一张,收规银五十两。"⑧无票贸易者"枷号两个月,期满笞四十,逐回原省,将货物一半入官。"⑨咸丰十年,因军饷支绌,奏准每商票一张,在察哈尔都统衙门,指输厘金六十两,凑拨察哈尔驻防常年兵饷。华商厘税既重,获利无多,是以生

---

① 司马迁:《史记》卷129,《货殖列传》。
② 《清世宗实录》卷57。
③ 《熙朝纪政》卷6,《记英夷入贡》附《敕谕英吉利国王二道》。
④⑤ 一史馆:《山西司致刑部等衙门奏折(嘉庆四年十二月十八日)》(录副)。
⑥ 威廉·乌克斯:《茶叶全书》中译本下册第12页。
⑦ 何秋涛:《朔方备乘》卷37。
⑧⑨ 托津等撰:《大清会典事例》卷983;卷746。

计日穷,渐行萧索。"①茶农则要缴纳繁重的封建地租和捐税,结果是"终岁栽植辛勤,不获一饭之饱"②,根本没有能力扩大再生产,也没有能力到市场购买商品。小农业和家庭手工业相结合的自然经济极大束缚了商品经济的发展。国内市场狭小,限制了手工工场的发展。然而,这一切矛盾是中国封建社会本身不能解决的。这样清中叶政局动荡不安,经济的发展也处于停滞、倒退状态。

与此同时,俄国则是另一种情况。彼得改革后,俄国发展手工业,提倡"重商主义",鼓励出口,加强了中小贵族、地主和商人的势力。到19世纪上半叶,俄国虽然仍是一个封建农奴制国家,但资本主义生产关系在工农业中也有较大发展。19世纪30年代工业革命后,俄国逐渐加入到了资本主义行列。从此,相邻的两个大国就走上了大相径庭的两条路。

俄国开始不满足于恰克图边关互市了。第一次鸦片战争后,英国人用大炮打开了中国的大门,更刺激了俄国人在中国开辟更多市场的欲望。1847年俄国驻华东正教使团头目佟正笏代表俄国政府首次提出在新疆之伊犁、塔尔巴哈台、喀什噶尔三处通商的要求,为清政府拒绝。理藩院在给俄国萨纳特衙门的咨文中明确指出"恰克图一处通商,百年来商货云集,获利甚丰,实为吉祥顺利,今若贪多骛广,不惟各该处距中国皆系万里沙漠,人烟稀少,内地商人断不肯跋涉前往,并恐因有各该处通商之请,而向之在恰克图贸易者转或观望不前。"③清政府虽然清楚意识到了它的危害性,但终于在1851年被迫同俄国签订了《伊犁塔尔巴哈台通商章程》,俄国取得了在伊犁、塔尔巴哈台免税贸易的权利,打破了以往只在恰克图边关互市的局面,中俄贸易性质发生了质的变化。中英、中法《天津条约》《北京条约》签订后,清政府被迫开放了天津、汉口、九江、南京等内地城市,俄国也通过中俄《天津条约》取得了半个多世纪以来梦寐以求的海路贸易权,中俄《北京条约》,又使俄国茶商正式作为一种殖民势力深入中国内地了。当时清政府一些官员已看到了它对恰克图贸易的不良影响。恭亲王奕䜣表示"既准其进口贸易,若不照洋税从重征收,则华商之生计顿减。"④遗憾的是没有实行起来。

---

① 一史馆:《恭亲王奕䜣等奏拟请在恰克图经营商务鼓助西北万商云集则俄之耽视张家口贸易即可釜底抽薪折》(夷务清本)。
② 彭泽益:《中国近代手工业史资料(1840—1949)》第2册第102页。
③ 一史馆:《理藩院为拒绝俄要求在伊塔三处通商事致俄罗斯馆监督文》。
④ 一史馆:《恭亲王奕䜣等奏与俄使议陆路通商章程经过及议妥之章程内容折》(夷务清本)。

万里茶道河北段文化遗产调查与研究

在恰克图互市的年代里,由于可供华商交换的俄国商品过少,俄商不得不将其商品压价出售,同时,俄商还将金、银简单加工成蜡烛台等,当成商品卖给华商,以便换取大量茶叶。这对华商是有利的。1858年前在俄国出口的商品中,41%以上是毛料,25%是棉织品,4%—20%是生皮,10%是毛皮和皮革,2%是谷物,17%是金属贵重品。随着西方产品的大量涌入,传统的俄国商品受到很大排挤和打击。俄商进入中国内地产茶区后,首先遇到的就是俄国抢手的商品不足。1858年俄国政府开始允许输出一定数量的金块和银块,1861年俄国政府正式取消了限制。俄国政府允许商人使用金银结算不啻是对恰克图茶叶贸易的一个打击。俄商为获取更大利润,1863年起又开始在汉口设砖茶厂直接生产砖茶。1865年以后,所有运来天津,以便转往西伯利亚的砖茶都是俄国人加工的,或者是在他们监督下加工的。"[1]直接深入产茶区的结果大大影响了恰克图茶叶贸易。到1868年,"运往恰克图的茶叶,大都不是在买卖城收购,而是在湖北收购。"[2]1863年前买卖城有100个山西行庄,……到1868年仅幸存4个了[3]。为此,恭亲王奕䜣上书同治帝指出:"从前恰克图贸易之盛,由于俄国人不能自入内地贩运,自陆路通商以后,俄人自行买茶,不必与华商在口外互换,因之利为所夺。"[4]

必须指出,恰克图茶叶贸易的衰落,是中国封建社会衰败的象征。受损失的仅仅是中国商人,而俄国人深入中国内地产茶区,直接收购、制造、贩运茶叶,不仅夺了中国茶商的利益,而且通过垄断茶叶市场,也盘剥了中国茶农。恰克图茶叶的交易额减少了,但中俄总的茶叶贸易额却有增无减。据海关统计,1871年输往俄国的茶叶为317285担,1881年、1891年分别增长到508009担和690196担。同一时期经过恰克图输往俄国的茶叶数量也增加了,为100221担、294985担和379902担[5]。只不过这些茶叶大部分不是像19世纪中叶前那样由中俄商人在恰克图成交的,而是俄国商人自中国内地贩运而来,经此转口的。俄商直接深入内地后,中国茶叶主要通过海陆两个途径运往俄国。根据中俄《北京条约》,俄国"自愿船队"可以径直由吴淞口入长江到汉口,通过廉价的海路运输把茶叶运到敖得萨和巴统。再一条就是经天津、张家口、恰克图到俄国。运到天津的茶叶是经上海由水路输送的,这比传统的汉口到樊城,经山西到张家口的陆路运费要便宜。俄国海上运输能力一直很低,海路运输

---

[1][2][3] 姚贤镐:《中国近代对外贸易史资料(1840—1895)》第2册第1300页;第1306页;第1300页。

[4]《筹办夷务始末》同治朝卷58。

[5]《中国近代对外贸易史资料(1840—1895)》第2册第1284页。

的茶叶大部分要雇用外国商船,或者经伦敦转口。虽然运费低廉,每俄磅比陆路低38戈比,但潮湿的海洋气候往往使茶叶失去原有的芳香,质量远不如陆路运送的好。更主要的,西伯利亚本身就是一个广阔的砖茶市场,每年的消费量在千万俄磅以上。因此,俄国政府不愿放弃这条传统的独占的陆路商道。为保持恰克图贸易的利益,1862年俄国政府决定降低恰克图茶叶进口税,"绿花茶每俄磅40戈比,红茶15戈比。而经海路运送的绿花茶每俄磅课税55戈比,红茶、砖茶38.5戈比。"①与此同时,俄国政府还一再要求清政府降低经恰克图运俄茶叶的出口关税。自俄商深入到汉口茶区采购、贩运茶叶后,出口税率援英国之例值百抽五。1862年3月4日中俄《陆路通商章程》第十款明确规定:"俄商在他口贩买土货,运津回国,除在他口按照各国总例交纳税饷外,其赴天津应纳一复进口税(即正税之半)。"②俄国政府借口陆路运费高,一再要求免纳复进口税(亦称子口税)。1866年清政府同意免征。免征之后经天津运恰克图的茶叶数额迅速增加。1865年为1647888磅,1867年为8679507磅,增长5倍多③。此后,俄国政府又多次借修改《陆路通商章程》之机,提出降低中国茶叶的出口关税。1881年2月14日签订的中俄《改订陆路通商章程》规定:"于未定税则以前,应将现照上等茶纳税之各种下等茶出口之税,先行分别酌减。"④据斯拉德科夫斯基记载,根据《改订陆路通商章程》的条款"中国政府大大降低了恰克图茶叶贸易主要对象的各种次等茶叶出口税。次等茶新的海关税率使海路和陆路运费间的差额从每俄磅38戈比,降到14.5戈比。"⑤80年代后恰克图的茶叶贸易不仅超过了历史最高水平(每年达40万担左右),而且稳定了相当一个时期。下列统计数字可以充分证明这一点:

年份	担数	年份	担数
1881年	294985	1888年	463325
1882年	274600	1889年	360708
1883年	290203	1890年	371052
1884年	314605	1891年	379902
1885年	345391	1892年	367708

---

①⑤斯拉德科夫斯基:《俄中人民贸易经济关系史(1917年前)》第268页;第269页;第309页。

②王铁崖:《中外旧约章汇编》第1册第29页;第181页。

③海关总税务司:《商务报告》1868年第3页。

④《中外约章汇编》中俄部分第230页。

1886 年	445148	1893 年	446600
1887 年	444637	1894 年	500561①

经恰克图转口茶叶数额的增长,并没有给该地的中国茶商带来复兴的希望。19世纪末叶后,恰克图贸易中华商的处境就更恶劣了。1900年,俄国借八国联军入侵北京之机,对经恰克图运俄茶叶征收重税,"红茶以分合税一分,重华秤十一两二钱,每分收俄洋六十二分半。计茶一箱,原本不过四十二三两,税银约需四十五六两,……砖茶并按每分六文一厘半征税,合计所收数目均过于原本,以致赴俄华商半多亏歇,而库伦至张家口一带商务亦因之窒碍。"②为此,清政府库伦办事大臣曾与驻恰克图俄员进行了协商。宣统元年,俄国借口改定税则,再次片面对入口中国货加收重税,"彼货行销蒙地则无税,我国商货行销彼处则重税加之,蒙人生计日蹙,灾歉连遭,商家大受影响。"③

20世纪初西伯利亚大铁路全线通车,自海参崴至莫斯科只需二十日,每磅茶叶的运费也只有9美分④,而传统的驼队从天津出发到恰克图就需要49—90天⑤,骆队陆路运茶丧失了优势,自然也就失去了存在的可能。恰克图作为历史上的茶叶贸易名城,在喧闹了将近两个世纪后销声匿迹,逐渐不为人们所知了。

【原载于《历史档案》1989 年第 2 期】

---

① 姚贤镐:《中国近代对外贸易史资料(1840—1895)》第 2 册第 1284 页。
② 一史馆:《外务部为俄商运送茶糖俄收税款甚重应照章免税事给俄使照会,(外务部档)。
③ 一史馆:《库伦办事大臣密陈边地近日情形由》。
④ 威廉·乌克斯:《茶叶全书》中译本下册第 15 页。
⑤ 斯拉德科夫斯基:《俄中人民贸易经济关系史(1917 年前)》第 268 页;第 269 页;第 309 页。

中俄恰克图茶叶贸易

吴孟雪

中国茶叶流入欧洲,荷兰、英国开风气之先。中国近代外交官薛福成在《出使英德义比日记》中有载:"中国茶之到欧洲,始于明万历四十年(1612)荷兰之东印度公司携带少许,以供玩好。国朝顺治八年(1651),荷兰始载茶至欧洲发售。越十年,茶市益行,英京始立茶税之律。当时甚为珍贵,馈送王公不过一二磅而已。"

俄国人用茶,略晚于荷兰。万历四十四年,歌萨克什长彼得罗夫才在卡尔梅克(俄国文献中对我国卫拉特蒙古人地区的称谓)初尝茶味,并对这种"无以名状的叶子"表示惊异,崇祯十三年(1640),俄使瓦西里·斯达尔科夫从卡尔梅克返国,带回茶叶二百袋(约240公斤)奉献沙皇,是为华茶入俄之始。以后的俄国使节来华时,亦曾将茶叶作为礼物带回去,如1676年俄使斯帕法里抵华后,康熙曾赐送他茶叶4匣,另托他转送沙皇茶叶8匣。(巴德利:《俄国、蒙古、中国》,卷2)

中国茶叶之传入英、荷、美等国,经越海路,交货地点是广州。但中国茶叶之传入俄国,则是经陆路而至,交货地点是今日俄蒙边界位于俄国境内的恰克图。

恰克图,历史上曾是中国境内的中俄通商要埠。雍正五年(1727)7月,中俄签订《恰克图条约》,规定两国以恰克图为界,旧市街归于俄。清政府另建恰克图新市街于旧市街南中国界内,汉名为买卖城(今蒙古阿尔丹布拉克)。英人柯斯(1747—1828)于18世纪末旅行其地,纪之曰:"恰克图互市地,中俄两国各建一城毗连,中国者称买卖城,俄国者称恰克图……买卖城筑于恰克图城正南140码。二城距离中间地点,树立标准,高约10尺,以志两国之疆界"。

从陆路运茶到俄国,带来了三个重大影响。一是俄国人称茶,不象西欧那样,由荷语Thee派生而来,而是直接从中国官话音译而来,称茶为"чаи",对此,曾担任过清廷要员之翻译的张德彝(1847—1918)在其《四述奇》中有记:"英人呼茶曰'替'(tea),法人呼茶曰'代'(thé),俄人呼茶曰'柴'(чаи)。茶,柴:音相近,以其贩走北路故也。"

第二个影响,就是茶叶的品味要比海路所运之茶为好。"因陆路所历风霜,故其茶叶反佳,非如海船经过南海暑热致茶味亦减"。(魏源《海国图志》卷83)

恰克图交易方式为实物互换有无,禁止银货及金钱之交换。俄方的主要出口品是皮货,中方的主要出口品是茶叶。"彼以皮来,我以茶往"。(何秋涛《朔方备乘》卷37)

马克思在1857年3月所写的《俄国的对华贸易》,曾详细地谈到了恰克图茶叶贸易。他说:"恰克图位于西伯利亚南部和中国的鞑靼交界处……这种在一年一度的集市上进行的贸易,由12个中间人经管,其中6个是俄国人,6个是中国人;他们在恰克图会商,由于贸易完全是以货易货,还要决定双方所应提供交换的商品比例。中国人方面提供的主要商品是茶叶,俄国人方面提供的是棉织品和毛织品。近几年来,这种贸易似乎有很大的增长。10年或12年以前,在恰克图卖给俄国人的茶叶,平均每年不超过4万箱;但在1852年却达175000箱,其中大部分是上等货,即在大陆消费者中间享有盛誉的所谓商队茶,不同于由海上进口的次等货。……由于这种贸易的增长,位于俄国境内的恰克图就由一个普通的要塞和集市地点发展成一个相当大的城市了。它变成了这一带边区的首府,荣幸地驻上了一位军事司令官和一位民政官"。(《马恩选集》卷2页10—11)

可见第三个影响就是茶叶贸易促进了恰克图的兴起,俄商亦得到了高额利润。这一点还可从下面的统计数字得到证明:恰克图开市之初,参加贸易的商人,不过十数。一直到18世纪30年代初,每年贸易额估计仍不过1万至2.5万卢布。50年代起,来到这里的俄欧大商人开始增多。他们之中,有人每年的贸易额达到5万卢布。60年代末,这个原来很荒凉的村镇已经有1000多间房子,单是男性人口,达到5000。到19世纪初,双方间贸易额上升到1100多万卢布,其中皮毛一项超过200万卢布。俄国人用皮货换取的中国茶叶等货物在俄国高价出售,在18世纪50年代给恰克图的俄商带来200%—300%的高额利润。(汪敬虞《19世纪西方资本主义对中国的经济侵略》)当时,恰克图市场上最好的茶叶,每磅(1俄磅=409.51克)价值2卢布,普通茶每磅1卢布,次等茶每磅40戈比。

据俄方记载,1750年时,经恰克图运往俄国的砖茶达7000普特(1普特=16.38公斤),白毫茶6000普特。到1810年,这两类茶已达7万5千普特,几乎增长6倍。(蔡鸿生《"商队茶"考释》)。1762—1785年间,恰克图每年输往俄国的茶叶近3万普特。到19世纪20至30年代,茶叶已成为恰克图贸易的排它性商品。1820年出口超过10万普特,占全部出口货物的88%。30年代以后,恰克图的茶叶贸易又迅速上升,1847年和

1848年的出口茶叶分别为34万多普特和近37万普特，占全部出口货物的95%以上（郭蕴深《中俄九江茶叶贸易》未刊稿）。又据魏源《海国图志》记载：俄罗斯从北边蒙古地方（即恰克图）买去的茶叶，1830年为56万余磅，1832年买去646万余磅，皆系黑茶，由恰克图旱路运至。（《海国图志》卷81）

恰克图茶叶贸易不但占中方出口总额中的大成，而且也是俄方进口总额中的大成。18世纪末，在俄国全部进口额中，茶叶已占30%以上。从1800年到1840年底，经恰克图输入俄国的茶叶增长为5.2倍，占俄国全部进口额的90%以上（齐赫文斯基《中国近代史》上册）。沙皇政府从恰克图贸易中所得关税收入，也颇为丰厚。仅1760年，恰克图关税收入占俄全国关税收入的20.4%。到1775年，竟高达总关税收入的38.5%（同上）。当时茶叶尚不是主要进口品，而当茶叶成为俄方进口的主要货物后，关税收入之高更与茶叶进口有关了。难怪1840年有一个俄国人欢呼"一个恰克图抵得上三个省！"（蔡鸿生，上引文）

将内地茶叶运往恰克图者，绝大部分是山西人，即西帮茶商。山西人善贾，这在历史上是有名的，在中俄恰克图贸易中，他们也不例外。据1800年前后松筠在《绥服纪略》中载，山西商人以茶叶在恰克图贸易中为其主要商品，茶叶是从张家口和归化城（今呼和浩特）经由蒙古运抵恰克图的。《朔方备乘》亦载：其内地商民至恰克图贸易者，强半皆山西人，由张家口贩运茶叶、缎布等前往易换各种皮毛等物。这些山西茶商，为求茶叶质量、来源及利润，不远千里来到南方产茶区，直接收购、贩运茶叶至恰克图。衷干《茶市杂咏》中记载："清初茶业均系西客经营，由江西转河南运销关外。西客者山西商人也。每家资本约二三十万至百万。货物往还络绎不绝，首春客至，由行东赴河口欢迎。到地将款及所购茶单，点交行东，恣所为不问，茶事毕，始结算别去"。

山西茶商从福建购来的茶叶，都屯积在张家口，然后再由张家口运往恰克图。由张家口至恰克图，计程4千余里，路途艰辛备至，所以山西商人都是结队而行，所运之茶即马克思在前文提到过的"商队茶"。

无可否认，恰克图的茶市，不但给俄国以利益，对中方商人和茶叶种植、制造业，也带来了好处，对双方的经济发展和开发，都起了积极的影响。但是，这种局面到了鸦片战争后便被破坏，优势逐步倒向俄国人，在茶叶贸易方面也呈现出半殖民地的一些特点。

马克思在《俄国的对华贸易》一文中指出："俄国人自己独享内地陆路贸易，成了他们没有可能参加海上贸易的一种补偿，看来，在内地陆路贸易中，他们是不会有竞争者的。这种由1768年叶卡特林娜二世统治时期订立的条约规定下来的贸易，是以恰克图作为主要的（如果不是唯一的）活动中心……"但马克思同时又指出，俄国"无疑地会利用任何有利的机会来设法参加同中国的海上贸易"。18世纪80年代以后，北美的皮货由美国商船源源运入广州，换取中国的茶叶、丝织品、瓷器等。茶叶是中国输美的重要物品，而皮毛又是美国运往广州的重要交换物。例如，1784年到广州的第一艘美国商船《中国皇后号》，从广州装载回程的货物中，仅茶叶一项就占货载总额的92.10%。据统计，在18世纪最后10年间，输往美国的茶叶平均每年为1万7千余担，而到了1831年至1840年的10年间，中国输美茶叶上升到每年平均11万3千6百担，增长了近5倍。一直到鸦片战争前后（除个别年份），中国输美的茶叶额在输美商品的货单上始终独占鳌头。而他们运至广州的皮货，成本十分低廉，一般是皮毛商用不值钱的小玩艺、日用品从印第安人那儿换来，甚至价值6便士的物品就可以换取能在中国以100元高价出售的皮毛。18世纪至19世纪之交，纽约市场上每张海豹皮的平均售价在3美元左右，但在广州的价格却在25至40美元之间。美国商人在广州卖掉皮毛后，通常主要是购买中国的茶叶运回国内出售，因此利润极高，资金周转极快。18世纪，美国输华皮毛平均每年不超过10万张，但到了19世纪，平均数则高达16万8千余张（汪熙、邹明德《鸦片战争前的中美贸易》）。可见，中美的皮货茶叶贸易，使古老的、有利可图的恰克图茶市面临到了巨大的威胁。1800年，俄国美洲殖民地总管巴兰诺夫对此有一忧心忡忡的报告："大量皮货经多次转手输入广州，由这里运销全中国，使我们在恰克图的便宜买卖大受打击，最后很可能关税枯竭"。这种情况促使俄国"设法参加同中国的海上贸易"，1805年11月和12月，俄国两艘船只驶抵澳门，要求在广州通商，所运皮货按中等价格抛售，然后转贩中国商品回国。所拟购货单中，上等花茶占全部金额的33%以上。但由于中国商人当年广州存茶过剩，坚持必须以货款半数购茶，否则不愿成交。俄船返航心切，勉强同意（蔡鸿生《俄美公司与广州口岸》）。

不过，因为清政府不愿俄国于恰克图之外又于广州有一通商口岸，所以俄国想打通海上贸易的企图受到挫折。因此俄国更加注意陆路通商。鸦片战争给了俄国一个机会，它乘机扩大陆路运输特权，将山西茶商排挤出贸易之外，甚至直接坐镇茶叶产地、收购、监制茶叶，从而使恰克图茶的利润完全倒向俄国一方。

19世纪50年代末期，由中国产茶区经张家口至恰克图的茶叶贸易，中国商人尚有一定的控制之权。1861年以前，砖茶一向是由西帮茶商在湖北、湖南收购并进行包装，经由陆路一直运到恰克图，售销于恰克图市场。据说在50年代末期，张家口恰克图一路，还有中国茶商28家，经营茶叶出口贸易，"利息丰盛"。俄国商人之参预和控制华东对俄贸易，是从19世纪60年代初开始。1862年3月4日，中俄签订《陆路通商章程》，俄商插手陆路茶叶贸易有了合法依据。1863年第一批俄国茶商进入当时的茶叶贸易中心汉口，1864年，据说汉口已经有了9家俄国茶商。他们每逢春季就前往茶区直接收购茶叶，不但很快地控制了茶叶贸易，并且从事制造砖茶。1866年，所有经由天津到西伯利亚的砖茶，就全部是由俄国人自制或是在他们监督之下制造的。原来经营华茶对俄贸易的中国商人，迅速地衰落下去。张家口至恰克图一线的28家中国茶商在70年代末期只剩下了3家。短短的时间内，"俄国人彻底地改变了茶叶贸易的结构"，取得了从生产以至运销的全部控制权。（汪敬虞，前引书）

既然俄国人自己包揽了华茶生产以及运销的绝大部分，又开辟了由天津到西伯利亚的茶道，那么，曾经在恰克图茶市中一显身手的西帮商日益衰败，也是毫不奇怪的了，这也是中国经济命脉被外人控制的一个缩影。到后来，由于俄国完成了西伯利亚大铁路的建设，我国西北地区还出现了"俄茶倒灌"的现象，中国的茶叶业更是一蹶不振了。（蔡鸿生《"商队茶"考释》）马克思曾预见，"俄国完成了它的铁路网建设以后，也会在供应欧洲市场茶叶方面成为海运国家一个强有力的竞争者。这些铁路将直接沟通喀琅施塔得和里巴瓦两港同位于俄国中部的古城——下新城（在恰克图经商的商人居住地）之间的交通。欧洲将经由这条陆路得到茶叶的供应，这要比利用我们所设计的太平洋铁路来达到这一目的有远为更大的可能"。（马克思，前引文）

俄国商人在中国内地设立的最大最早的机器砖茶工厂，均在汉口，如顺丰、新泰、阜昌三家机器砖茶厂。这些工厂立稳脚跟后，又向九江、福州发展。这里顺便提一下九江的俄国茶叶业。

九江是江西茶叶的集散中心，从60年代末期起，俄商就已经注意到这个地区的砖茶输出潜力。1869年夏天，汉口的一家俄国洋行曾派人进驻产茶中心的宁州，专门进行收购，第二年经由九江出口的砖茶就陡然比往年增加2至3倍（汪敬虞，前引书）。1870年，汉口俄商又到九江采购白毫茶和砖茶。70年代后，新泰、顺丰又在九江设立分厂。这两个砖茶厂夏秋两季十足开工，产量达2万3千担。海关统计显示，1872至1882年，九江出口砖茶为8万6千余担（孙毓棠《中国近代工业史资料》辑1〔上〕）。而到了下一个10年，砖茶出口量值均比前10年增加了近两倍，即1882—1891年间，九江出口砖茶为25万9千余担。而到了1892—1901年，对俄国出口的砖茶总数又上升到了34万2千余担。20世纪以后，九江的砖茶生产每年增至10万担上下，仅次于汉口，是输俄茶叶的第二大产地。如1913年，中国输往俄国的砖茶总数为598319担，其中汉口砖茶占75.64%，九江砖茶占21.84%（江西社科院历史所《江西近代贸易史资料》）。由上可见，在掠夺九江砖茶方面，在对九江茶农的盘剥方面，俄国是一个主要的角色。需要指出的是,九江茶叶之运俄,是由天津转贩至西伯利亚,恰克图茶市与前相比,已失去昔日的意义了。

【原载于《农业考古》1992年第4期】

清代前期
北方商城张家口的崛起

许 檀

张家口,地处直隶北部长城线上,明代属万全都司,清初属宣化府万全县,雍正二年清政府在此置张家口直隶厅。张家口是清代前期我国北方最重要的商业城市和金融中心之一,也是清代中俄陆路贸易的重要口岸。它虽兴起较晚,却很快成为与广州遥遥相对,南北两大主要外贸口岸之一。

关于清代张家口的商业,已有不少论著涉及,但较少见有专文考察。本文拟对清代前期张家口作为北方商业城市的兴起,特别是它作为中俄、汉蒙贸易陆路枢纽的地位,做一初步探讨。

一

张家口,明代属宣府西路万全都司所辖的万全右卫,原是长城沿线的一个军事重镇,隆庆年间被定为与蒙古互市之地,为其商业发展之始。明代的记载称,"张家口堡,设在绝徼,极目荒凉,诸物不产。自隆庆五年北虏款贡以来,始立市场,每年互市,缎布买自江南,皮张易之湖广。彼时督抚以各部夷人众多,互市钱粮有限,乃为广召四方商贩使之自相贸易,是为民市之始"。①到万历年间,张家口互市贸易已是"百货坌集,车庐马驼,羊旃毳布缯瓦缶之属,踏跳丸意钱蒲之技毕具"了。②前来张家口贸易的商人以晋商为多。县志记载称,"八家商人者,皆山右人。明末时以贸易来张家口,曰王登库、靳良玉、范永斗、王大宇、梁嘉宾、田生兰、翟堂、黄云发。自本朝龙兴,辽左遣人来口市易,皆此八家主之。定鼎后承召入都,宴便殿蒙赐上

---

① 《明经世文编》卷452,梅国桢《请罢榷税疏》。
② 乾隆《万全县志》卷8,艺文志。

方服馈"。清初这"八家商人"均以为政府服务成为皇商。其中,范氏家族更以承办军需获巨利,富及数代,显赫一时。①

清代,政府在张家口、独石口、多伦诺尔设立三个理事厅,合称为"口北三厅",专门办理"与蒙古民人交涉之事"。②张家口仍为对蒙贸易的重要口岸之一。雍正五年,清政府指定喜峰口、古北口、独石口、张家口、归化城、杀虎口和西宁等地为出入蒙地经商的贸易孔道,凡赴内外蒙古和漠西厄鲁特蒙古地区进行贸易的商贾,需经张家口的察哈尔都统、多伦诺尔同知衙门、归化城将军和西宁办事大臣等批准,并颁发"部票"(又称"龙票"),在指定的盟、旗境内经商贸易。"部票"系用满、蒙、汉三种文字书写,注明人数、姓名、品种、数量、返程日期;他们到达蒙地后,须在当地盟、旗官吏监督管理下进行贸易,凡无票者不得进入蒙地贸易。③

张家口作为中俄贸易的重要口岸始自康熙年间。康熙二十八年(1689)《中俄尼布楚条约》,雍正五年(1727)《中俄恰克图条约》商定俄国官方商队每三年可来京免税贸易,人数限为200人;《恰克图条约》还约定在两国交界之恰克图、尼布楚等地搭建房屋,进行民间贸易。④俄国前来北京贸易的商队往往十分庞大,超出规定的标准。如康熙四十二年(1703)俄皇派遣莫斯科商会商人伊万萨瓦耶甫率领的商队,人员组成为:总管1人,随员书记及职员等共53人,护送人役200人,商队工役565人,总计达818人。⑤雍正五年,来京的俄国商队由205人组成,共带有马1650匹,牛562头,货车475辆,给养车162辆,所带货物价值28万多卢布。⑥

俄国商队入京贸易的道路主要有二:一是自尼布楚至齐齐哈尔城,经东部蒙古入古北口或山海关至北京;二是自伊尔库次克城循色楞格河,经库伦,横穿戈壁,入张家口抵北京。⑦前者需要150天,而后者只需70天。⑧起初,俄国商队赴京贸易被指定由尼布楚商路,后因俄商的一再要求,康熙四十七年(1708)清廷批准以色楞格—库伦—张家口的商道为俄国商队往返之官道。⑨从此,张家口成为中俄贸易的

---

① 乾隆《万全县志》卷10,志余。
② 乾隆《口北三厅志》卷首,黄可润序。
③ 张正明《晋商兴衰史》,第72—73页。
④ 王铁崖编《中外旧约章汇编》(第一册)第7—9页,三联书店1957年出版。
⑤ 姚贤镐编《中国近代对外贸易史资料》第一册,第118页。
⑥ 吴建雍《北京通史》第7卷,第350页。
⑦ 姚贤镐编《中国近代对外贸易史资料》第一册,第116页。
⑧ [法]葛斯顿·加恩著《早期中俄关系史》中译本第52页,商务出版社1961年出版。
⑨ 姚贤镐编《中国近代对外贸易史资料》第一册,第105页。

重要枢纽之一。

乾隆二十年(1755),清政府停止俄国官方商队入京贸易之例,将中俄贸易统归于恰克图一地。刘选民《中俄早期贸易考》言,"中俄陆路贸易,向不抽税,惟于各该国境内关口则征卡税。……中国于张家口设关,内地商人往来恰克图、库伦贸易者征税于此"。①

据方观承乾隆二十四年的奏折称,查赴恰克图、库伦贸易商民,多在张家口设有铺房。其中资本较厚者六十余家,依附于票商的散商约有八十余家。②稍后的记载则称,"张家口买卖城可以说是中国对俄贸易的集中点,几乎全部俄国呢绒和各种绒布以及俄国出口的全部毛皮制品都是先运到张家口买卖城的货栈,然后批发给下堡,最后再运到中国本土"。③可见从乾隆中叶开始张家口即成为中俄恰克图贸易最重要的转运枢纽。

二

乾隆末年秦武域《闻见瓣香录》记载,"张家口为上谷要地,即古长城为关,关上旧有市台,为南北交易之所,凡内地之牛马驼羊多取给于此。贾多山右人,率出口以茶布兑换而归。又有直往恰克图地方交易者,所货物多紫貂、猞猁、银针、海貂、海骝、银鼠、灰鼠诸皮以及哈喇明镜、阿敦绸等物"。④又据何秋涛《朔方备乘》记载,"其内地商民至恰克图贸易者,强半皆山西人,由张家口贩运烟、茶、缎、布、杂货前往,易换各色皮张、毡片等物"。⑤经由张家口输出的商品主要有茶叶、丝绸、棉布等,而以茶为最大宗;输入商品则以毛皮、呢绒、牲畜等为大宗。下面,我们分别简述之。

1.丝绸。中国所产丝绸是中俄贸易最重要的商品之一,也是内地输往蒙区的主要商品。丝绸主要产自江南,由海道或运河达于津、京,再经张家口输往关外。据载1728年中国输俄之丝绸价值达四万六千余两;⑥17世纪五六十年代,俄国每年进口

---

① 姚贤镐编《中国近代对外贸易史资料》第一册,第108页。
② 参见葛贤惠《商路漫漫五百年》第70页。
③ [俄]波兹德涅耶夫《蒙古与蒙古人》中译本第1卷,第701页,内蒙古人民出版社1989年出版。
④ 秦武域《闻见瓣香录》甲卷,张家口。
⑤ 姚贤镐编《中国近代对外贸易史资料》第一册,第100页。
⑥ 姚贤镐编《中国近代对外贸易史资料》第一册,第107页。

中国丝织品价值平均高达21万卢布以上。①

2. 棉布。此项输出亦为大宗,棉布不仅在俄国市场销售极畅,且转贩欧洲诸国。俄人称之曰Kitaika(中国之意),英人呼之曰Nankeen(南京之音译)。1728年中国输出之棉布约值银四万四千余两。②乾隆中期(1775—1781年)俄国平均每年从中国进口"南京布"和其他棉布价值高达106万卢布以上。③

3. 茶叶。据何秋涛《朔方备乘》记载:"恰克图互市中国茶叶,《华夷变言》曰:俄罗斯不准船到粤,只准陆路带茶六万六千箱,计五百万棒(磅?),因陆路所历风霜,故其茶叶更佳,非如海船经过南洋暑湿,致茶味亦减。《澳门月报》曰:欧罗巴销用茶,以荷兰、俄罗斯两国为最。俄罗斯在北边蒙古地买茶,道光十年买五十六万三千四百四十棒(磅?),道光十二年买六百四十六万一千棒(磅?),皆系黑茶,由咯(恰)克图旱路运至担色,再由水旱二路分运阿额罗。"④此外经张家口输送蒙区的茶叶也为数不少。

输往俄国、蒙古的茶叶主要产自福建武夷山区,其运输路线大致是:由福建崇安县过分水关入江西铅山县河口镇,在此装船顺信江下鄱阳湖,穿湖而过出九江口入长江,溯江抵武昌,转汉水至樊城(襄樊)起岸,经河南入山西,经泽州(晋城)往潞安(长治)抵平遥、祁县、太谷、大同,达于张家口,再由张家口转运蒙地和俄国。⑤这一茶叶转运过程,由产地至销地路途达万里之遥,均由山西商人经营。衷干《茶市杂咏》记载西商至河口采购茶叶的状况言:"清初茶叶均系西客经营,由江西转河南运销关外。西客者山西商人也。每家资本约二三十万至百万。货物往还络绎不绝。首春客至,由行东赴河口欢迎,到地将款及所购茶单点交行东,恣所为不问。茶事毕,始结算别去"。⑥江西河口镇作为武夷茶南销广州,北运张家口的集散地,成为各路商人麇集之地,资金往来款项甚巨,故吸引各家票号去那里设庄。

由俄、蒙输入之商品则以下列各项为大宗:

1. 毛皮。由俄国输入商品以毛皮为最,且种类繁多。较贵重者如海獭皮、獭

---

① 吉田金一"论俄国与清朝的贸易",转见李伯重"明清江南与外地经济联系的加强及其对江南发展的影响",载《中国经济史研究》1986年第2期。
② 姚贤镐编《中国近代对外贸易史资料》第一册,第119页。
③ 吉田金一"论俄国与清朝的贸易",转见李伯重"明清江南与外地经济联系的加强及其对江南发展的影响",载《中国经济史研究》1986年第2期。
④ 姚贤镐编《中国近代对外贸易史资料》第一册,第119页。
⑤ 张正明《晋商兴衰史》,第274页。
⑥ 彭泽益《中国近代手工业史资料》(一)第254、255页。

皮、狐皮、狼皮、熊皮、不加勒斯多羔皮、阿斯脱刺罕羊皮、黑貂皮、白鼬皮、灰松鼠皮等。

2.纺织品。数量仅次于皮毛,居第二位。其种类分为羊毛绒织物、天鹅绒、亚麻布等;其粗糙者大抵产自于俄国,精细者则系自英国、普鲁士诸处输入。[①]表一、表二是19世纪三四十年代由俄国输入的皮毛、纺织品的数量统计,请参见。这些皮毛和纺织品多由恰克图运至张家口,再由张家口转销关内各地。

表一　1843年恰克图已交换及尚存货物数量一览

品种	已交换数量	留存数量
皮货:		
灰鼠皮	673364 张	1140696 张
獭皮	13461 张	17406 张
灰羔皮	5549 张	44921 张
黑羔皮	8463 张	48955 张
乌克兰白羔皮	155172 张	646738 张
乌克兰杂羔皮	8580 张	18344 张
乌克兰黑羔皮	2581 张	28311 张
黑猫皮	245006 张	105847 张
俄国野猫皮(猞猁)	2181 张	17220 张
美国野猫皮(猞猁)	4750 张	8100 张
麝鼠皮	72415 张	18920 张
羊皮	52665 张	176095 张
纺织品:		
梅节利茨基呢	14565 匹	40883 匹
马斯洛夫呢	2013 匹	5143 匹
卡罗沃伊呢	4761 匹	6740 匹
俄国羽纱	578 俄尺	177 俄尺
荷兰羽纱	25600 俄尺	45784 俄尺
切苏伊卡亚麻布	480733 俄尺	498736 俄尺
迪金亚麻布	85655 俄尺	45550 俄尺
康罗瓦亚麻布	624 俄尺	16437 俄尺
10 俄寸宽天鹅绒	1074639 俄尺	1818129 俄尺
16 俄寸宽天鹅绒	92499 俄尺	126630 俄尺

资料来源:姚贤镐编《中国近代对外贸易史资料》第一册,第113页

[①] 姚贤镐编《中国近代对外贸易史资料》第一册,第109—110页。

表二　1833—1841年俄国输往恰克图的毛呢数量统计

年份	俄国毛呢	波兰毛呢
1833	447176俄尺=18305匹	325040俄尺=13305匹
1834	555876俄尺=22755匹	247256俄尺=10122匹
1835	719221俄尺=29442匹	206301俄尺=8445匹
1836	923936俄尺=37822匹	181519俄尺=7430匹
1837	789853俄尺=32333匹	26625俄尺=1089匹
1838	965193俄尺=39510匹	738俄尺=30.5匹
1839	1218574俄尺=49880匹	
1840	1241133俄尺=50806匹	
1841	1550477俄尺=63470匹	

资料来源：姚贤镐编《中国近代对外贸易史资料》第一册，第111页

3.牲畜。牲畜是蒙古输入内地的大宗商品，主要由旅蒙晋商在牧区市场收购后贩运内地。如蒙古的羊每年运至内地数百万头；又如，乾隆时察哈尔岁销江南马一千余匹，乌兰察布盟销往内地的驼马牛等有十余万头，羊皮四十余万张。

4.土碱。土碱也是从蒙区输入的较大宗商品。其产地主要在塞外察哈尔的正蓝、镶白等旗境内，康熙年间曾"招商煎熬纳课"，后因"有碍蒙古游牧，定议停止"。乾隆二十一年直隶总督方观承奏请，"张家口外活多多诺尔等处所产碱土，……乃蒙古自然之利，有扫土煎熬者，有于冬月冰冻之时自然结成碱块者，内地染局、面铺用之，比他处所产为佳，是以远近流通。商人因欲请票纳课，以专其利。"方观承建议应准许蒙古牧民自采，运至张家口贸易；由商人在张家口设铺收买，照章纳税。经户部覆议获准定制，蒙古各旗"凡有刨取碱块货卖者，惟准进张家口一处，其余各关口概不准进"；为便于稽察"酌议在于张家口、宣化府两处准本地或外来殷实商民赴监督衙门具呈，给与印照开设碱店，如遇蒙古碱块进口，该铺户按照行市公平交易，并令边口地方官随时查察"；"其收买碱块若干，令店铺赴口报明纳税，给与印票，过口时该口丁役按数稽查，倘有以多报少即照漏税例究治"；至于碱块应纳税额，"查张家口部颁则例，每碱一驮征收银四分，每驮约二百余斤"，故以"每碱百斤作为一担，征收库平纹银二分"。②

---

① 张正明《晋商兴衰史》，第274页。
② 乾隆《口北三厅志》卷5，物产。

光绪十八年(1892)赴蒙古考察的俄国学者波兹德涅耶夫记载了当时张家口开设的十家碱店,计有:(1)德懋碱店,(2)合成碱店,(3)德恒碱店,(4)元隆碱店,(5)全成碱店,(6)德元碱店,(7)天合碱店,(8)元盛碱店,(9)泰成碱店,(10)裕源碱店。并言"这些商店从察哈尔正蓝旗和镶白旗的牧地收购土碱,进行加工,其数量是相当大的。例如,在1892年这十家盐行收购入库的土碱达三万八千车至三万九千车,每车近六百四十斤,总计约合我国九十二万普特"。① 这虽是光绪年间的记载,但与清代中叶的实际状况当不至相差太多。民国《万全县志》也有记载称,张家口碱商"自清初迄民国十五年二百余年间概系十家,从无增减。在民国五年至十五年十年间颇获厚利。其原料为碱坯,出产于察哈尔省白、蓝两旗,每年以牛车运入本口之数,多则三万车,至少不下一万车"。②

晋商由内地运到蒙区的商品除茶叶、布匹、绸缎之外,还有药材、蔗糖、烟叶、小麦、陶器、铁锅、农具等。其产地分布甚广,如蔗糖产于闽广,烟叶、陶器产于河南、江西,小麦、铁器等多产于河北、山西。从蒙区输入的商品还有皮毛、蘑菇、药材等。③从俄国输入者还有金属以及杂货,如玻璃用具、镜、刀、剪刀、锁等,也很受中国市场之欢迎。④

三

北疆贸易陆路长途贩运,耗时耗资甚巨的这一特点,决定了它对资金需求量甚大,而且周转期长。故张家口不仅是清代中国最北部的商城,也是最北部的金融中心。清中叶前后产生的新的金融机构账局、票号等均以之作为重要据点。

账局,是雍乾年间在北京、张家口等北方商业城市产生的一种以对工商业者开展存贷款业务为主的金融组织。其经营者基本都是山西商人。目前所知最早的一家账局即是乾隆元年山西商人王庭荣出资四万两在张家口开设的"祥发永"。有学者认为账局的出现可能与山西商人经营的中俄贸易密切相关。⑤1853年御使王荫茂对

---

① [俄]波兹德涅耶夫《蒙古与蒙古人》中译本第1卷,第711页,内蒙古人民出版社1989年出版。
② 《张家口概况》第21页,见《万全县志》第10册。
③ 张正明《晋商兴衰史》,第273—274页。
④ 姚贤镐编《中国近代对外贸易史资料》第一册,第109—110页。
⑤ 黄鉴辉"论我国银行业的起源及其发展的阶段性",载《山西财经学院学报》1982年第4期;张国辉"清代前期的钱庄和票号",《中国经济史研究》1987年第4期。

北京账局的经营活动有如下记述:"闻账局自来借贷多以一年为期,五六月间各路货物到京,借者尤多。每逢到期,将本利全数措齐,送到局中,谓之本利见面,账局看后,将利收起,令借者更换一券,仍将本银持归,每年如此"。① 表三是清代中叶在张家口开设的几家账局的状况,请参见。

表三 清代中叶张家口开设的账局示例

账局名称	祥发永	大升玉	大泉玉
开业年代	乾隆元年	嘉庆十九年	道光二十年
总号所在地	张家口	张家口	张家口
设分号城镇	京师、上海	京师、上海	京师
资本(两)	40000	50000	30000
股东姓名	王庭荣	常立训	常立训
股东籍贯	山西汾阳	山西榆次	山西榆次
总经理姓名	宋文蕙	张祯禧	王桂淮
总经理籍贯	山西汾阳	山西汾阳	山西汾阳

资料来源:据《山西票号史料》第10页表改制

票号,是清代中叶出现的一种专营汇兑业务的新的金融机构。它是随着埠际贸易发展而发展起来的。票号采取的是联号制经营,总号、分号之间联系密切,同时与各地商号也有广泛的联系。票号的经营者也都是山西商人,分为平遥、太谷、祁县三帮。道光二十年,票号已发展到日升昌、蔚泰厚、蔚丰厚、蔚盛长、新泰厚、天成亨、合盛元、日新中等八家,在北京、天津、苏州、南京、扬州、清江浦、芜湖、屯溪、河口、汉口、长沙、成都、重庆、广州、张家口等23个城市共设有35家分号。② 张家口是其中最北的城市,其票号业务往来十分活跃。如道光三十年与张家口日升昌分号通汇的城市至少有13个,计有京师、苏州、河口、天津、汉口、平遥、祁县、太谷、太原、扬州、成都、清江浦、三原等;其往来商号计有:大顺雷、兴盛德、永顺祥、裕兴昌、源泰昌、庆源德、永顺利、万和明、德兴恒、源盛兴、恒义长、永兴玉、合盛永、三和同、德生世、昌泰和、生旺德、恒义承、万盛隆等19家,汇兑往来金额共计163364两。其中苏州、京师、河口、汉口四个城镇的汇兑金额即达86600两,占总额的50%以

---

①《山西票号史料》第9页。
② 张国辉前引文。

上，①这几个城镇正是张家口运销蒙古和恰克图的茶叶、丝绸、棉布等货物的主要来源和中转地。表四是道光三十年(1850)日升昌张家口分号与各城镇汇兑往来状况，请参见。

表四　道光三十年张家口票号业务往来状况一览

张家口收汇	汇款城镇	张家口交汇
26300 两	河口镇	
27000 两	苏州	1000 两
28300 两	京师	4000 两
9300 两	平遥	17765 两
18240 两	祁县	
4700 两	太原	
3400 两	天津	606 两
5000 两	汉口	4000 两
2003 两	太谷	
	成都	3000 两
	清江浦	1000 两
	三原	8500 两
	扬州	250 两
123243 两	合计	40121 两

资料来源：黄鉴辉《山西票号史》第119页

综上所述，清代前期张家口的崛起是以中俄贸易、汉蒙贸易的发展为契机的，它既是清代北疆贸易发展之必然，也是清政府特殊政策作用的结果，这一贸易的繁荣一直持续到清末，它促进了张家口商业城市的崛起，并从而奠定了近代张家口城市发展的基础。

（作者单位：中国社会科学院经济研究所）

【原载于《北方论丛》1998年第5期】

---

① 《山西票号史料》第31—32页。

清代民国时期的张家口茶叶集散市场

陶德臣

华北地区的茶叶集散市场主要包括张家口、天津、北京等集散市场,是茶叶市销本地、运销西北、俄国市场的主要中转站和集散中心。其中张家口是重中之重。俄国人:"本国商人曾经屡次在齐齐哈尔、库伦、张家口、北京任意贸易"①,反映了一定史实。

1. 张家口茶叶集散市场的形成

张家口明代已是北方茶马贸易中心,"当张家口之西,明时鄂尔多斯部落曾于此交易茶马"②,入清后是俄商贸易、晋商北上恰克图、西趋蒙古的必经之路和桥头堡,发挥的交通、商务枢纽作用更加显著③。"张家口为五方杂处之地,距京不及四百里"④,为俄商入境贸易之孔道。1689年中俄订立《尼布楚条约》,内地贸易只有北京1处。俄国组织国家商队,"向中国运来由其纳贡人等所收集之丰富兽皮,以及外国银币及银制器皿等;由中国运出黄金、银块、宝石、磁器、茶叶、绸缎、家具等项",价值1000卢布的货物可在莫斯科售得6000卢布,"商队贸易对于俄国国库极为有利"⑤,是以俄国对京师贸易极为热心,从1695年开始派遣商队,至1755年止,3年1例,定期派遣商队来京。商队自西伯利亚入京贸易有大道二:一自尼布楚出齐齐

---

① 故宫博物院明清档案部.清代中俄关系档案史料选编(第3编,中册)[G].北京:中华书局,1979,738。
② 赵尔巽.清史稿。
③ 陶德臣.古代北方东西两口的茶叶贸易[J].茶业通报,2003,25(2):84—86。
④ (同治朝)筹办夷务始末。
⑤ 姚贤镐.中国近代对外贸易史资料[G].北京:中华书局,1962。

哈尔城,经东部蒙古,过古北口或山海关入京;二是自伊尔库次克城循色楞格河,经库伦(今乌兰巴托),横断戈壁,过张家口抵北京。初,俄商入京贸易均须自尼布楚道入京,1708年清廷批准"以后者为俄商队往返之官道"①,张家口地位凸显。1727年中俄订立《恰克图条约》11条,应俄罗斯头目郎喀所请,准"以商人马匹牛羊留于张家口外牧放",双方订立代牧协议,"司官一员照料",规定"如俄罗斯贸易商人马匹牲畜遗失,查而归之;如不获,即令赔还"②。1741年国人替俄国商队代牧之牲畜有骆驼329头,马359匹,牛196头,羊367只,大小牲畜共1251头。该年张家口住民谢少甫(伊索克图)与俄商队订立的承揽代牧契约主要内容有3条:第一,按月计算,骆驼每头及马每匹给银1钱5分,牛每头给银1钱,羊每只给银2分。第二,冬季如在张家口城内饲养,应供给草豆饲料,按月计算,骆驼每头及马每匹均给银1两5钱。第三,牧养之际,如因承揽之不慎,致伤损某种牲畜时,该承揽人应赔偿该牲畜或偿付其代价,为猛兽所伤害时亦同。在中俄贸易运路"贯通欧亚数万里之长途,恃驼马为交通运输之工具,往返需时经年,如中途待候季节或因事停留,更需时至二年之久"③的情况下,张家口是中俄陆路贸易的加油站和中继站,其重要性不言而喻。

2.张家口茶叶集散市场的发展

张家口对"足迹并不仅限于恰克图,即新疆、满、蒙诸地之贸易,鲜不为彼等(指晋商——引者)所垄断","独占中俄贸易之牛耳"④的晋商更加重要。张家口是晋商经营北方贸易的大本营和桥头堡。明末清初,晋商即在张家口站稳了脚跟,取得了较为优越的贸易优势。最著名的"八家商人","皆山右人,明末时以贸易来张家口。曰王登库、靳良王、范永斗(《介休县志》卷九作"范永年"——引者)王大宇、梁嘉宾、田生兰、翟堂、黄云发,自本朝龙兴辽左,遣人来口市易,皆此八家主之。定鼎后,承召入都,宴便殿,蒙赐上方服馔。自是每年办进皮张,交内务府广储司"⑤。当然,晋商的业务不限于经营皮张,经营茶叶就是一项重要业务,尤其是1727年后,

---

① 刘选民.中俄早期贸易考[J].燕京学报,(25):118—119。
② 何秋涛.朔方备乘[M]。
③ 姚贤镐.中国近代对外贸易史资料[G].北京:中华书局,1962.。
④ 姚贤镐.中国近代对外贸易史资料[G].北京:中华书局,1962.。
⑤ (乾隆)万全县志[M]。

恰克图互市始开,茶叶贸易渐趋重要。1755年监督俄罗斯馆御史赫庆奏:"俄罗斯互市止宜在于边境。其住居京城者,请禁贸易。止令以货易货,勿以金银相售",俄罗斯遂"停止在京贸易,而互市之事统归于恰克图矣"①。自此至1861年"对俄海上贸易开始以前,这种极为发达、极为巨大的茶叶贸易,是由山西商人经营的","山西商人用茶叶交换皮毛、俄国呢绒等等"②。晋商以张家口为据点,北上恰克图经营茶叶贸易。"其内地商民至恰克图贸易者,强半皆山西人,由张家口贩运烟、茶、缎、布、杂货前往,易换各色皮张、毡片等物"③。经营恰克图茶叶贸易的晋商是为"北商",与经行西路的"西商"晋商的经营项目、贩运路线、销售对象有严格区别④。"北商"的贸易路线起自福建武夷山,经湖北、河南、山西,转张家口赴恰克图。具体是先在武夷山购茶运出,即史料所云:"清初茶叶均由西客经营,由江西转河南运销关外。西客者,山西商人也。每家资本约二三十万至百万。货物往还,络绎不绝。首春客至,由行东至河口欢迎,到地将款及所购茶单点交行东,恣所为不问。茶事毕,始结算别去"⑤。茶由崇安县北运,过分水关入江西铅山,在此装船顺信江下鄱阳湖,泛湖北上,出九江口入长江,溯江抵武昌。汉口晋商把各地茶集中后,装船逆汉水而至樊城起岸,装大车经河南赊旗镇,入泽州(山西晋城),经潞安府(山西长治)、平遥、祁县、太谷、忻县、太原趋大同。在此分路,一部分茶运往归化厅(呼和浩特),另一部分茶运往张家口⑥,是为运销恰克图的茶。五口通商后,晋商退居湖北、湖南采购茶叶运销恰克图,茶运樊城后循以前的老路北运。而销蒙古的茶叶从汉水运至樊城以上约50英里的老河口镇,从此地以骡子和大车运往山西省靠长城口外的归化厅,"然后由归化厅分销于蒙古全境"⑦。1861年后,俄商又开辟了自汉口水运天津,自通州经东坝、南口抵张家口转运的运输路线。晋商为挽回颓势,也把运销恰克图的茶叶由水路运天津陆运恰克图。1866年后"中国商人为了运到中蒙市场张家口以北去销售而进口到天津来的全部茶叶",获许免征沿岸贸易税⑧。1864

---

① 何秋涛.朔方备乘[M]。
② Commercial Reports。
③ 何秋涛. 朔方备乘[M]。
④ 蔡鸿生."商队茶"考释[J].历史研究,1982,(6):117—133。
⑤ 林馥泉.武彝茶叶之生产制造及运销[M].福建省农林处农业经济研究室编印,1943,81。
⑥ 陶德臣.外销茶运输路线考略[J].中国农史,1994,13(2):83—87。
⑦ 姚贤镐.中国近代对外贸易史资料[G].北京:中华书局,1962。
⑧ Commercial Reports。

年由于西路"商队茶"受阻,次年也获准"西路之茶,改由北路出恰克图一带销售,仍俟西疆收复,改照旧章"①,即走张家口、恰克图一线。这样张家口成为数路茶叶汇集之地,"实为贸易繁盛之区"②。而官府早就规定,贸易商人须获取营业执照"部票"。察哈尔都统庆昀说:"富商大贾往来恰克图等处贩货,向由张理厅开造请领茶票姓名字号,前赴理藩院领取印票来口,如商货起运之时,先期报明,于票尾加用印信,查验放行"③。"张理厅"即张家口理事同知衙门办理。从"我之货往客商由张家口出票,至库伦换票,到彼(恰克图——引者)缴票"④之语,也可概见张家口为申请和查验手续之地。

所以,张家口成为北方茶叶贸易集散中心就不难理解了。1759年商民在张家口所设店铺"资本较厚者六十余家,依附之散商约有八十余家"⑤。19世纪更见发达,"张家口有西帮茶商百余家,与俄商在恰克图易货"⑥。外国人评论:张家口"本地贸易很少,主要在于它是西伯利亚大部分地区和俄国对华贸易的锁钥而闻名",而在"对蒙古贸易上的重要性,已经超过了前者","像张家口这种极为活跃的商业往来,甚至在中国本部也是罕见的。街上挤满了人群、大车、骆驼、马匹和骡子。因为有着据说是数万的流动人口,故这里经常进行着无数小额的物物交换,交易、行装配备和粮食供应。该地居民,大部分都自认为是家在别地或别省的长住旅客"。总之,张家口是"南北货运的转运终点,驮兽和其他运输工具,均在此易载"⑦,有数千人专门从事代牧及养驼业。张家口以茶叶集散为主要特色,"茶市以张家口为枢纽,货物辐辏,商贾云集,蒙古之转移执事者,亦萃于斯,自秋至于初春,最为繁盛,所至骆驼以千数,一驼负四箱运至恰克图,箱费银三两"⑧。有一茶商,"家有运茶之车百辆"⑨。张家口的晋帮茶商,以长裕川、长盛川、大王川、大昌川这四大带"川"字号的"祁县帮"为著名,他们在砖茶上印上"川"字,表示货真价实,成为商标和荣誉的象征。这些大商号与清廷有着千丝万缕的联系,得到多方面支持。如王玉川竟

---

① (同治朝)筹办夷务始末。
② 徐珂.清稗类钞(第 1 册)[M]:商务印书馆,1918。
③ (同治朝)筹办夷务始末。
④ 姚元之.竹叶亭杂记。
⑤ (清理藩院档)方观承奏折[M].乾隆二十四年三月初三。
⑥ 清季外交史料[G]。
⑦ 姚贤镐.中国近代对外贸易史资料[G].北京:中华书局,1962。
⑧ 蒙古志。
⑨ 申报[N],1880—08—14。

是清廷御贴备案的商家,持有清廷赐予的"双龙红贴",成为往来内地和蒙古草原的通行证和商标。有了双龙红贴,给晋商开展茶叶贸易带来极大方便,从收购到运输,皆一路绿灯,受到各方面保护。茶运至恰克图后与俄商交易,也深得信任。现在张家口堡子鼓楼北街大玉川茶店故址院内还保存着乾隆皇帝赐给"大玉川"一块双龙石碑,从碑刻内容可知这家茶庄从事中俄茶叶贸易的盛况①。晋商将茶运至张家口贮存、加工、包装,由此形成了规模较大的茶叶加工业。到20世纪20年代,张家口附近仍有不少砖茶厂,"砖茶多在集散中心如张家口汉口等处制造,为农工于农闲时至城市觅工之极有趣之例。砖茶工厂每年互有增减,但一九二四年张家口包头镇及归绥等处有砖茶工厂二十八处"。1929年11月《中国经济月刊》(Chinese Economic Journal,November,1929年版,第938页)报道,"平常每厂雇工自百人至四百人;特忙时,有多至千人者。故当工厂全力工作之时,对工人之需要极大。远地农民之来此以应工作者极多"②。

3.张家口茶叶集散市场的盛衰

茶自张家口北输恰克图,数量十分庞大。因此,"从张家口往北的商运大道中,往恰克图去的道路最为热闹,这是因为茶叶要经过这条道路运输。除俄商购运的茶叶外,华商也贩运大批茶叶至张家口发卖。在通过晋北的大路上,我几乎每天都遇见伴随着经张家口赴恰克图的长列砖茶驼运队的华商,用俄国话向我招呼"。1871年,仅华商由汉口经山西运往张家口及归化厅(呼和浩特)的砖茶及茶叶,就有28万担③。而从张家口"出票"情况,也可概见张家口作为茶叶集散中心的地位。1850年出票268张,分发商号五六家,大商号出票可达6张以上,中小商号则4张、2张、1张不等。1851—1855年张家口60家做恰克图生意的大商号,每年出票共为400—500张④。1862年9月至1863年3月,张家口"市圈商民领院票后运赴恰克图售卖者,已至二百五十四票"⑤。1850年出票数只分发给商号五六家,故没有包括所有票数。1862年9月至

---

① 张俊华.张家口茶叶对外贸易[J].农业考古,1996,(4):269。
② 佚名.晋商在湖北制造砖茶之现状[J].中外经济周刊,(171)。
③ 姚贤镐.中国近代对外贸易史资料[G].北京:中华书局,1962。
④ 霍赫洛夫.十八世纪九十年代至十九世纪四十年代中国的对外贸易[J].中国的国家与社会,莫斯科(俄文版),1978。
⑤ (同治朝)筹办夷务始末。

1863年3月的领票,又未包括全年数,即使1851—1855年每年出票数也仅为大商号之数,故每年出票总数应在此数之上。姑且以出票500张计,按"每茶三百箱,作票一张"①算,武夷茶包装规格为每茶1匣,合中国库平55斤,连包计算,重足共80斤②,或"每票一张,行商驮货以二百驼为率",照塞外交通惯例,每驼驮载茶"总以二百五十斤以下"折算③,得出两种结果,以每箱55斤计,500张票的茶数即为:500×300×55=825万斤,如以驼200为1票计,则500张票的茶数为:500×200×250=2500万斤。鉴于前一种计算是与俄国议定结算塔城焚俄贸易圈问题,后一种计算法则反映了张家口恰克图贸易的一般实况,可信度大些,这样咸丰年间(1851—1861)晋商运茶赴恰克图每年至少在2500万斤以上,折合25万担。这个数量相当庞大。而1871年的报告说,陆运茶叶共26957930磅④,折合24455851.8市斤,为244558.518市担,即202235关担。而另一个说法是28万担。这样咸丰同治年间(1851—1874)年陆路运茶量20余万担是有把握的。如果加上天津至恰克图线经过张家口的茶叶,则每年从张家口北运恰克图的茶,1870年前一般约为20余万担,1871—1878年一般为30余万担,1879—1881年超过40万担,1882—1884年又跌至30余万担,1885—1888年极盛一时,从60余万担增至70余万担,嗣后降为40万担—50余万担。总之,张家口至恰克图线是俄国五条运茶回国茶路(即甘肃新疆西北线、天津恰克图线、樊城陆路线、俄属远东线、水路敖德萨线)⑤最重要的运茶路线,它由樊城陆路线和天津恰克图线于张家口重合而成,占俄运茶回国总量的60%—80%,其重要性可见一斑。仅1886年左右,这个"长城的隘口——张家口"⑥到恰克图线,俄商用来运茶的骆驼就有5万头⑦。晋商运力也不少。徐珂《清稗类钞》第十七册《农商类山西行商有车帮》(商务印书馆民国七年版)载:"晋中行商,运货来往关外诸地,虑有盗,往往结为车帮。此即泰西之商队也。每帮多者百余辆。其车略似大古鲁车,轮差小。一车约可载重五百斤。驾一牛。一御者可御十余车"。而该书同册《农商类赴蒙商贩》云:"赴蒙商贩,皆以牛车载货赴库伦、科布多二城。辄联数百辆一行,昼则放牛,夜始行程。一

---

① (光绪)大清会典事例。
② 王铁崖.中外旧约章汇编(第1册)[G].北京:三联书店,1957,114—115。
③ (同治朝)筹办夷务始末。
④ Commercial Reports。
⑤ 陶德臣.外销茶运输路线考略[J].中国农史,1994,13(2):83—87。
⑥ 姚贤镐.中国近代对外贸易史资料[G].北京:中华书局,1962。
⑦ 姚贤镐.中国近代对外贸易史资料[G].北京:中华书局,1962。

万里茶道河北段文化遗产调查与研究

人可御十车,铎声琅琅,远闻数十里。御者皆蒙人,暇则唱歌"。《山西外贸志》也载,在这条商路上,夏秋二季运输以马和牛车为主,每匹马驮80公斤,牛车约为250公斤,由张家口至库伦(乌兰巴托),马队需行40日以上,牛车约为60日。冬春季由骆驼运输,每驼可驮200公斤,一般行35日可达库伦,然后渡依鲁河,抵恰克图。驼或车皆结队而行,每15驼为1队,集10队为1房,每房计驼150头,马20匹,有20人赶驼。随着贸易的繁盛,商路上驼队经常累百达千,首尾难望;驼铃之声,数里可闻①。由于"从海路把茶叶运进俄国的欧洲部份,在1862年4月13日被规定是合法的"②,对张家口茶市产生了消极影响。19世纪末,海参崴至斯特莱田斯克的铁路线修建,迎来了"陆运全盛时代的末日"③。1905年西伯利亚铁路全线通车,张家口也更趋没落。原本张家口有西帮茶商百余家,"及俄商运(茶叶)后,华商歇业,仅存二十余家"④,这是1880年王先谦所云,谈论的是19世纪60年代海运茶叶合法化后的情况。至1880年9月15日,张之洞又说:"查张家口、恰克图一路,旧有茶商二十八家,利息丰盛。自咸丰季年俄商盛行,今存者止三家耳"⑤。到1911年4月丁酉,理藩部会奏称:"蒙古商务,向以茶为大宗,理藩部例有请茶票规,为大宗入款。近来销数顿减,不及旧额十之三四,实因西伯利亚铁路交通便利,俄茶倒灌,华茶质窳费重,难与竞争"⑥所致。由此可见张家口的衰落情况。

作者简介:陶德臣(1965—),男,经济史学硕士,解放军理工大学军队政工教研室副教授,主要从事茶业经济史、茶文化、中国特色社会主义理论体系研究。

【原载于《茶叶通报》2011年第2期】

---

① 张正明.清代的茶叶商路[N].光明日报,1985-03-06。
② 姚贤镐.中国近代对外贸易史资料[G].北京:中华书局,1962。
③ 姚贤镐.中国近代对外贸易史资料[G].北京:中华书局,1962。
④ 清季外交史料[G]。
⑤ 清季外交史料[G]。
⑥ 清实录·宣统政纪[G]。

古代张家口茶马互市与张库大道（茶叶之路）之刍议

舒曼

一、张库大道（茶叶之路）概念

张库大道，在古时既被称作"草原丝绸之路"，又被称作"草原茶叶之路"。

关于这条茶叶之路的形成背景有二种说法：

一是由于元朝的贸易起初是控制在官府、官僚、遗族和色目人的手里，但在元朝统一货币后（主要发行了以银为本位的"中统宝钞""至元宝钞"），为了活跃经济，促进蒙汉商贸活动的开展，同时也为草原输送生产、生活物资，朝廷把中原的物资大多集中到北京，然后运抵宣府张家口一带，最后通过官马大道运向草原。《河北省公路史志资料》载："张库大道历史悠久，早在元代，便辟为驿路，明清两代又辟为官马大道。当时运送物资所走路线，多依驿站。这运输物资的驿路、官马大道就是后来张库大道。"

二是李桂仁著《明清时代我国北方的国际运输线——张库商道》中说："这条商道作为贸易之途，大约在汉唐时代就已经开始。出现茶的贸易，大约不晚于宋元时代"。[1]

确切地说，无论茶叶之路历史有多悠久，但在这条路上的茶叶贸易却主要集中在明清两代。张库大道，其前身首先是驿路，其次是官马大道，最后由福建茶叶首先通关后才是张库大道的开始。从此，这是一条负载茶叶贸易往来和厚重历史的道路拉开了伟大的序幕。

从广义上来定义张库大道（茶叶之路）——"17世纪的中亚草原顽强地延伸着一

---

[1] 张家口日报社编著，重走张库大道[M].北京：中国经济出版社，2012。

条从中国武夷山至俄国圣彼得堡的贸易之路,这就是著名的草原茶叶之路。"① 还有一种说法是在恰克图博物馆得到证实,从挂在博物馆墙上的"茶叶之路"线路图来看,标注的起点是从武汉走水路进入上海、天津,再从北京到张家口,进入蒙古国乌兰巴托(库伦)、俄罗斯恰克图、莫斯科,终点到英国伦敦。

从狭义上来定义张库大道(茶叶之路)——茶叶之路先将两国连接后通向第三国,是从塞外重镇张家口大境门(起点)出发,通往蒙古国库伦(今乌兰巴托),并延伸的俄罗斯恰克图(终点)的贸易之路。这条道也被称作为"张库恰国际商道"。② 而张库大道能够从库伦延伸至恰克图乃至莫斯科的直接原因,是清政府1728年6月与俄罗斯在恰克图签订了《恰克图条约》,划定两国以恰克图为界,旧城归俄罗斯。于是在雍正八年(1730)清政府为边境贸易,在恰克图中方边境兴建"买卖城",这样在恰克图出现新旧两市,北市旧城叫恰克图,归俄罗斯所有,南市新城叫"买卖城",归中国商户居住。

那么,当时的"买卖城"是什么样一番情景呢?《重走张库大道》一书说:"北边穿着丝绸长褂的中国商人正在房内喝早茶,南边不时从帐篷里走出伸懒腰的蒙古人;西边的布里亚特人围坐在煮茶锅旁,每喝一口奶茶,就美滋滋地嘬一下嘴;东边是身披毛皮大衣的俄国商人;街面不时走动着摇摇晃晃的醉汉……""一些人开始大肆吹嘘其货物多么多么好,而另一些人则在指责他们的货物怎么怎么不好。大家在这里自由地交易,快活地消遣、游乐和往来……"据史料记载,1911年至1917年,中俄贸易总额的一多半来自"买卖城"——恰克图口岸,中俄商人在该口岸设立的店铺多达100家,热闹景象可见一斑。此是后话。

如果按照一条完整的线路来定论茶叶之路起始,那么,起点应在福建武夷山,终点应在莫斯科,重点应在张库大道(草原茶叶之路)。

三百多年前,中国商人将福建武夷山的"川"字牌茶叶通过张库大道运到莫斯科,再从莫斯科经圣彼得堡运到英国伦敦。1689年,清政府在俄尼布楚签订了第一个边界条约《尼布楚条约》。虽然是边界条约,但条约第五条规定:两国人带有往来文票(护照)的,允许其边境贸易。从这层意义上来说,张库大道的茶叶贸易才真正开始影响了俄罗斯。此后,也就出现了在1692年俄罗斯伊台斯商队从莫斯科出发通

---

① 张家口日报社编著,重走张库大道[M].北京:中国经济出版社,2012,页140。
② 刘振瑛主编,品味大境门(修订本)[M].张家口堡历史文化研究会研究成果丛书,2011,页148。

过张库大道来到中国进行贸易。张库大道一直被蒙古国和俄罗斯人称之为"茶叶之路"。不管以何种叫法,都因为正是这条道路将三国人民的友谊串联在一起,并且用不同的方法表达对生活美好和友谊的共鸣。

毋庸置疑,张库大道的历史在恰克图、在莫斯科得到了更加完美的延续。而张家口的特殊地理位置对整个"草原茶叶之路"而言,有着非常重要的商贸节点功能。在这条道路上,中国的砖茶、绸缎、布匹、米面、纸张、生烟、红糖、瓷器、蒙靴、鞍具、小百货等等源源不断地通过张家口对外输出。张家口的商贸节点功能体现在运输工具的转换,官府抑或是商人在福建、湖南等地购买茶叶后,"每年茶期,雇佣当地工匠达千人,用车马运输,至张家口或者归化(今呼和浩特)后,再换骆驼运至库伦、恰克图。"①正是因为张库大道的重要性,对张家口、库伦(乌兰巴托)乃至恰克图的城市发展和城市功能完善发挥了举足轻重的作用。所以说,一条张库大道连接着多国城市的发展,这是一条中外民族团结、文化融合最为突出,民间记忆最为精彩的商贸和文化之路。

漫长的驼队之路开创了张库大道上茶叶飘香,随之而来的是汽运之路一度让茶叶贸易速度加快。据《察哈尔通志》介绍了1918年修建的张库公路:"……张库汽车路修通后,市场更加繁荣,年贸易额达15000万两白银,其中年销砖茶三十万箱,输入羊毛一千万斤,羊皮一千五百万张之多,成为张家口商务的全盛时期。"然而,由于种种原因,靠汽车行驶的张库公路,其寿命只有短短的十一年。但不管怎样,汽车运输的出现,预示着中蒙商贸往来所迈出的新步伐。

二、张家口"茶马互市"由来与运作

从历史渊源来说,"茶马互市"产生于唐代,盛行于宋、明两朝,至清代逐渐衰落,它是中国历史上汉藏蒙等其他少数民族之间一种"以茶易马"抑或是"以马易茶"的贸易往来形式,后逐步扩大其贸易形式,变成以茶易马为主兼顾其他像丝绸、瓷器、布匹、皮张、绒毛等物品交换。

相对于西南的茶马互市,作为长城南北聚焦的张家口"茶马互市"出现,则是在明代中后期,开设时间较晚。张家口是张库大道上的贸易集散地。应该说,张家口

---

① 王荣娟,冀商百年辉煌商史之七:走东口,"走"出财富无数[N].燕赵都市报,2006-5-26。

的"茶马互市"是和张库大道同步兴旺起来的,贸易高峰期大抵都在明清时期。张家口"茶马互市"的贸易形式主要为官市贸易,但同时在民间存在着私下互市行为,也称黑市交易。从某种意义上分析,张家口大境门、小境门的出现,就是为了解决茶马互市中进关和出关的货物从宣府通关而筑。《品味大境门》一书说,"只有深入了解张家口茶马互市的历史,才能够对大、小境门厚重的历史文化内涵有一个深层次的理解、认识和正确定位。"当然,这句话的本意是想解读大、小境门对茶马互市的重要性。

虽然明朝朱元璋已经废除龙团凤饼茶,取而代之的是绿茶和散茶,但由于砖茶具有帮助消化、溶脂的作用,这对中国北部游牧民族来说绝对是生活的必需品,如果想得到中国的砖茶,必须通过一种自由交换和贸易来获取。因此,在不同区域板块的经济贸易需求之下,便有了互通有无的"互市",而张家口正处于农耕文化与游牧文化结合部,几百年来,蒙古人就是通过张家口与汉民族共同铺陈出茶马互市的悲欢而又精彩的故事。

张家口的茶马互市设立与其他茶马互市设立情景大致相同,主要有以下几个因素:一是古代中原政府无力治理众多的游牧民族时,二是中原政府与游牧民族战争两败俱伤时,三是边境人民违禁走私不可遏制时,于是在战争双方相对缓和的态势下,张家口茶马互市便应运而生。唯一不同点便是张家口茶马互市是在长城第一关口,更是军事重镇,离距京城最近,完全按照军事管制地带对出入关验照极其严格,需要讯明人数、马数,查清事由后加文印一道,然后照应兵部印字、再查验火牌。如果俄、蒙商进来,需要"讯明登记档案,回时验放销号"。"前往口外、蒙古喀尔喀以及库伦、俄罗斯贸易,皆照验理藩院(清统治蒙、回、藏等的最高权力机构,也负责处理对俄外交事务。——本文注)原给印文挂号,回日验销。"①

从古代中国设立官市"茶马互市"的某种意义上来看,实际上也有着笼络和安抚少数民族感情手段。以明王朝为例,朝廷每三年官员招集西部和关外游牧民族首领,确定茶马比价,一匹优等马换120斤茶叶,一匹中等马换70斤茶叶,一匹下等马换50斤茶叶。在每三年一次的茶马互市中,以一百多万斤茶叶换取1.38万匹马,年均换马四千六百匹。从商贸上的依赖性,到逐步影响政治上的倾向性。明朝在得到马匹的同时,扩大了在游牧民族地区的政治影响,这对于国家的统一、民族的团结、边疆的稳定不但有重要意义,而且产生积极效果。

---

① 万全历史文化知识丛书之三·万全县志(道光甲午重修)[M].2011。

可是,当我们在赞美茶马互市所产生的积极意义时,也让我们看到了用战争、鲜血甚至生命换来了一个又一个政治事件:

1368年,蒙古兵由长城内退回到草原后,越发感到对中原农耕经济存在着极大的依赖性。当时草原牧民已经陷入"爨无釜,衣无帛"(《明史·瓦剌传》)的局面。明宣德九年(1434),宣府总兵郑亨奏朝称:"比年北虏穷困,咸慕德化,相率效顺。其所来者,衣裳坏弊,肌体不掩;及有边境男妇被掳掠逸归者,亦皆无衣裳。"(《明宣宗实录》卷108,《史记·匈奴列传》),更为关键的是"番人嗜奶酪,不得茶,则困以病。"(《明史·食货志》)在此情况下,明朝采取靖绥政策,实行"彼既纳马,而酬以茶斤,我体既尊,彼欲亦遂"①的"朝贡贸易",也就是"朝贡"与"赏赐"同时进行,双方都不伤和气,既保住了大明的尊严,又了却了蒙古的心愿。当年在张家口的大、小境门,随处可见朝贡的蒙古商队。有时行进在张库大道上进京朝贡的商队,人数多达二三千人,携带的贡马和各种皮张数以万计。据不完全统计,蒙古各部派遣的贡使和商队,明代大约800余次,甚至形成了前团未归、后团踵至的"繁荣"景象。至今在张家口东太平山岩壁上"蒙海朝贡"石刻,足以见证朝贡贸易的真实情景。

尽管朝贡常常进行,也不能满足蒙古各族落的需求,于是张家口长城内外出现了茶马互市中"官市"和"黑市"交替进行。按照当时大明律例,茶叶等商品私自出境者被处于死刑。"盖西陲藩篱,莫切于诸番。番人恃茶以生,故严法以禁之,易马以酬之,以制番人之死命,壮中国之藩篱,断匈奴之右臂,非可以常法论也。"(《明史·食货志》)但仍然挡不住一些商人甘冒杀头之罪进行茶马"黑市"。究其原因,这里边涉及到了官府"勒索远商"和"惟贿是求"受贿行为,从而导致次茶劣马的交易,影响了蒙汉民族感情。明朝朱朝瑛在《茶法之坏》(选自《罍庵杂述》)说:"茶法之坏,亦土商为之也。交结总理通官,勒索远商,不责其茶良,而惟贿是求。故番马之入也,亦不敢责其马之良,而惟茶之得脱为幸。于是番人怨肆,渐轻中国,而敌因之以为利。私市好茶,以售之番,良马不入于边,而折而入于敌矣。其为害至此,可不禁欤!"可见,当时茶马互市常有不规现象发生。

然而,弘治十七年(1504)蒙古鞑靼部首领达延汗去世,一些蒙古部落为生活所迫,开始在长城边关固原、宁夏、张家口进行抢夺、杀戮,骚扰边境。因此,在正德五年(1510)明廷发兵草原,蒙汉关系再度破裂。

---

① (明)杨一清,关中奏议[A]//中国茶文化经典[C]。北京:光明日报出版社,1999,页364。

正德十四年（1519）达延汗的孙子俺答汗（阿拉坦汗）即位，其上台伊始，频频发起战争。史料记载，从1524年到1571年的47年里，共兴兵四十五次，先后占领青海，进兵西康，多次把战火烧到明朝长城周边城镇。因明廷与蒙古的茶叶等物品贸易时续时断，关闭茶马互市，切断张库大道，终于在嘉靖二十九年（1550）爆发了"庚戌之变"。俺答汗集结十万蒙古大军长途奔袭，直逼大同、张家口，一直打到北京城下。当俺答汗返回草原时给明廷留下一句话："还是蒙汉贸易吧。"可见俺答汗是多么渴望茶马互市和张库大道的开放。

第二年，俺答汗委派儿子脱脱以贡马求茶马互市。当时升任威宁侯的仇鸾上疏："应开宣府、大同马市。"当年，张家口、大同二处恢复茶马互市。"庚戌之变"表明，茶马互市以及张库大道作为农耕文化与游牧文化之间的双边贸易，作为维系蒙汉和平交往的纽带是具有存在意义和价值的。

可是，以茶易马远不能满足蒙古人对粮食的需求，俺答汗又向明廷提出"请易菽粟"的互市请求，朝廷认为这是得寸进尺，于是率先关闭张家口的茶马互市。有关这一事件，史料载，蒙古部落"欲以牛羊易谷豆者候命不得，遂分散为盗无虚日，十一月间大入三次，掳人畜甚众。"《〈明实录〉大同史料汇编》。嘉靖三十一年（1552），朝廷下令关闭各边茶马互市，明令"复言开马市者斩"。茶马互市关闭以后，俺答汗再次举起造反大旗，从1551年到1570年的二十年间，俺答汗仅对张家口就兴兵四十一次。

历史转机终于出现在隆庆四年，这一年，由于俺答汗的孙子把汉那吉投奔了明朝，朝廷正好利用这一契机与俺答汗和谈，这就是历史上著名的"隆庆议和"。隆庆五年（1571），明穆宗下诏封俺答汗为顺义王。当时规定，俺答汗每年向朝廷贡马一次，由朝廷给予茶叶等其他物品的赏赐。朝廷答应在大同新平堡、宣府张家口堡、太原水泉营堡三镇开设茶马互市市场。三镇交易马匹数张家口三万匹为最，大同一万匹，太原六千匹。至此，长城沿线出现了"六十年来，塞上物阜民安，商家辐辏，无异于中原"（《无梦园集》卷二）的安宁和兴旺之象。以张家口为例，明万历年间（1573—1620），张家口大境门以西，近十里的商号店铺鳞次栉比。

对于张家口而言，茶马互市既是长城和平文化的重要一环，也是中国茶文化历史的点睛之笔。到了清朝，天下商旅云集在张家口，大、小境门，门门顺开，驼队、汗板车又奔走在"张库大道"上。

农耕文明与游牧文明进行民族融合的平台，张家口的"茶马互市"和张库大道对于促进农牧业经济的繁荣发展，维护多民族的团结起到积极的作用。

三、张家口茶马互市与张库大道形象之门——大境门

河北历史名门大境门,是一座从战争走向贸易,又从贸易走向战争的历史大门,是见证茶叶之路由盛到衰变化的大门。历史上,从张家口人打开了万里长城第一门开始,一条由茶而踏出的张库大道便与大境门紧紧连在一起。大境门作为茶叶之路上打开的一座城门,却为张库大道谱写了蒙汉和谐的和平的乐章。由"门"看"道",看到了张库大道无数震撼人心的事件;由"道"看"门",看到了张库大道无数鲜活的历史人物。

大境门慷慨悲歌的历史缘于捍卫国门尊严,缘于蒙汉民族交融的血脉,缘于探索以茶贸易的坚强意志与民族和谐。说实在,大境门没有嘉峪关的名气,也没有山海关显赫,甚至还缺少了某种霸气,但它作为万里长城第一门,其内在精神却显得那样的气壮山河,令人肃然起敬。正是这种不屈不挠的气质,才演绎出生生不息的"茶马互市"历史活剧,铺递出代代相传的"草原茶叶之路"——"欧亚大陆桥"。

当年,"旅蒙商"赶着驼队或老倌车队走在茶叶之路上,先聚集在大境门周围,然后一声令下,开始"出拔子"(当时的叫法)沿大境门西沟至张北旱淖坝进发。驼队和车队有一个习惯名称叫"货房子"。"货房子"由一个掌柜和领房带领,雇有三四名保镖护卫,每顶房子约有二十几名驼工和伙计,一路上管理150峰骆驼。茶叶之路兴盛时,每年有十几万骆驼跋涉在漫漫的张库大道上。从张家口大境门出发后,这些驼队根据沿途商品贸易需要,有的需要到达库伦(乌兰巴托),有的需要到达恰克图,有的需要到达乌兰乌德后,返回路径大多选择在二连浩特南下至察哈尔右翼后旗,经商都至尚义返回张家口大境门。

大境门不仅是运茶之门,也是运兵之门,更是文化交流之门。在大清时期,作为军事重镇的张家口大境门,要想把茶叶运输通过此门,其茶叶贸易的关税远比其它关口要高一半,清代崑岗《茶课》一文说:"假道俄边,前赴西洋诸国通商,请领部票,比照张家口减半,令交银二十五两,每票不得过一万二千斤。"[1]这也直接导致张家口附近"黑市"猖獗。即便如此,茶商还是选择了由京城到大境门通向草原最为便捷之道。

大境门的历史只有三百六十多年,大境门作为万里长城一道大门的宝贵文化

---

[1] (清)崑岗.茶课[A].钦定大清会典事例[C].四库全书本.上海:上海古籍出版社,1987,P卷,页242。

遗产，是茶叶之路的财富之门，是民族文化交融的魂魄所在。穿过历史的时光隧道看现在，大境门从没有停息向人们述说边关贸易抑或是茶叶之路上的悲欢离合、更迭变迁，求证着它应有的历史地位。从即将开始的重走茶叶之路，大境门早已敞开热情的双臂，再次证明它的历史价值。

大境门，是茶马互市和茶叶之路形象之门，是中外各民族交流之门，是长城线上的和平之门，是长城内外民族团结之门，是多元文化融合之门，更是茶叶之路留给中蒙俄三国的一个永恒的话题。

四、张家口三娘子庙及其蒙汉民族团结

在漫长的茶叶之路上，人们至今还始终记得一个人的名字，那就是为开启茶马互市和张库大道作出贡献的"三娘子"。她的名字、她的业绩在蒙、藏、汉各民族中久久传诵，人们敬仰她，怀念她。

在张家口来远堡内有"三娘子庙"，庙内供奉的是"忠顺夫人"三娘子（1550—1612年）。三娘子本名钟金哈屯，又名"克兔哈屯""也儿克哈屯"（"哈屯"含义有皇后、娘娘和夫人之意）。她是卫拉特蒙古奇喇古特部落首领哲恒阿哈之女，是被明朝封为顺义王的蒙古右翼土默特部首领俺答汗（阿拉坦汗）的王妃。三娘子性格豪爽，胸襟开阔，文武双全，是明代蒙古的一位杰出女首领。

晚年的俺答汗，身体渐弱多病，事无巨细，多亏具有卓越的政治远见和军事指挥才能的三娘子担当重任，明智裁决一切事务，深受蒙汉人民的喜爱和明朝政府的信任。

万历九年（1581），三娘子亲自主持监修了呼和浩特城。它使土默特部由"逐水草而迁徙"进而定居下来。这是三娘子对当时蒙古社会的又一贡献。

万历十年（1582）二月，草原一代枭雄俺答汗去世，明廷马上派出官员携带大量赏赐前往祭奠。同时也确立三娘子正式主理蒙古政务的开始。

万历十三年（1585）青海之乱，十万蒙古军与明军发生冲突，三娘子临危不惧解除了战争危机，恢复了边疆和平安定的局面。

万历十五年（1587）七月，明廷封扯力克为第三代顺义王，封三娘子为一品忠顺夫人。

万历二十二年（1594）七月，扯力克去世。三娘子平息了草原部落内部争斗，把顺义王之位毅然交给扯力克长孙不失突，而没有交给自己的孙子素襄，为草原带来了和平、宁静。

三娘子主政以来，始终主张与明廷保持友好贸易关系，远离战争，使得张库大道得以畅通和茶马互市得以交易。这期间虽然明廷因出现了一些问题阻断了张库大道和茶马互市的交易，蒙古兵也曾多次准备挑起战争，侵犯边关，但都因三娘子在紧急关头竭力阻扰发兵，耐心安抚部落。与此同时，三娘子为了积极地维护与明朝的友好和贡市关系，使蒙汉人民可以自由贸易，力争向朝廷陈述情况，表达了重新恢复茶马互市和开放茶叶之路的心愿，更希望"旅蒙商"重新回归到张库大道上来，恢复经营，加深友情。也正因为三娘子的诚意，终于使得张家口大境门外的茶马互市重又迎来往日的喧嚣，也使张库大道重新响起了那久违而又熟悉的驼铃声。

三娘子对张库大道关注有加，亲临张家口，目睹张库大道起点繁荣景象以及茶马互市贸易情景，与蒙、汉人民同饮同食，不袭前人畦畛。后人给予"胡汉杂蹂，无复畦畛"评价。

在塞外草原上执政三十多年的三娘子，秉持民族团结和民族利益的精神，不仅得到了当地蒙古族人民的认可和拥戴，也在张库大道历史长河中留下了不可磨灭的功绩，对蒙古和汉民族友好关系的发展具有极为深远的意义。

万历四十年（1612）六月二十六日，一代杰出女杰去世。为了感念三娘子顾全大局，为蒙汉民族融合作出的卓越贡献，明朝遣使依照王礼赐祭七坛表达了对这位女政治家的尊敬。

蒙古人爱喝奶茶，细细品味其中滋味，那不正是一种草原芬芳，不正是一种中原风韵。如今，奶茶所蕴含的民族团结融合的滋味越煮越浓。

五、张家口的"口商"与茶叶之路

在库伦大圐圙东营子（今乌兰巴托一区）是当年来往于茶叶之路上"口商"的交易场所。当时在张家口，来自各地的商人云集在大境门周围开展蒙汉贸易时，落户张家口繁衍，最后均与张家口本地商人一起形成了面向茶叶之路上一个独特的商业群体。

狭义概念上的草原茶叶之路起点在长城关口张家口，大境门又恰恰是一个"口"，是货物进出的"口岸"，由此，人们习惯上把在此经商人群称为"口商"，到此经营茶叶或其他货物者为"走东口"，沿着茶叶之路外出经营茶叶或其他货物者为"跑外口"。当"跑外口"的口商沿张库大道行进到终点库伦时，一部分口商就留下来在库伦北面的小山丘下与当地蒙古部落进行商贸活动，另一部分口商则继续北上到恰克图南城"买卖城"进行商贸活动，更有一小部分口商继续前行到俄国圣彼得堡、莫斯科。

据《重走张库大道》描述:"在恰克图从事对俄贸易的商家中,经营历史最长、规模最大者,首推山西榆次常家。常万达父亲在张家口开办大德玉杂货店后发迹。自常万达从乾隆年间从事对俄贸易开始,子孙相继,历经乾隆、嘉庆、道光、咸丰、同治、光绪、宣统七朝皇帝,沿袭近200年,已成为实际意义上的张家口人。"常万达第十八代后人常忠武说:"我的祖辈鼎盛之际有员工数千、骆驼上万峰,开辟茶路并独占中俄茶叶贸易四成,是乾隆年间当之无愧的'全国第一富商'、万里茶路上的'最牛家族'。"乾隆闭市时,常万达依然坚守恰克图。乾隆五十六年(1791)恰克图开市,其他商家意欲重来时,常万达已牢牢占据大部分市场,成为恰克图的第一号口商。直到清同治年间,在张家口的山西籍商人生意渐淡下来。对此,清代刘坤一在《议覆华商运茶赴俄华船运货出洋片》文中写道:"自江汉关通商以后,俄商在汉口开设洋行,将红茶、砖茶装入轮船,自汉运津,由津运俄,运费省俭,所运日多,遂将山西商人生意占去三分之二。而山西商人运茶至西口者,仍走陆路;赴东口者,于同治十二年禀请援照俄商之例,免天津复进口半税,将向由陆路运俄之茶,改由招商局船自汉(汉口)运津,经李鸿章批准照办。惟须仍完内地税厘(厘金),不得再照俄商于完正、半两税外概不重征,仍难获利,是以只分二成由汉运津,其余仍为陆路。以较俄商所运之茶成本贵而得利微。深恐日后,俄商运举更多,而山西商人必致歇业。"①也就是说,原本由"东口"张家口出关的茶叶改成"西口"(杀虎口)进入蒙古,原本由"东口"张家口至恰克图的茶叶,改由水路到俄罗斯,从此,在张家口的山西籍商人中,其三分之二生意被"抢占"。到了光绪年间,经张家口出关沿张库大道至恰克图的茶叶变得越来越少。一部分茶是经水路到俄罗斯阿叠萨,一部分茶经陆路张库大道到恰克图。光绪二十三年正月十二日,张之洞在《购茶运俄试销有效拟仍相机酌办折》一文中说:"复选购二茶中之最上红茶一百二十箱,分运俄境之阿叠萨及恰克图水陆两路试销……"。②

把话再拉回来,据《天下晋商》一书描述:"晋商的资财,有相当一部分就是晋商垄断了清代民间对蒙贸易所得。当时汉民对蒙古游牧民的贸易,都要跨越长城,以过东口张家口和西口杀虎口,张家口"商贾皆出山右人,而汾介居多,踬世边居,

---

① 刘忠诚.议覆华商运茶赴俄华船运货出洋片[A]//中国茶文化经典[C].北京:光明日报出版社,1999,页574。
②(清)张之洞.购茶运俄试销有效拟仍相机酌办折[A]//中国茶文化经典[C].北京:光明日报出版社,1999,页601。

婚嫁随之"。山西祁县人范家在张家口开设的商号兴隆魁，清初开张，清末倒闭，就是歇业的时候，员工也有七八百人。祁县人和太谷人合伙创办的大盛魁商号，在与蒙古贸易的最盛时期，仅驼队的骆驼就有一两万峰，大盛魁的伙计、职员在商家鼎盛的时候达到了六七千人之众。有人非常形象地比喻说，当年大盛魁的财产用50两重的银元宝可以从库伦到北京铺出一条大道。"[1]这也说明在"口商"的队伍中，晋商占据了一定的贸易份额。但据《蒙古人民共和国史志》考证说，张家口经商人数三万五千多人，占总人口之一半。仅口商对蒙古贸易，到1918年，"商号增至1600多家，年贸易额达到一点五亿两白银。"[2]由于当时张库大道和茶马互市在张家口贸易日益兴盛，使得"英法美日德意等国商人在张家口很活跃。张家口大小商行七千余家，银行共三十八家，年进口贸易三万万元。"[3]

停留在库伦的口商们开始渐渐适应当地的环境，就成了在这里定居者，居住地也逐渐形成了非常难得的一条街。口商中又以张家口阳原、怀安、万全、蔚县的人为多，所以在库伦口商的居住地被人们称作为"阳原街"，而蒙古人把这条街称之为"召艾勒"（意思是富裕的地方），但现在生活在这里的张家口人更愿意把它叫做"阳原街"。

至今在乌兰巴托离阳原街不远的山坡上有一片华人墓地，据资料记载有近千华人就埋在这里。阳原街的历史告诉我们，它见证了沿着张库大道（茶叶之路）而来的汉民客商以乡音、习俗为特点的社会归属；华人墓的历史对我们诉说，当年沿着张库大道而来的人群，参与缔造了传奇与神话的茶叶之路又在他们的后代得以延续。虽然，茶叶之路在历史的风尘中已经消逝，但它所承载的历史文化，以及蒙汉人民的情谊却永远留在世人心中。

今天，阳原街的华人在这里生活了一代又一代，他们还将继续担当中蒙友好的使者。本文以为，在重走茶叶之路活动到达乌兰巴托（库伦）时，应走访阳原街与当年行进在张库大道（茶叶之路）的口商后代，与当地华人举行一场以茶文化为主题活动，一来增进友谊，二来以茶祭奠开创茶叶之路的先驱们。正因为是他们，打破壁垒，把中华文明带给了草原，开启蒙汉民族交流大门。

---

[1] 孙丽萍."茶马互市"与旅蒙晋商[A]// 天下晋商（明清山西商人五百年）[C].太原：山西人民出版社，2006。
[2] 杜庚荛.吉田藏人译.张库通商民国读本，蒙疆联合委员会出版。
[3] 贺扬灵.察绥蒙民经济的剖析[M].上海：上海商务印书馆，1935。

六、重走茶叶之路的意义

如果说,张家口大境门曾将边界的、文化的、自然的、民俗的、地理的、语言的脉络划分,那么,茶马互市、茶叶之路又将这些东西凝聚,这是中华民族的骄傲,也是人类宝贵的自然和人文遗产。张库大道(茶叶之路),记录了中外茶叶贸易的风雨沧桑,显示了中国先商的勤劳和智慧。不仅成为世界茶文化独具特色的文化遗产,而且从某种意义上说,是中蒙俄三国共同的文化遗产。

从现实角度来看,张库大道可以说是一条普通的大道,然而,朴实无华、孤树一帜的茶叶之路却有着深沉而厚重的文化内涵。三百多年前,张库大道作为茶叶之路上的重要商贸符号,成为连接中蒙俄友谊的纽带。今天,沉淀的历史已经凝结、演化为一种文化。茶叶之路更成为了张库大道的一种荣耀,成为了大境门和张家口的骄傲。

在我们即将重走茶叶之路的今天,追寻那段难忘的历史,缅怀先人为茶叶之路作出的贡献,唤醒"茶叶之路"沉睡的记忆,打造中蒙俄"茶叶之路"旅游、贸易、文化交流平台,突显茶叶之路的地位与作用,有着极其深刻的意义和深远的社会影响。

当年,中蒙俄三国的一批又一批驼队从南到北,载着中国的茶叶在茫茫的草原上踏出一条伸向欧洲的茶叶之路,今天,一百二十驼峰载着中国的茶叶,再次行进在当年那条波澜壮阔的茶叶之路上,从一个大洲运送到另一个大洲,把东方文明又一次播撒在茶叶之路上,让世界重新认识中国茶叶和中国茶文化。三百多年的历史告诉我们,茶叶之路没有停顿,多元文化融合和文化互动仍在延伸,张库大道没有中断,不是吗?

就在2011年6月,由张家口日报社发起和组织的历时一个月的"大型新闻采访活动·重走张库大道"引起中、蒙、俄有关人士对这条茶叶之路的强烈关注。

蒙古国戈壁苏木贝尔副省长吉日嘎啦说:"张库大道为中蒙俄三国找到了共同话题,我们应该携起手来共同开发出这条道路"。

蒙古国达尔汗乌拉省副省长巴图苏和说:"达尔汗是蒙古国的第二大城市,也是张库大道的重要节点之一。"而蒙古国色楞格省副省长布仁巴图提出了挖掘历史资源,共同发展茶叶之路旅游的设想。

蒙古国国家旅游局服务中心副主任莫勒尔日说:"2009年,蒙俄签订了两国共同开发茶叶之路旅游的协议。今年九月,中蒙俄三国将组成茶叶之路旅游考察团,对茶叶之路旅游线路进行考察。"

蒙古国工商厅副主席杨桑扎布建议张家口方面共同开发茶叶之路时说："现在我们在茶叶之路旅游线路的开发上，通讯、电力等设备设施都已具备，现在亟待解决的就是交通问题，其次还括旅游设施的建设。"他还说，张家口是草原茶叶之路的起点，现在俄罗斯、蒙古国都有意愿开发这条线路，如果张家口也能够加入进来，开发茶叶之路旅游线路的设想成为现实也许会更快些。

俄罗斯乌兰乌德学者拉蒂丹芭认为，中蒙俄联合开发茶叶之路，可以让更多的游客在了解茶叶之路的同时，进而了解沿途各国的历史与文化，这将会更加密切中蒙俄三国在文化、经贸、旅游等各方面的交流与合作。

俄罗斯布里亚特共和国原国家旅游局局长伊斯买勒瓦先生，他提出了中蒙俄三国家联合开发茶叶之路旅游路线的建议。他认为，茶叶之路旅游项目，需要中蒙俄三国来共同开发，仅靠任何一方都难以完成。今后开发茶叶之路旅游线路，应将各地的博物馆等文化内容也纳入进来，在让游客了解茶叶之路的基础上，进而了解沿途国家的历史与文化。

这一切均表明，当凝固的历史定格在数百年张库大道经济繁盛的时候，却需要我们用不断探索来开发和证明茶叶之路的魅力和它的丰富内涵。并且用"过去时"的茶马互市记忆来启迪"未来时"的旅游和茶文化成就。

重走茶叶之路是一次崭新的实践，是发掘，更是拯救；是缅怀前人，也是唤醒今人用实际行动来诠释中国茶文化的伟大复兴，更是对中国茶文化精神的凝炼和提升。透过重走茶叶之路的活动，完成中国茶文化一次突破性的创新之旅，藉此平台，努力打造中蒙俄茶叶之路上的黄金旅游线路，沿"茶叶之路"建设经济走廊。这一路走来，需要我们在旅途中发现，也需要我们在发现中感悟，更需要我们在感悟中感动；这一路走来，从感受康保非物质遗产"东路二人台"，化德"塞上服装城"，镶黄旗"清朝皇家牧场""金国守阵"文明遗址，到感悟依然留在心中的苏尼特右旗"德王府"，二连浩特的"伊林驿站""恐龙遗址"，再去欣赏有"道路之门"之称的边陲小镇扎门乌德，追寻昔日赛音山达风土人情，直至领略浓郁花园风貌的现代城市乌兰巴托和年轻美貌城市乔伊尔……使得这次重走茶叶之路处处充满浓浓情谊，成为以茶为媒的友谊之旅。

也许这一切，正是我们重走茶叶之路的真实意义！

【原载于《农业考古》2014年第2期】

"一带一路"视域下
张家口与俄罗斯通商史

耿海天

"一带一路"战略构想是"21世纪海上丝绸之路"和"丝绸之路经济带"的简称。它借用了古代丝绸之路的历史符号,借助和依靠国家在国际事务中的影响力,积极与世界其他国家共同开展行之有效的经济融合、政治互信、文化包容的利益共同体、责任共同体和命运共同体。2015年3月28日,国家发展改革委、外交部、商务部联合发布了《推动共建丝绸之路经济带和21世纪海上丝绸之路的愿景与行动》。2017年5月14日至15日,"一带一路"国际合作高峰论坛在北京成功举行。目前,"一带一路"已成为国内外媒体高度关注的焦点。在这种国家级顶层战略实施的背景下,回顾张家口与俄罗斯的通商史,对于研究张家口对外交往的历史以及张家口在形成东西兼容的国际性、多元性的城市文化品格上具有一定的积极意义。

一、历史背景

张家口在历史上是闻名中外的陆路商埠,是我国北方通往俄罗斯的著名"张库大道"的起点。张家口有个俄文名字叫"Калган(卡尔甘)",是连接俄罗斯"茶叶之路"的重要中转站。

"公元前119年,武帝击破匈奴左地,迁徙乌桓族于上谷、渔阳、右北平塞外,为汉族侦察匈奴动静,置乌桓校尉监领",当时的上谷郡包括今张家口市区、万全县、宣化县、赤城县、怀来县、涿鹿县等地,设置护乌桓校尉管理边防和互市事宜,定期开"互市"进行交易,开创了边境地区安定友好局面。后由于战乱,互市时断时续。到了明代,明蒙间的经济联系发展为两种形式:一种是"朝贡",一种是"互市"。但由于明蒙之间连年征战,朝贡、互市关系基本中断,致使广大蒙古牧民"炊无釜,衣无帛"。蒙古土默特部首领俺答汗认识到"必资内地以为用",蒙汉和平互市才是解燃眉之急的唯一途径。于是,在嘉靖十三年(1534)"四月,俺答协众欲入贡",这是文献记载俺答汗提出通互的最早要求。在之后的七八年时间里,俺答汗向明廷提出互市请求数十余次,均遭明廷拒绝,于是对明廷进行报复,率兵大举攻掠明边诸郡。嘉靖二十九年(1550)发生俺答汗率十万精师攻明的"庚戌之变"。宣府镇在万全右卫西路张家口、新开口堡开设马市,张家口的马市就设在今大境门外的正、西沟,开市不到半年就易马2000余匹。然而,当俺答汗京师撤兵威胁解除,一贯坚持狭隘民族统治政策的明世宗背信弃义,不久就关闭了边境互市,双方的和平贸易断绝,开始了长达20余年的战争。①

隆庆四年(1570)九月,俺答汗的孙子把汉那吉因家庭纠纷投奔明朝,俺答汗乘把汉那吉入关之机,与明朝再次商定通贡事宜。此时,明穆宗继位,改元隆庆。明廷也想进一步促进明蒙和议,于是不仅给把汉那吉加授官职,还将把汉那吉送还蒙古,俺答汗借机向明请求"封贡"。隆庆五年(1571)三月下诏:"封尔为顺义王",相继开放宣府、大同、延绥、宁夏、甘肃等十一处马市,除每年官市外,又"得塞下民互市",这就是化干戈为玉帛的"隆庆和议"。张家口的第一次马市"自六月十三日至二十六日,官易马一千九百九十三匹,贾万五千二百七十七两五钱",牧民骑马牵牛纷至沓来,内地商贩也把绸缎、布匹、茶叶、米面等货物带来贩卖,出现两族民众"醉饱讴歌,婆娑忘返"的情景,封贡互市为张库商道及张家口陆路商埠的形成和发展打下了基础。到明万历年间(1573—1620),张家口的互市贸易已成规模,"宣府来远堡(张家口)贡市,拓中为城,规方阮(原)地,千货坌集,车马驼羊氎布罾瓶罂之居"②。明隆庆五年(1571)蒙汉修好,张家口堡内外正沟、元宝山成为互市之所,成为张库大道的起点,茶叶之路的重要中转站,著名的商埠和陆路码头,且特点突出。③

二、张家口与俄罗斯贸易往来的兴衰史

在张家口,张库大道(张家口至库伦的商道)是很有名的。这条国际商贸大道的繁荣,始于清初并贯穿了有清一代。其实这也就是茶叶之路繁荣的时代。张家口商业

---

① 闫雪卿."一带一路"视野下的"张库商道"[J].河北地方志,2016,(5),页16—17.
② 闫雪卿."一带一路"视野下的"张库商道"[J].河北地方志,2016,(5),页17—18.
③ 张家口市桥西区志[M].北京:九州出版社,2015,页2.

起步稍早,可以从1645年即清军进关的第二年算起。当时山西八大"皇商"就开始进入蒙古草原。他们拉骆驼赶牛车,满载着物资走出张家口,在长达46年的时间里,在一定范围几乎垄断着对蒙古和俄罗斯的全部商贸活动。康熙三十年(1691),众多的王公、上层喇嘛们和蒙古贵族请求康熙帝允许汉商们把中原的商品带入草原进行交易,这样就终结了山西八大"皇商"对贸易活动的垄断。

清政府对蒙古和俄罗斯的贸易政策不断开放,使得张家口出现了很多叫做"跑草地"的商人。他们在民俗中被称为"旅蒙商",出张家口沿路经过"通驿站"北上,最终达到俄罗斯的恰克图。随着山西晋商和北京商人的势力大增,咸丰年间已形成了"山西帮"和"直隶帮"两大帮派体系。与此同时,也吸引了来自张家口本地各县张北、宣化、怀安、蔚县、阳原、怀来等地的商人们。

来自中国内地的商人从内地购来的布匹、茶叶、米面、绸缎、木器、食糖、陶器、瓷器、马鞍、蒙靴、铜铁器具及喇嘛念经用品,到蒙古和俄罗斯交换回来驼羊、牛、马、皮张、绒毛和羚羊角、鹿茸、麝香等贵重药材,同时还用茶叶、生烟等物从俄国商人那里换回波兰呢、羽纱、天鹅绒、毛毡等纺织品,甚至还有一些粗糙的银蜡台、银碗、银香炉、银盘、银花瓶等银制品。大量的银器运到张家口后被打铸成银元宝流通于市,这样就形成了历史上著名的"口平银"。张家口和俄罗斯的贸易活动几乎覆盖了长江以南到整个蒙古草原和西伯利亚的广大地区,进货来源有北京、天津、江浙、湖广和福建等地,这些销货进行贸易的目的地就是蒙古的库伦和俄国的恰克图。

在当时的国际贸易条件下还没有通兑货币,中俄双方的商人们只能是物物交换,方法是"出拔子"。这是当时的土方法,就是利用牛牛车(勒勒车)和骆驼载着货物在一望无际的蒙草原上流动做生意,后来与俄罗斯商人在恰克图直接做生意,把俄罗斯的货物运回张家口的大境门外的"外管市场",之后再通过经纪人完成货物交易。在全长2800里的张家口至库伦商道和全长4300里的张家口至恰克图商道上,每年都有数十万峰骆驼和牛羊日夜不停地走过,就这样走了三百多年。

据统计,中俄贸易中的大户商在康熙年间由八大"皇商"发展到京城80多户,道光年间发展到260户,同治年间发展到390户,宣统年间发展到530户。后来发展到张家口的商栈已有1500多家,市内商铺店面多达7000余家。例如,在1928年由蒙古和俄罗斯买入3万余头骆驼、7万余匹马、150余只羊、1000万张皮张和7620万斤绒毛。在对俄罗斯出口的货物中,仅茶叶就有40万箱。按照当时一辆牛车或者一头骆驼运6箱

---

① 邓九刚.复活的茶叶之路[M].兰州:甘肃文化出版社,2013,页70—77.

来计算的话，需要牛车和骆驼70000辆（头）。①

据记载，张库大道全盛时最高年贸易额达1.5亿两白银。按当时市价折算，16两为一市斤，每市斤500克，每克1.3元人民币，当时的贸易额约有60多亿人民币。流金溢银的张库大道引起了清政府的特别关注。清廷官员曾经多次对张库大道进行考察。货物贸易的繁荣使得市场规模不断扩大，同时也推高了张家口市到大境门一带的房价。据记载，当时一处标准铺面包括栈房的月租金要50两白银，约合现在的人民币3000多元。张家口成为了当时享誉中外的"皮都"。

到雍正六年（1728），在张家口城里从事皮毛加工行业的工人数量已经达到10000多人。与此同时，北京、天津、武汉、广州等地的中国商人也纷至沓来。大约1860年前后，俄国商人借助张库大道率先出现在了张家口。到19世纪末，英、德、美、日等西方国家的商人们也陆续来到张家口。各类毛皮的交易量大幅增加，然后转运天津。张家口俨然一个国际大都市了。①

在张家口和俄罗斯恰克图的贸易中，中国一直处于出超地位。由于中国的商品数量很大，俄国的商品常常无法对等货物交易的价值，因此俄国商人就采用大量现银支付的方式来兑现货款，这样就给中国的商人们带来了丰厚的利润。例如，在1819年中国出口到俄罗斯的茶叶量约有500万磅，茶商们的收入大约合白银200多万两。由于长时间交往，俄罗斯方面对于中国茶叶的了解非常深入具体，俄罗斯馆的修士科瓦列夫斯基奉沙皇的指派经常亲自到中国的产茶区去做调查。②

张家口至库伦1400公里，至恰克图2150公里，往返需4—6个月。在商贸鼎盛时期大小商号1450余家，还有40余家外国银行及其代理商，成为西北地区最大的"物资集散地"，最高年交易额达1.5亿两白银。当时输出的物资主要有砖茶、生烟、蒙靴、布匹、糖果、点心和各种日用杂品以及珠宝玉器、金银首饰、绸缎玩具等，可以说，"上至绸缎，下至葱蒜"，无所不包。恰克图与张家口的贸易市场占到了俄国对外贸易的49%。

清光绪二十五年（1899）设有线电报局，位于来远堡（上堡）水岔街。线路南至北京，北通库伦，并与俄国的陆路电线相接，构成欧亚国际电报线路。清光绪二十九年（1903），张家口创办邮政局，时称张家口邮政分局，地址在桥西东关街（今商业步行街），属直隶省北京邮局，是北京邮政局的一个分局。1918年，修筑张（家口）库（伦）

---

① 邓九刚，复活的茶叶之路[M].兰州：甘肃文化出版社，2013，页76—77。
② 邓九刚，复活的茶叶之路[M].兰州：甘肃文化出版社，2013，页79—80。

汽车路,商营大成汽车公司运营于张家口至库伦之间,开创了中国行驶长途汽车的先例。①

进入20世纪,由于第二次工业革命的成功推进和科学技术的运用,使铁路和汽车在世界运输业中迅速发展。俄国西伯利亚铁路、中东铁路的修建和通车,对华贸易的中心逐渐由张库商道转移到东北一线。1928年7月,蒙古人民共和国不准中国汽车入境,并把驻乌兰巴托汽车站的中国人员全部遣返,张家口的汽车行纷纷倒闭。1929年,国民政府与苏联断交,蒙古也关闭中国的所有商号,从此繁荣近3个世纪的张库大道走到了终点。②

三、对推动"一带一路"战略的启示

2022年2月4日—2月20日第24届冬季奥林匹克运动会将在北京市和张家口市联合举行。当前,我国正在积极推进"一带一路"发展战略。在这种大背景下,研究张家口与俄罗斯的通商史,对于探讨中俄两国"一带一路"的合作潜力及发展前景,深入发掘两国交往的历史和文化具有重要的现实意义和实际价值。

回望历史,充分挖掘张家口与俄罗斯在经贸和文化交流上的历史资源,有助于进一步巩固和发展中俄两国关系,加快推进"一带一路"建设,构建对外开放的新格局。

放眼当前,张家口面临三大历史机遇,即京津冀协同发展、筹办承办冬奥会、建设国家可再生能源示范区。我们应当顺应时代潮流使张家口跨越式发展融入国家"一带一路"发展战略中,建设我国多元化的向北开放战略布局,使张家口再次成为世界瞩目的国际化都市。

展望未来,张家口必将助推国家"一带一路"发展战略的深入发展,促进沿路各个国家之间形成了合作共赢、和平等互利的新型伙伴关系,使丝路精神在不同文化背景、不同信仰和不同种族的国家得以传播,从而为21世纪全人类的发展贡献新的精神财富。

【原载于《山西档案》2017年第3期】

---

① 张家口市桥西区志[M].北京:九州出版社,2015,页2。
② 闫雪卿."一带一路"视野下的"张库商道"[J].河北地方志,2016,(5),页19。

明清时代我国北方的国际运输线
——张库商道

李桂仁

塞北重镇张家口,群山环抱,峰峦叠嶂,地势险峻,东望北京、天津,北连内蒙古大草原和西北边疆,战略和交通地位都十分重要,素有"神都北门"之称。历史上是中俄两大帝国"茶叶之路"的起点和全国著名皮毛集散中心,人称"皮都",享有"华北第二商埠"之名。张家口通往蒙古高原城市库伦(今蒙古人民共和国首都乌兰巴托)的贸易运销路线,东连北京,北接边城恰克图,在历史上是内地与边疆的主要商品运销渠道之一,同时也是我国北方的一条重要国际运输线。它始于明末,盛于清中,衰于民初,在历时三百多年的岁月里,随着政治、经济、军事的动乱与变迁几度兴衰。

张库商道历史悠久。这条商道作为贸易之途,大约在汉唐时代已经开始,出现茶的贸易,大约不晚于宋元时代。《宋史·张永德传》载:"永德在太原,尝令亲史饭茶规利,阑出缴外市羊。"七百多年前,元朝定都北京,为加强其对岭北地区的统治,开辟了这条官马大道,但只用于"通达边情","布宣号令"。明朝对茶叶的贸易控制甚严,但是通过在塞外进行的茶马互市,仍然有相当数量的茶、布、帛等内地商品通过张库商道流入蒙古,并被辗转输往俄国。清代重修以北京为中心的驿路时,对该道进行了重点整修,列为官马北路三大干线之一,即由张家口经兴和(张北)、滂江、乌德、叨林至库伦的走向,全长两千余华里。绵延于地旷人稀的蒙古高原,中亘荒漠,气候寒冷而干燥,夏秋时节牧草如茵,是贸易运销的旺季,满载货物的商帮和牛马车队,且行且牧,逐水草而居;冬春季节牧草枯萎,又有庞大的骆驼商队,长途跋涉于千里古道之间。

这条联接中、蒙、俄三国的运输线,在特定的历史条件下,有它的"黄金时代",但由于受地理、自然和交通诸因素的影响,阻碍了它应有的发展规模。张库商道运输,一方面为繁荣边疆经济,增进民族和睦,加强国际交往,促进商品和文化交流做出了积极贡献,在中外交通史上占有极其重要的地位;但另一方面却为帝国主义扩张势力的经济掠夺和军事入侵,提供了方便。

一、蒙汉贸易运输的历史背景

开始建都的明王朝,根据北部边境形势的需要,于永乐十九年(1421),正式把都城迁往北京。以天子备边,大大加强了北方的实力。随着政治中心的北移,北方的商品生产和经济贸易逐渐繁荣起来。当时塞外蒙古族的封建势力,仍割据一方,势力较强的鞑靼族首领俺达汗,多次与明朝发生军事冲突,率队攻掠长城以南州县,直至北京城下,给当地人民的生产和生活造成严重损失,蒙汉间的传统交往被迫中断。蒙古部落也深受其害,其赖以通过朝贡互市的经济利益大受影响,造成蒙古地区生活必需品的严重匮乏。频繁的战乱带给敌对双方的深重灾难,让双方都迫切希望有一个和平安定的环境以发展生产。俺达汗不止一次表示愿与明朝议和,实行通贡互市。隆庆元年(1567),明王朝启用有才干的张居正为内阁大学士,他致力于改革,支持边境互市政策。隆庆五年(1571),在兵部尚书王崇古的建议下,明王朝与俺达汗罢兵言和,册封俺达汗为顺义王。并在宣府等长城关口,设立茶马互市七处,打通了蒙汉之间的贸易交往和商品运销渠道。互市时间定于每年六月。位于蒙汉交通必经之地的万全,在茶马互市开市之日盛况空前,反映了广大人民对通商交易的强烈需求。除马匹和茶叶的大宗交易外,市场上"贾商鳞比",来自南京、苏杭的绸缎,潞州、泽州的绸帕,临清的布帛、绒线、杂货,"各行交易,铺长四五里许"。宣化在茶马互市的当年,就成交马匹两千,价银一万五千两。到万历年间已有很大发展,明政府对宣府的马匹交易限额为一万八千匹,价银十二万两。原为塞外民族乌桓、鲜卑居留地的张家口,始建明宣德四年(1429),万历四十一年(1613),复筑来远堡(今称上堡),开马市与蒙古通商。现在大境门内的土台——讲市台方迹,即是明万历年间修建的马市遗址。据《察哈尔通志》载:"宣府来远堡贡市,拓中为城,……规方壖地、千货坌集,车庐马驼羊旃毳布曾瓶罂之居"。纪录了当时茶马互市的情景。

明末的茶马互市延续到崇祯三年(1604),因边境动乱而结束。在长达六十多年的友好交往中,蒙汉人民和睦相处,促进了民族间的经济和文化交流。使明初以来塞北的形势发生了根本性的好转,也为清代对蒙贸易的发展,奠定了基础。

二、经济振兴促进了张库商道形成

17世纪中叶,王朝更迭,边境纠纷再起。清军入关前后,烧杀劫掠,跑马圈地,社会经济遭到严重破坏。史载当时的北方直隶"极目荒凉",宣府一带"饥民逃兵啸众为乱,不只一处"。繁荣兴盛的蒙汉贸易急剧衰落,经济萧条,商旅中断达三十年之久。公元1667年玄烨亲政,康熙八年下诏停止圈地,将长城内外圈占的十六万顷耕地、牧场,退给从内地迁来的数十万汉民,并在地租、赋役、商业等方面进行了一系列有利于经济振兴的政策,社会趋向安定,大大促进了农牧和手工业的恢复和发展,史称"康乾盛世"。当时国内商业运输相当发达,在北方出现了很多新的城市,如归化城(今呼和浩特市)、多伦诺尔(今多伦)、张家口,都成为重要的交易市场。在归化城"商贾云集""属马驼甚多",多伦诺尔"商贾日重",张家口北关元宝山一带发展成商业中心,建起了烧锅、粉坊、油坊、铁匠炉、瓦窑以及制革、制毡等作坊,市区同并列库伦货栈(经营张库贸易运销的店铺)有数十家,车畜往来络绎不绝,渠道畅通,交通范围日益扩大,为商品运销广开货源。前往蒙古的内地商人,在人口较密、寺庙集中的通衢路口,设立商店、摊点、作坊,逐渐形成城市。如17世纪中叶建成的库伦城,随着贸易运销的开展,东西市街延长约十里,晋、陕、京、张等地客商建立的商店数十家,所有运销蒙古的物资,都集中在库伦支店,再转运到乌里雅苏台和科布多。蒙古销往内地的物资,也大都集中到库伦,再通过张库商道运往各地。

清朝政府为了发展外蒙贸易,笼络蒙古的王公贵族,在北京城内御河西岸设立"里馆",在安定门外设立"外馆",专门接待从蒙古来京客商,临清机户织的哈达、北京造的工艺品专门运销蒙古,北京城也吃上了从蒙古运来的小米。张库商道从此得以与全国最大的贸易中心北京联接起来,进一步促进了张库商道运输的发展。当时北去俄罗斯的路线尚未接通,加之清朝政府实行闭关政策,中俄边境尚未开放。贸易交往未经命令许可,只通过边境两侧民间渠道,数额甚微。

三、恰克图开埠使张库贸易运销进入盛期

(一)《尼布楚条约》的签订与俄国商队来华

16世纪中叶,俄国商业资本积累进一步膨胀,随着沙皇扩张势力的东侵,对物美价廉,资产丰富的东方大国觊觎已久的俄国商人,千方百计打开与华通商大门,以

攫取巨额商业利润。于是便选定靠近我黑龙江、外蒙古的西伯利亚,做为打通对华贸易的通道。清顺治十年(1654),清朝政府与沙皇俄国建立外交关系,以便于交往。而沙皇却乘清军入关不久,派兵跨过外兴安岭,侵入我黑龙江流域。康熙二十四年(1683)清朝政府派兵摧毁非法强占的雅克萨城,取得了军事上的胜利,沙俄不得不接受清朝的和平倡议,于公元1869年签订了《中俄尼布楚条约》,其第五条规定:"嗣后往来行旅,如有路票,准其交易"。即两国人民可持护照过界交往,并允许贸易互市。东段边境开放,为中俄贸易交往开辟了新的途径。

沙皇政府为独占对华贸易,不久即下令禁止私人参与国际商品运销,采取国家商队形式加以垄断。自签约的1689年起至1718年间,俄国皇家商队先后十次千里迢迢来北京进行贸易,每隔两年一次,人数最多时达四百七十八人,少时也有一百多人,动用数百头牛马,到中国内地贩运金银、布匹、丝绸、瓷器、烟茶等,来时带来从西伯利亚廉价掠夺来的毛皮、药材等农牧产品高价出售,给北京等地的经济和社会秩序造成极大混乱,对此清朝政府于公元1704年,限定来京的俄国商队三年一次,每次不得超过二百人。

俄国商队来京的运输路线,开始是从尼布楚经墨尔根(今嫩江)、齐齐哈尔进入内蒙或辽西走廊,再过古北口或山海关到达北京,这条路线往返一次需时五个月,交通极为不便。公元1708年经清政府批准,俄国商队来京路线改从厄尔口城(今伊尔库茨克)或古尔必达巴汗(今克廉)经库伦、张家口到北京。改线后每次往返只需七十天,路程和时间均缩短了一半。在库伦等地的中国内地商人,在清朝政府的支持下,也组成商帮去西伯利亚进行贸易。

康熙五十八年(1719),因沙皇加紧对蒙古地方的侵扰,清政府下令封闭边界,俄国商队被阻不准入境,一直到公元1728年恰克图开始互市时为止。

(二)"买卖城"在中俄贸易运销中的地位

沙皇俄国不甘心中断有巨大经济实惠的中俄贸易,积极要求恢复两国商品运销,清朝政府也想乘机将买卖和易货地点从内地转移到边境,以减少大批俄国商队来京造成的麻烦,在公元1728年签订的《中俄恰克图条约》中,选定交通方便的恰克图开设商埠,做为双方互市的地点。边界两侧分设中国和俄国市场(称中国街和俄国街),两国的商队均把货物运到这里自由买卖或委托设在那里的货栈代为购销。恰克图北去可通航道和陆路与西伯利亚相接,南距库伦六百五十六里与张库商道相接,由于历史赋予恰克图如此优越的经济地位,再加上方便的交通条件,恰克图逐渐发展成名噪一时的"买卖城"。

恰克图贸易市场的日益繁荣,吸引了大批的俄国商队和中国商帮。到乾隆五十七年(1792),俄国已正式组成了六大商帮,分别经营各种商品适销。如专营呢绒、海獭的莫斯科帮,专营皮革、貂皮、毛外套的伊尔库茨克帮,专营皮革制品的喀山帮等。中国内地的北京、山西商人也结成庞大的商队,携带绸缎、布帛、砖茶、纸张、硫磺、火药以及瓷、铜、铁制日用杂品,跋山涉水到库伦和恰克图从事商业活动,形成"北京帮""山西帮",其中以山西商人资本实力雄厚。因为,对俄贸易以茶为主,山西帮也称"西帮茶商"。山西人有悠久的经商传统,清时又得到较高的政治地位,关内与塞外的商业联系,长期掌握在他们手里。据《朔方备乘》卷三十七载:"其内地至恰克图贸易者,强半皆山西人,由张家口贩运缎布、烟茶、杂货等,前往易换各种皮张、毡毛等物"。

恰克图的对外贸易逐渐发展成以茶为主,茶叶是买卖城的最大买卖。这条商道输往俄国的商品,一开始还不是以茶叶为主,而是以布、绸缎、生丝等商品为大宗。当时,茶叶在莫斯科的市价相当昂贵,大约每俄磅为十五卢布、只有宫廷贵族和官吏才能买得起。但是这种状况随着俄人嗜茶者的增加而发生了变化,到18世纪50年代,俄商对茶叶的需求与日俱增。大致从乾隆三十三年(1768)起,张库商道上中国输往俄国的商品茶叶已成为大宗,一直到道光时期,可谓茶叶贸易的鼎盛时期。据统计,这条商道上输往俄国的茶叶,1727年为两万五千箱。1750年运俄砖茶一万三千普特(每普特重十六点三八公斤),1810年增加到五万七千普特。据《海流图志》八十一卷载:"道光十二年(1732)俄国商人从中国北部边界蒙古地方,买走黑茶六百四十六万一千磅"。这些茶叶均购自内地运销到边境。当时,俄商在恰克图向中国商人购得茶叶后,转贩至欧洲获利很大。大约在恰克图以二卢布购一俄磅茶(中品茶),转运至圣彼得堡(列宁格勒)可以卖三卢布的价钱,赚利五成。双方贸易额年复一年增长,公元1777年达二百八十六万八千三百三十三卢布(其中由中国输出一百四十八万四千七百一十二卢布,输入中国为一百三十八万三千六百二十一卢布),1796年达到五百一十万卢布,1810年增加到一千三百一十六万卢布,1845年达到了一千三百六十二万卢布的最高峰。恰克图成为俄国在亚洲的最大交易市场,获重大经济利益,俄国有人欢呼"一个恰克图抵得三个省"。因而引起了英美等西方国家的羡慕和嫉妒。

恰克图互市从发展经济的观点看,它沟通了商品和文化交流,促进了生产和交通的发展,但却使沙皇的势力进一步渗入中国,直接影响到后来列强在华势力范围的划分。

（三）张库商道在国际运输中的作用

边境开埠，商业互市，使张库商道继续向北延伸，这条联接中、俄两大帝国的国际运输线随着贸易远销的发展，也逐步繁忙起来，一年四季载运货物的牛车驼马络绎不绝。但据史料记载，当年在这条大道上从事运输是非常艰苦的："自大境门外沿山沟北行，约五十五里，渡汉诺尔坝，最高点比张家口拔出二千七百五十余英尺，绵亘塞北，入蒙古高原，行五百四十里至滂江，又五百四十里至乌得，又五百八十里至叨林，又五百一十里至库伦。商旅交通皆持牛马驼脚，中亘大漠，人烟甚稀，夏至各地草长如茵，随处皆可游牧，故多用牛马车运送，冬春之际多用骆驼，若遇酷暑则结队夜行，随地设幕。牛车运送一次需二三月，耗费白银十七八两，马车行程较速，需费亦略多，驼轿大者可容二人，最速需时二十日至一月，耗费白银三十两至百两不等"。

由于路程遥远，地旷人稀，旅程困难较多，商人运送货物的车辆和驼脚不得不结队而行。据《清稗类钞》记载："晋中行商运货往关外诸地，虑有盗，往往结为车帮，此即泰西之商队也。每帮多者百余辆，其形略似大古鲁车（达呼利之车名），轮差小，一车均可载重五百斤，驾一牛，一御者可御十余车，日入而驾，夜半而止，白昼牧牛，必求有水草之地而露宿焉，以此无定程，日率以行三四十里为常。每帮车必携犬数头，行则系诸车中，止宿则列车为两行，成椭圆形，以为营卫。御者聚帐中，镖师数人，更番巡逻。入寝，则犬代之，谓之卫犬。"被称为沙漠之舟的骆驼，在这条国际商道上，是一支重要的运输力量，耐饥渴，善远行，每峰可载货四百斤。《竹叶亭杂记》卷三中记载了骆驼队自库伦抵恰克图的情形："客货俱载以骆驼，俄罗斯人每以千里镜窥之，见若干骆驼，即知所载若干物，商未至四五日前已了然。"当时俄国驻恰克图的商务专员，对由华输入之货物采用骆驼、牛车的计量单位，如1817年运抵"买卖城"的中国货为二千八百驼和一千四百二十车，1818年为三千四百五十驼和一千四百二十车，1929年为九千七百六十驼和二千七百五十车。年运量在五百万斤以上。位于张库商道起点的张家口，是中俄贸易的重要物资集散点和中转站，在沟通运销渠道、发展北方国际交通中，占有举足轻重的地位。清初以来，张家口的旅蒙业（即办理去库伦蒙区贸易屯栈、运输业务的行业）已开始活动，康熙年间仅三十余家，中俄贸易开展后，尤其是恰克图开埠，进一步促进了旅蒙业的大发展，乾隆年间已达一百九十余家，道光年间发展到二百六十余家。大境门附近商贾云集、市场繁茂，正沟一带商店鳞次栉比，一派繁忙景象。《口北三厅志》中有一首《登张家口城楼》的诗描绘了张库商道上繁忙的运输景象：

蜿蜒城势列长蛇，堡断峰连水折沙；
驵侩驿通中外市，牛马乞杂往来车。
神争社会当场采，女竞边妆满髻花；
一望西风烟草寂，驼鸣旆幕夕阳斜。

自恰克图互市到第二次鸦片战争的一百三十年，张家口—库伦—恰克图的国际运输线，除三次较短时间停顿外，发展一直比较正常，这段历史成为这条古商道运输的"黄金时代"。

四、张库商道从衰落走向终结

从1840年第一次鸦片战争后，中国进入半殖民地半封建社会，清朝政府更趋腐败，包括沙俄在内的帝国主义列强，加紧对中国侵略，迫使中国签订了一系列不平等条约。咸丰六年（1856），清政府被迫同意除恰克图外，增设伊犁、塔城为通商口岸；咸丰八年（1858）签订中俄《天津条约》，取消了俄商来华人数和货物数量限制；咸丰十年（1860），中俄《北京条约》规定，俄商可凭本国官方路引，免税到库伦、张家口运销商品，边境各地进一步开放；光绪七年（1881），又签订了中俄《陆路通商章程》，中国各地允许俄商贩运各国货物，并在天津经营转口贸易，库伦、张家口准俄商开设铺房、行栈，从内地到边界全部被迫开放。俄国官商控制了从新疆到蒙古的经济命脉，张库路上俄国商品和俄国商队络绎不绝，贸易运销带有明显的殖民地性质。

边界自由通商后，俄国经济势力大举入侵，1866年在库伦出现了第一个俄国商店，嗣后商店迅速增多、扩散，形成了以库伦、科布多、乌里雅苏台为中心的运输网络。支店和流动摊点遍布各旗、县，他们凭借通商自由和免税优惠，使中国商人在竞争中不断失利。加之清朝政府对华商征收"部票"日益加重，在此沉重的打击下，张家口的西帮茶商从一百余家锐减为二十余家。在恰克图、库伦的店铺也纷纷倒闭，中国商人在张库商道上逐渐消减。1903年，西伯利亚铁路建成通车，中俄商品运销经海参崴转口，这对恰克图贸易和张库商道运输是致命的打击。宣统三年（1911），理藩部会奏称："蒙古商会,向以茶为大宗,近来销数顿减,不及旧额十之三四,实因西伯利亚铁路便利,难与竞争"。这对当时中国在外蒙的贸易是一个真实的反映。

  1911年十月十八日,沙俄乘中国辛亥革命之机,策动封建领主哲布尊丹巴等宣布外蒙独立。在这次事变中掀起反华排华浪潮,中国商店多数被掠夺,实力雄厚的中国资本在外蒙被排挤出来。张库大道路断人稀,商品运销濒于绝迹。1915年中俄条约签订,张库商道复通,外蒙取消"独立",内地商人开始重返外蒙经商,到1917年,张家口大境门外的西沟又恢复了以往的繁荣景象。办理蒙古交易的大小商店又增至一千四五百家,年商品输出额达白银一亿二千万两,其中经由张库商道运往外蒙的不少于六千万两。1919年达到一亿五千万两,到张库商道贸易最高纪录。在库伦的中国店铺也发展到四百多家,外蒙市场大都又回到中国商人手中。据库伦关税统计,1918年从张家口运货到库伦,除汽车外,骆驼和牛车的数量达十八万头(辆),由库伦出发到张家口的牛车和骆驼达十九万二千头(辆),总运量达六千万至六千三百万斤,张库路运输达到了前所未有的规模。但为时不久,外蒙连续发生政治和军事动乱,张库路交通再次遭受破坏。1919年七月,北洋政府派西北边防督办徐树铮带兵进入库伦,强征西北汽车公司和商营大成汽车公司车辆作为军用;1920年流亡于兴安岭一带的白俄散兵从满洲里侵入外蒙,和那里的中国军队发生战争,张库商道运输再次中断。

  1924年蒙古独立后,苏蒙间签订了一系列协议,两国贸易迅速增加。在苏联商品的排挤与竞争下,中蒙贸易和张库商道运输急剧下降。1929年蒙古运输业由国家垄断,在乌兰巴托的中国私营运输业全部被迫离境。经营外蒙运输的张家口汽车行纷纷关门倒闭,在当时铁工厂的大院内,仅商车就封存了四十多辆,此后中蒙间的贸易运销则在边境城镇乌得(在二连以北的蒙古一侧)中转接运。张库商道从此结束了它兴盛的历史。

【原载于《张家口文史资料》第十三辑(工商史专辑)】

张家口
——草原丝路的重要节点(节选)

刘振瑛

东西方贸易盛于丝绸。为此,我们习惯上把沟通东西方交流之路称为丝绸之路。丝绸之路,是中西方贸易、文化交流的历史记忆。丝绸之路有着许多通道,如通过河西走廊的陆上丝路、东南沿海的海上丝路、中国北方的草原丝路等等。丝绸之路已经成为中西方全方位交流的一个文化符号。历史上的张家口,曾是草原丝绸之路的一个重要节点。

道路的形成,取决于地理环境。张家口地处独特的地理单元结合部位,东向是华北平原的北京、天津直至渤海,西北连接广阔的草原及浩瀚的大漠戈壁,南至太行山脉间的陉谷沟通华北平原腹地,张家口的地理环境使其成为交通网络交织延伸的区域中心和北方草原及西部广大地区通往华北平原的重要交通节点。

清康熙年间开始形成的张库大道曾经是中国与俄罗斯等西方诸国经济和文化交往的主要通道,她更是古丝绸之路的延续。正如学者陶宗冶先生在《青铜时代张家口与蒙古、俄罗斯的文化交往——兼谈张库商道的历史渊源》一文中总结:"在长达2000多年的时间里,长城沿线相继上演了一幕幕游牧民族和农耕民族从征战、和议,直至互市开放走向统一的历史大剧,而张库商道就是这一历史大剧里一幕华彩的篇章。"

一、张家口作为草原丝路节点之历史渊源

回溯历史,商代张家口地域属冀州之辖域,西周属幽州之地。周朝800年期间,我国的交通运输初具雏形,还出现了国家一级的道路,称为"周道"或者"周行"。《诗经·小雅·四牡》:"四牡騑騑,周道委迟。"《国语·周语》:"周制有之曰:列树以表道,十里有庐,庐有饮食;三十里有宿,宿有路室,路室有委;五十里有市,市有候馆,

候馆有积。"周代的统治者,十分注意道路的修治维护,所谓"周道如砥,其直如矢",虽不免有些夸张,但也反映了当时道路的平直。《河北省张家口地区公路交通史·公路篇》分析认为:"西周时期,张家口地区沿永定河、桑干河的怀来、涿鹿至阳原、蔚县和燕都蓟(今北京市)至崇礼,都已有大车道可通。西周在商代的基础上,进一步发展了驿传制度。在这些干道上附设了路室和馆舍,建立了干草和饮食的储备所。"

春秋时期,张家口坝下地区大部属燕国,蔚县、阳原为代国领地,张北为无终,坝上北部为东胡。此时以古代国为中心,初步形成了商品交易的"市"。春秋时期,频繁的诸侯会盟、兼并战争以及商品交易的"开市",促进了张家口地区境内道路交通的发展。当时主要道路有蓟(今北京市)至代(今河北省张家口蔚县东北),蓟经屠何(今河北省张家口下花园)至无终(今河北省张北县境)等几条。这些路径也包括我们常常提及的北京至张家口的京西古道。

战国时期是我国封建社会的开始,新兴地主阶级取得政权后,创建了郡县制。此时,张家口坝下地区以南至蔚县、涿鹿界之东为燕国上古郡,以西的怀安、阳原、蔚县为赵国的代郡,坝上属东胡等游牧部落。这一时期,铁器的广泛使用,改变了生产关系,促进了农业和手工业的进一步发展。由于政治、军事的需要,商业及商品经济的逐步繁荣,各国之间的来往逐渐频繁。各地土特产品互相交流,在中原市场上可以买到南方的象牙,北方的马,东方的鱼、盐和西方的皮革,许多城市成为繁华的商业中心。涉及到张家口地域的较大战事是公元前306年,"赵武灵王十九年北略中山之地遂至代北无穷(今河北省张北县境)";公元前297年,"惠文王二年,之父行新地遂至代。三年,灭中山北地方从代道大通"。此外,燕、赵二国与北方的少数民族亦不断发生战争。"赵武灵王北破林胡、楼烦,筑长城而置云中、雁门、代郡。燕将秦开为质于胡,胡甚信之;归而袭破东胡,却千里;燕亦筑长城,自造阳至襄平,置上谷、渔阳、右北平、辽东郡以据胡"。公元前307年"赵武灵王胡服骑射,向北开拓疆土巩固北方边界"。公元前228年"秦始皇十九年,赵公子嘉帅其宗族数百人奔代,自立为代王,赵之亡,大夫稍稍归之,与燕合兵,军上谷。秦始皇二十五年(前222)王贲灭燕,还攻代,虏代王嘉"。战国时期,各地信息的互通,促进了私驿的发展,当时私人驿传甚至较官驿更为迅速、灵敏,《史记·信陵君列传》就有记述。战国时张家口境内主要道路是:蓟(今北京市)经造阳(古地名,赤城县独石口北坝头一带);屠何(今河北省张家口下花园)至无穷之门(今河北省张家口张北县南);蓟至代(今河北省张家口蔚县东北)及无穷之门至雁门郡(今山西省大同市)。

公元前221年，秦始皇统一中国，在经济、政治、文化诸方面采取了统一文字、度量衡、货币、车轨等一系列措施，并在"周道"的基础上整修驰道，建设全国性的交通网，把战国时代各国相互设防、宽窄不一的道路统一起来。秦王朝修筑的以咸阳为中心的九条道路中，有一条路线是经过张家口地域的。这就是九原—碣石（今河北省昌黎县北）的驰道。秦在统一六国过程中，秦始皇采取移民实边，沿边筑城、设塞的政策，把战国长城连接起来。长城沿线连接的九原、云中（今内蒙古自治区托克托县）、雁门（今山西省右玉县东40里）、代郡（今河北省蔚县东北）、上谷（今河北省怀来县东南）、渔阳（今北京市密云县西南）等重要城市而至碣石就成为北边交通干线。

历史上，张家口地域的民间贸易从未间断，内蒙古自治区和林格尔乌桓校尉墓壁画中就真实地记录了宁城市场的热闹景象。汉鲜卑乌桓市（汉、唐）设在宁城（今河北张家口境内）。宁城，即大宁城。有学者认为东汉和西汉王朝时，曾在现张家口南郊洋河北岸建宁城。据史料记载：北榆林一带，其东南角是一片开阔的场地，四周筑有围墙，是"上谷胡市"之所。宁城东北、西南是居民区，繁华的大街两边，店铺林立，商贾云集，人来车往十分热闹。从公元前兴起至光武帝建武二十五年（49）允许鲜卑人在宁城与汉人互市，至东晋咸康二年（336）后的短暂繁荣，大约共延续了四五百年。

蒙古草原历来地广人稀，固定居民点不是很多，城镇就更少了。而地处边缘的康保县西部邓油坊乡却发现一处南北近1000米，东西近800米的西土城遗址，相关专家初步认定属辽金时期遗址，笔者认为似乎还应该更远一些，证据是这里出土了大量隋唐五代和宋代的开元圣宝、熙元宁宝、天元圣宝等铜钱及汉代玉器、铜镜、鸡腿瓶等。《宋史·职官志》云："（宋哲宗）元符末，程元邵言，戎俗食肉饮酪，故茶而病于难得，专以蜀易上乘。"《明史·食货志》谓："蕃人嗜乳酪，不得茶，则困以病，故唐、宋以来，行以茶易马法，用制羌、戎。"唐宋者名之团茶，蕃人尤嗜之，常以重价买之。似此唐代之回鹘，宋代之契丹，以至夏金国之藏古，食肉饮酪之民，亦莫不好茶。茶"流于塞外"的时间与西土城的繁荣时间正同。而这茶的"外蕃易马""以茶易马"的道路中，有许多条路都经过了京西、张家口一带。这就更促进了汉族同北方少数民族的经济往来和文化交流。

宋、辽、金的南北对峙与当时张家口地域的道路情况也不得不提。936年，石敬瑭灭后唐当上皇帝，即把燕云十六州割让给契丹。这十六州包括了今河北、山西二省北部地区和北京市。其中蔚（治安边，今河北省蔚县）、新（治永兴，今河北省涿鹿县)、妫(治怀戎,今河北省怀来县)、武(治文德,今河北省宣化县)四州,基本上是张家口的坝下地带。尽管如此,贸易仍然不断。陆游《南唐书》提及:"契丹虽通商南唐,徒持虚辞,利南方茶叶珠贝而已。确系实情。北蕃好食肉,必饮茶,因茶可清肉之浓味。今蒙古人好饮茶,可为例证,不饮茶,多困于病,无怪其常以名马与汉人易茶也。"

辽得十六州后,在幽州(今北京市)建南京,也叫燕京,在云州(今山西省大同市)建西京,与上京(今内蒙古自治区巴林左旗)、中京(今内蒙古自治区宁城县西)和东京(今辽宁省辽阳市)合称五京。南京与北宋接壤,西京是辽西南边陲重镇。从南京到西京有一条十分重要的道路,而蔚、武、妫、新实则是这条道路上的重要中转,由南京到妫州必经居庸关的四十里关沟,这从辽、金以至于元的屡次战争必争此关可以看出。同时由妫州经奉圣州、蔚州出广灵去西京,也可能是这条道路主要路段,其余可能路线还有从可汗州,经归化州、张家口、怀安、天成(天镇)、长青(阳高)去大同,从归化州经化稍营、阳原出神泉堡去大同等等。

《金史·食货志》载:"榷场,与敌国互市之所也。皆设场官,严厉禁,广屋宇以通二国之货。岁之所获亦大有助于经用焉……国初于西北招讨司之燕子城(今河北省张北县城)、北羊城之间尝置之,以易北方牧畜。"市场就在张北城东北与北羊城之间。到契丹立国后,张家口地区为契丹辖地。西北少数民族间的贸易之所就在离张家口不远的代州门砦进行。后来,辽市在羊城,金火俺榷场也在羊城。羊城,即北羊城。

金代,张北城叫燕子城,燕子城与北羊城之间也曾设市场。北羊城故地的确切位置,有待新的历史考证,而北羊城在张家口一带是无误的,北羊城后来又成了辽金时代的火俺榷场。"榷",古义为专卖。如榷茶、榷税,又有商议、探讨之意。榷场贸易主要指宋、辽、金、西夏时期,汉民族与其他少数民族的沿边贸易。

《万全县志》有关张家口一带古代集市贸易记载:"春市场(宋、元)在集宁(今内蒙古自治区集宁区)。明马市(明)在张家口。我朝(清)玉帛万国,西北诸藩往来交易者,皆由来远堡入。南金北毳络绎交驰盖其盛已。"可见,我国北方历代各民族间贸易之"市"的延续,是由于商品"络绎交驰"而兴盛的。这"络绎交驰"的道路就是张库大道的历史渊源。

1153年,金迁都燕京,改为中都大兴府(今北京市),政治中心便移至燕京。所以金朝对燕京到西京、上京的道路十分重视。《金史·食货志》就有"金大定二十一年六月,金世宗完颜雍命修治怀来以南道路,以来粟者"的记载。我们应该指出,这是"修治",也就是修理整治,而不是新筑。看来道路历史已经很久了。

12世纪末13世纪初,成吉思汗统一了蒙古各部,通过战争、联盟、联姻等手段吞并了西北诸民族,使得蒙古帝国空前强大。金大安三年(1211),成吉思汗先在野狐岭大败金兵。1215年蒙古人攻占金朝中都(今北京),彻底打通了农耕经济和游牧经济往来的通道。

《多桑蒙古史》上册记载:"太祖十四年(1219)成吉思汗率兵西征,仿中原制度于大道上设置驿站,以供官吏使臣旅行之需,由居民供给驿马,驿递夫之食粮,以及运输贡物之车辆,亦由居民供应之。定有一种规章,使用驿马者应遵守之。先是经行鞑靼地域之外国人,常受其他多数独立部落之劫掠。自是以后,有一种严重之警巡,道途遂安。"

《长春真人西游记》对当时中原通往草原的驿路有如下记载:"从燕京出居庸关,经宣德(宣化)、宣平(宣平堡)、翠屏口、野狐岭、抚州(张北)、盖里泊(伊克勒湖)、渔儿泊(达里诺湖)到达蒙古北部贝加尔湖北成吉思汗四弟的帐下。"然后转向西域。长春真人丘处机回大都时,成吉思汗问他需要什么,他说:"只得驿骑足矣。"可见当时从中原到草原腹地驿道的后勤保障已初具规模。

蒙古帝国自窝阔台大汗执政后,"布递传,明驿券,庶政略备,民稍苏息焉"。开始实施"站赤"(驿传),并且渐渐建立和完善了驿传制度。通往中原的驿道基本依成吉思汗旧路从大都出发,过居庸关走沙井道,越野狐岭,到抚州(今河北省张北县),行滦河上游(今河北省沽源县)至哈拉和林。稍后修的一条车道从大都出发过居庸关、怀来、宣德、宣平、出德胜堡、扼胡岭至孛落,再东行至鱼儿泊(达里诺湖),西北行至克鲁伦河上游转而哈拉和林,这两条新建驿道都从张家口境穿过。驿道也是商道,《史集》记载,窝阔台时期,每天有500辆载着食物和饮料的大车从各地方运到哈拉和林。为运谷物和酒,还专门建造了一种庞大的车,每车需要800头牛拉运。现在虽无史料,但我们相信当时经营丝绸、茶叶的商人们也在沿着这条驿道忙碌着。

张家口地处大都至哈拉和林、上都、中都的必经之地,而且是几条驿路的汇合点。由于处于地理单元的结合部,所以民间贸易也十分兴盛。当时,从全国各地调运大批粮食、布匹、绸缎及各种日用品等物资送往蒙古地区。为了给草原输送生产、生活物资,他们把江南和中原的物资经北京运至张家口,把山西或通过山西转运的江南物资经太原、大同运至张家口,然后由驼队或老倌车队运到草原和西北地区。由大都(今北京市)至上都开平(今内蒙古自治区多伦西北正蓝旗附近),途经张家口的驿道,是繁忙的货物运输线。转运的货物数量非常多,要调用南口、北口、土木、枪杆岭、雕窠、虾蟆岭、赤城、河察儿八眼、撒赤古、桓州、孛老等十多个驿站的牛车转运。至宋理宗中统四年（1263）大都北京至上都已开辟四条驿道，四条驿道都从现张家口地区过境。《永乐大典》对当时的四条驿道之一的正道是这样记载的，驿路正道从大都正北微西行，经昌平新店驿出居庸关四十里关沟，经龙庆州缙山站（今北京市延庆县）、榆林站（今河北省怀来县榆林）、洪赞站（今河北省怀来县西洪站）、雕窝站（今河北省赤城县雕鹗）、赤城站（今河北省赤城）、龙门站（即望云，今河北省赤城龙关）、独石站（今河北省赤城独石口）、牛群头站（今河北省沽源县南，石头城旧址）、明安站（今河北省沽源县北）、察罕脑儿行宫（今河北省沽源县北囫囵诺尔）、李陵台站（今内蒙古自治区正蓝旗北四郎城）至上都开平（今内蒙古自治区正蓝旗昭门苏木），全长距离约1200里。

　　元末，中书省是全国瞩目的京畿之地，被称为"腹里"。宣化一带作为大元的"腹里"之地，曾有过空前的繁荣。通往上都的辇路、驿路、西路，大都穿宣化境而过。专门接待皇帝的"纳钵"驿站在张家口一带也有很多，如黑谷路，如驿城鸡鸣驿、宣平县内的得胜口纳钵、翠屏驿等。当时清水河西岸至虞台岭、野狐岭一线，虽然村落稀疏，但仍有一些留存至今，如荨麻林（今河北省洗马林镇）、石家屯、武家庄、宣平堡、膳房堡等。元末，驿传制度随着政治形势的危机也逐渐衰亡，而只有商队的车辆驼马还在驿路流动。

　　明代陆路运输，基本上是采取定点和接力的方法。随着军事的发展，明朝军队占领了部分蒙古地区，开始建立驿站，认为"驿递天下之血脉"。"驿传所以传命而达四方之政，故虽殊方绝域不可无也"。明太祖洪武二年（1369）改"站"为"驿"。明朝设立卫所，驿站由卫所直接管理，派兵卒充当驿夫，驿站除招待过宿官员、运送官物、押送犯人外，还要传送官方文书。

　　明代与蒙古各部通贡，明朝利用封官授职以及使臣入贡来控制蒙古大小封建主，用通贡的特权派遣使臣携以牛、马、羊、驼等畜产品到京师向明朝政府朝贡，明朝统治者给以很多赏赐品，使蒙古封建主从中获得各种礼物。封建领主入京受封授职，朝贡及后来互市的通道也大都依驿路进行。张家口东太平山山崖崖壁上曾经刻有的"蒙海朝宗"石刻，就是这一时期的文化表现。此后，就是出现了轰轰烈烈地载入史册的茶马互市。

　　清代的驿站，基本上是沿袭明代驿站设置根据交通状况而定的。《清史稿·地理》所记："内蒙古驿凡五道：曰喜峰口、古北口、独石口、张家口、杀虎口。"

　　张家口驿道是清康熙三十二年（1693）由吏部侍郎布彦图、侍读学士额赫礼主持安设的。杀虎口驿道也从张家口经过,清康熙三十一年(1692)由内阁学士德林主持安设。此时的驿站并没有过分强调库伦(圐圙)这个地方,看来清康熙三十二年(1693)时,圐圙的作用还没有完全显现出来。蒙古国乌里雅苏台博物馆现存一张清末漠北驿道图,这张图标明,至少有4条驿道从漠北高原通过。

清代的驿站屡屡因为战争及边防形势的需要而有所增减,尤其是在中央直接管辖的疆域急剧扩大时,如征服蒙古各部以及西南各省的改土归流等。阿尔泰军台是清王朝联系漠北的最重要线路,通往蒙古的阿尔泰军台线路,自张家口起,沿线包括库伦、乌里雅苏台、科布多、阿尔泰等重镇。尽管清朝的驿道是政府传达政令、军令、使臣和官员往来、人犯押送的交通干线,但也是中原与草原地区经济贸易、文化交流、民间往来的主要通道。其中张家口至库伦、乌里雅苏台至科布多、赛尔乌苏至库伦、库伦至恰克图等驿道大都成为了实际意义上的商贸通道,其基层台站自然也都成为了商人的休息站点。

大量历史文献证实:张家口是一个与路有着不解情结的地方,一条条历史久远的不断更替、演变的驿道、兵道、商道,把张家口与草原连接了起来。

二、张家口作为草原丝路节点的重要意义

草原丝绸之路是欧亚大陆各国、各地域、各民族间文化、经济全方位交流的通道。实际上丝绸之路完全是一个近代提法,在上古时代和中世纪的游记故事中,根本没有丝绸之路的称呼。文献记载:元代从黑海经蒙古草原至太平洋的这条通道又先后变成了香料之路、茶叶之路和瓷器之路,而且也是外交使节们来往的必经之路,并不完全是丝绸之路。而当时只有从中国经西伯利亚到中亚蒙古人地区的一段路段例外,在那段交通干线上仍从事珍稀织物的少量交易。这类珍稀织物也沿着13世纪和14世纪的两条路,少量地流入欧洲。这两条道路之一是塔里木至小亚西亚的传统道路;另一条则位于靠北很远的地方,从亚美尼亚、克里米亚、高加索的海港出发,沿着黠嘎草原和西伯利亚南部一直到达哈拉和林。

谈到草原与中原的文化、经济交流,有一条穿越草原、戈壁最终进入中原的通道。这条通道的走向,很可能就是沿着远古时草原游牧民族和中原农耕民族贸易交往的方向延伸开去的。如法国学者布尔努瓦所说:"从中国经西伯利亚到中亚蒙古人地区的一段路,即草原丝绸之路或草原茶叶之路。"著名学者、茶叶之路研究专家邓九刚先生也曾说过:"……早期的茶叶之路,其实就是草原丝绸之路,这一点在我

国学术界差不多已经取得共识。一般地人们把它称为草原丝绸之路。"

综上所述,据地理、政治、经济诸多的因素分析,历史上张家口地域,事实上就是中国北方到达中亚和欧洲的经济通道的一个重要节点。这条经济通道的大概走向,是从华北平原通过太行陉口进入燕山谷地,再择路登蒙古高原西北行,最终达欧亚交接处。假如我们依地理状况划一条从哈拉和林至中原的最简捷的路,它也会和后来有着明确记载的张库商道有重合之处。所以说,张库商道应该是继中国北方草原丝绸之路衰落之后,在欧亚大陆间重新复苏的一条古商道,是沟通欧亚的古丝绸之路的延续。

严格地讲,历史上从张家口地域出发或经过,最终到草原腹地的商路是存在的。塞内加尔学者迪安博士曾成功地组织率领三支国际考察队走完了古代丝绸之路的沙漠、海洋和草原路线,并发现了大量的中国遗物。尽管现实中这是一条没有固定路线且游移不定的路,这是一条没给我们留下太多痕迹的路,但不能因此否定它的存在。这里曾经有一条早于途经河西走廊的东西方的沟通之路,它应该定义为中国北方丝绸之路或草原茶叶之路。张库大道是离我们年代最近的一条丝绸之路或草原茶叶之路中的重要一段,它之所以选择了张家口,是因为张家口不仅具备了草原到中原距离最近,相对道路状况较好的优势,而且张家口离京城较远,在此交易对京都的安全影响不大。又因为张家口地域民风淳朴,包容性极强,有着良好的投资环境,所以市场最终确认了张家口的地位。

1989年、1990年和1992年,联合国教科文组织连续三次派出考察组专门考察"陆路丝绸之路""海洋丝绸之路"和"草原丝绸之路",考古学家和地理学家认为:"有三条贸易道路从中国境内传统的丝绸之路通往南西伯利亚:一条经叶尼塞流域、鄂尔浑河谷、乌里雅苏台城和张家口到达北京,一条商道从吐鲁番经塔城和阿尔泰山通往叶尼塞河,最后一条商道从天山经额尔齐斯河和哈巴河通往阿尔泰山和叶尼塞河流域。"世界历史专家已对这条商道进行了认定。

历史永远是现实的镜子,"古为今用"也是历史研究的永恒定律。历史的出现,必因现实的需要。习近平总书记之所以多次反复提起丝绸之路经济带的话题,就是因为丝路文化应该复兴,需要复兴。今天,我们追寻张库大道、茶叶之路和草原丝绸之路的历史,探究其历史上的文化渊源,是为了迎接世界经济一体化大潮,是为了让张家口和沿途各个城市,在历史舞台上续演曾经的辉煌。所以我们这些张库大道、茶叶之路、草原丝绸之路沿途的人们,都应该回头看看历史,都应该站在发展的高度提出共同的呼吁:架设桥梁,恢复商道,发展经济,再续友谊。而我们现在张家口积极申办的2022年冬奥运会,恰恰就是古丝绸之路节点的又一次文化盛宴,期待着丝绸之路经济带上的雪绒花再次绽放。

作者简介:刘振瑛,张库大道历史文化研究会顾问,张家口桥西区政府文化旅游顾问,万里茶道河北段遗迹调查特聘专家。

【原载于《张家口历史文化研究》2014年第14期】

参考文献:

1.[汉]司马迁:《史记》,北京:中华书局,1982年。
2.[宋]司马光:《资治通鉴》卷三十三,呼和浩特:远方出版社,2002年。
3.[宋]马令、陆游:《南唐书》(南京稀见文献丛刊),南京:南京出版社,2010年。
4.[元]脱脱等:《金史》,北京:中华书局,1975年。
5.[元]脱脱、阿鲁图等:《宋史》,北京:中华书局,1977年。
6.[元]李志常:《长春真人西游记》,石家庄:河北人民出版社,2001年。
7.[清]张廷玉:《明史》,北京:中华书局,1974年。
8.[清]赵尔巽:《清史稿》,北京:中华书局,1998年。
9.[清]左承业:道光《万全县志》,北京:北京图书馆出版社,2002年。
10.本书编写组:《河北省张家口地区公路交通史·公路篇》(上册),1983年。
11.《张家口地区公路运输史》,石家庄:河北科学技术出版社,1989年。
12.韩祥瑞主编:《张家口历史文化丛书:张家口悠久的历史》,北京:党建读物出版社,2006年。
13.邓九刚:《茶叶之路——欧亚商道兴衰三百年》,呼和浩特:内蒙古人民出版社,2000年。
14.[波斯]拉施特主编,余大钧、周建奇译:《史集》,北京:商务印书馆,1983年。
15.[法]布尔努瓦著,耿升译:《丝绸之路》,济南:山东画报出版社,2001年。
16.[瑞典]多桑著,冯承钧译:《多桑蒙古史》,上海:上海书店出版社,2003年。
17.陶宗冶:《青铜时代张家口与蒙古、俄罗斯的文化交往——兼谈张库商道的历史渊源》,《张家口历史文化研究》2013年第13期。

"口商"在张库商道贸易中的历史地位

陶宗冶　魏惠平　刘文清

口商在近现代中俄贸易史中是一个发挥过重要作用，而又常常被忽略的角色，所以有必要专题讨论。

口商是相对晋商而言，两者的区分是以地域作为划分标准的。字意上口商就是东口，即当时张家口的商人，而晋商的含义却涵盖整个山西和所有山西籍的商人，从这个定义讲口商并不是一个很大的商帮。历史上，张家口在清初以前几乎没什么人居住，后来之所以形成东口、张家口，主要原因是中俄《恰克图条约》签订后张家口、库伦和恰克图商道，即张库商道的兴起。因为张家口是张库商道的起点，所以四面八方的商人纷纷汇集到这里，那时的张家口就像改革开放初期的深圳。来的人中既有晋商，也有其他地区的商人，同时，原张家口周边各县也有大批的人们加入进来，由于以张家口本地人为主的商业群体具有其他商人所不具备的地利优势，所以，随着张库商道贸易的发展，张家口本地的商业群体也逐渐发展壮大了起来，并最终在张库商道贸易中和晋商共同成为张库商道的主要力量。

目前，在近现代中国商业史的研究中，学术界已经提出了晋商这个概念，并且有很多专题论著。但是我们要注意到，晋商是汇通天下，足迹遍布全国的一个极大的商业群体，其经商范围绝不仅仅限于张库商道。而口商不同，口商的经营范围主要是张库商道，这一点和晋商没有可比性。但因为研究张库商道既不能不涉及晋商，也不能不涉及晋商之外的以张家口为中心的商业群体，所以，总得给晋商之外的这个群体起个名称以示区别，于是就出现了口商一词，这也是提出口商一词的意义。

据记载，山西在康熙年间就已有人从事蒙古地区商业了，这和山西在清代大灾小灾不断有关。据记载，清光绪三年山西大旱，山西人口从1500万锐减到1100万，可见灾荒造成的的灾难有多严重。灾荒迫使山西人铤而走险走蒙古，因为蒙古与山西东部的河北、西部的陕西相比地广人稀，生存条件好一些。加上山西人很早就在蒙古开始经商对蒙古熟悉,所以,到蒙古去的山西人不仅人多,而且经商的理念、成就的事业上也确实优于其他的省,这在学界是公认的。据蒙古国国家档案局和内蒙古自治区档案局编著的《旅蒙商档案集萃》①公布的乾隆五十四年(1789)三甲花名册、九甲花名册的记录,当时在库伦入册的商户基本以山西汾阳、太原和宁武的为主,可见晋商在勇闯天下的胆识方面确实是非常值得称道的。所以,我们可以肯定地说,晋商是从事张库商道贸易中最早、最主要的开拓者和经营者。

据刘振瑛先生《品评张库大道》一书中引自《张家口商业概况》的资料显示,民国初年"市内店铺达到1571家……"②。另据刘振瑛、左宝先生收集,以及张家口留存的石碑、账簿等资料合并统计③,清代末年到民国年间在张家口有名有姓,现在还可以查得到的商铺和钱庄就有近4000家,这个数字只会少不会多,因为更多的商铺并没有记载,无从查证。虽说这4000家商铺不是一个年度的统计,含有商场竞争下你方唱罢我登场的时间跨度,但间隔也不会太大,大致处在清代末至民国初。就当时并不很大的张家口来说,这个数字已经相当可观了,足见张库商道兴盛之后作为张库商道起点的张家口具有多大的商机和吸引力。在这先后4000多家商铺中,除去由晋商直接经营的以外,还有相当数量的商铺是由口商经营的,毕竟口商有着晋商不具备的地利优势。而且,即使是在晋商经营的商铺中,东家是晋商,主事的和伙计是口商的商铺也不会是少数。所以,研究张库商道,我们不能只把眼睛盯着那几个山西大东家,而忽略了驼队的领驼人,忽略了运输车队里的车倌,忽略了那些大量的从事商道后勤、商铺柜台以及加工皮毛和口碱的工匠们,如若那样的话,将是对张库商道历史研究的缺失,更何况那些所谓的大东家里也有口商的存在。所以,我们非但不能小视口商在张库商道中所起的作用,而且只有将晋商、口商,以及蒙商、俄商都等同看待,都视为构成张库商道的重要组成部分,张库商道才是一条完整的国际贸易之路,这样才是对张库商道历史的尊重。

我们注意到,在当时张家口的几个主要行业里,口商都占据着一定的位置,在某些行业里口商甚至还占据着主导地位,比如皮毛业、运输业、百货(杂货)业、制碱

---

① 蒙古国国家档案局、内蒙古自治区档案局编:《旅蒙商档案集粹》,呼和浩特:内蒙古大学出版社,2009年8月。
② 刘振瑛主编:《品评张库大道》,北京:国家行政学院出版社,2012年。
③ 左宝:《漫话张家口》(续六),中共张家口市委党史研究室,2007年。

业,甚至在以晋商占绝对优势的茶叶贸易里,口商也占有一定的份额。对张库商道各个行业的情况,刘振瑛先生的《品评张库大道》和左宝先生的《漫话张家口》,以及众多张家口史学研究者的文章都有详实的描写。这里根据一些原始材料,对口商在张库商道贸易中的作用做些补充。

1. 大家知道,常年往来于张库商道上的驼队和老倌车,其经营者主要是口商,当时把这个行业称之为"脚力",从事脚力的人以张家口、万全和阳原、蔚县的最多。这里提供三个材料,一个是清末民初多伦义合店的一名晋商写给山西定襄的家信,里面提到:"近日又来过万全酒车一挂,席子车三挂,连打用赚价,赚汇费共能赚银百两。至于粮面价目,皆卖起色,地面平安,皮张行情都好……"。由此我们知道,从事张库商道运输的口商,不仅跑库伦,也为商道沿途的商点定期或不定期的运送货物。

另外两个资料也是涉及脚力的。一个是光绪二十九年(1903)《大兴隆皮货行西路运货账》,上面所记的脚力付费中也有在东口卸货验货的记载:"在口(东口)验收短套毛×××文,赔大钱×××文。在口(东口)验收误日期,罚大钱×××文……"等等。另一个资料是1917年蔚县《益全店货栈》与脚力签署的一份契约,内称:"立揽脚户人×××,今在暖泉镇揽到本店客人义德旺名下绳货一驼,言定每驼脚价大钱一千九百文。送至大营交卸元合店爷台查收,如有路途货物损坏,解秤件数短少,河淹雨湿,封口记号不对者,本脚户照市价赔补关津渡口在脚商税,在客恐人失信,立发票为证……"(图一)。

第三个资料是1918年,一名叫王万荣的山西人去库伦路经过张家口时,从张家口寄给老家母亲的信,信中说:"……刻下东口赴库(库伦)大车稀少,脚价太大,每位人上库至少脚银九两,即有盘缠衣物等情,每百斤脚银六两。此刻男在东口思虑无法,只得忍耐……"

后面两个资料让我们看到口商从事的运输业是十分艰辛的,脚力人不仅要付出力气,而且稍有闪失,不但分文挣不到,还得照价赔偿。我们不难想到,这种闪失不仅包括路途中的土匪打劫,也包括天气造成的时间延误,当然更包括装的是潮毛,到达运货地时毛干了,重量变轻了等等一系列的因素,脚力人能得到的只是点辛苦钱。从1918年王万荣那封信里,我们更能感受到1911年蒙古独立事件发生后对张库商道造成的极大影响,原来商道上驼来车往的繁荣景象已经不复存在,否则脚价不可能"太大",而"太大"的原因,一定和当时环境下脚力人再走张库商道已经更加艰辛,也更加危险有关。

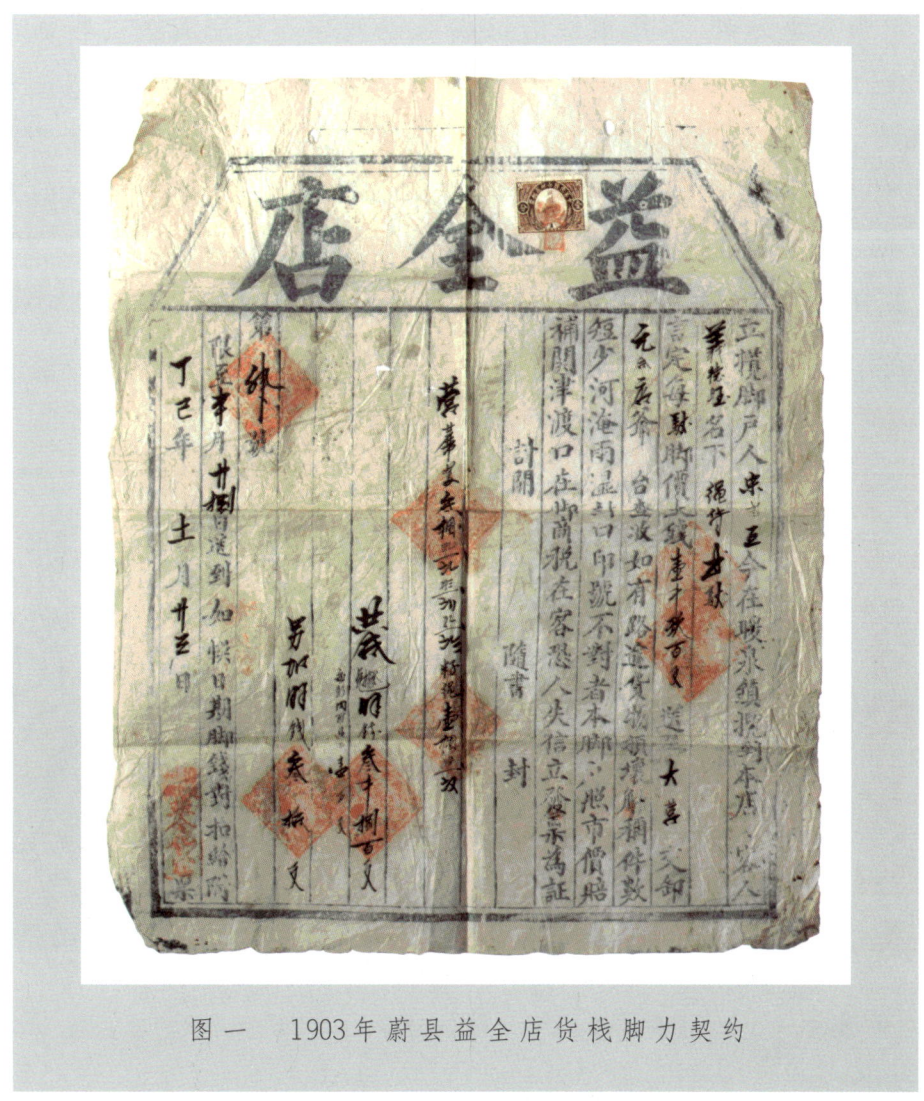

图一　1903年蔚县益全店货栈脚力契约

2. 可能是由于地理上蔚县壶流河河谷和山西汾河相通的缘故,蔚县人和山西人很早就有着频繁的交往,《史记·货殖列传》中曾说杨、平阳(今山西洪洞、临汾)人"西贾秦狄,北贾钟代",当时蔚县属代国领地,可知山西和蔚县通商时间很早。山西、蔚县文化频繁交往的结果形成了蔚县和山西在文化传统上许多相像之处,比如,在张家口各县,也可以说在整个河北省,蔚县保存下来的清代戏台最多,这和晋商"商路就是戏路"的商业文化现象一脉相承。另外,蔚县人的经商理念和山西也极其接近,尤其在经商能力和勤俭与吃苦精神方面,蔚县人的表现更是优于其他地方的口商,是口商中的主体与典范。

对蔚县口商经商史有四个资料,年代都在清代末年。一个是光绪三年(1877)到光绪二十八年(1902)东口福庆园、东口永兴货店给蔚县吉家庄福顺德钱庄的三张钱票。和钱庄相关的还有李锦彰先生在《晋商老账》一书里提到他曾在晋商钱庄账里见到有"蔚州福享永元宝"字样银锭的记载①,这两样与钱庄有关的物证,说明清代末年蔚县就已经和张家口及山西的一些商号在用钱票、银锭进行商贸往来了;另一个资料是光绪十四年(1888)闫哲等六人共同开设金孝烧饼铺领取的"铺牌","铺牌"就是当时开铺面商号领取的营业执照,上面有铺牌编号和六个人的姓名年龄,盖有满汉文的"蔚州之印";再一个资料就是十几枚蔚县商铺的木印章,其中一枚上面刻着"直隶蔚县西合营日升长记",周边刻有清末印章上常见的花卉纹饰(图二)。

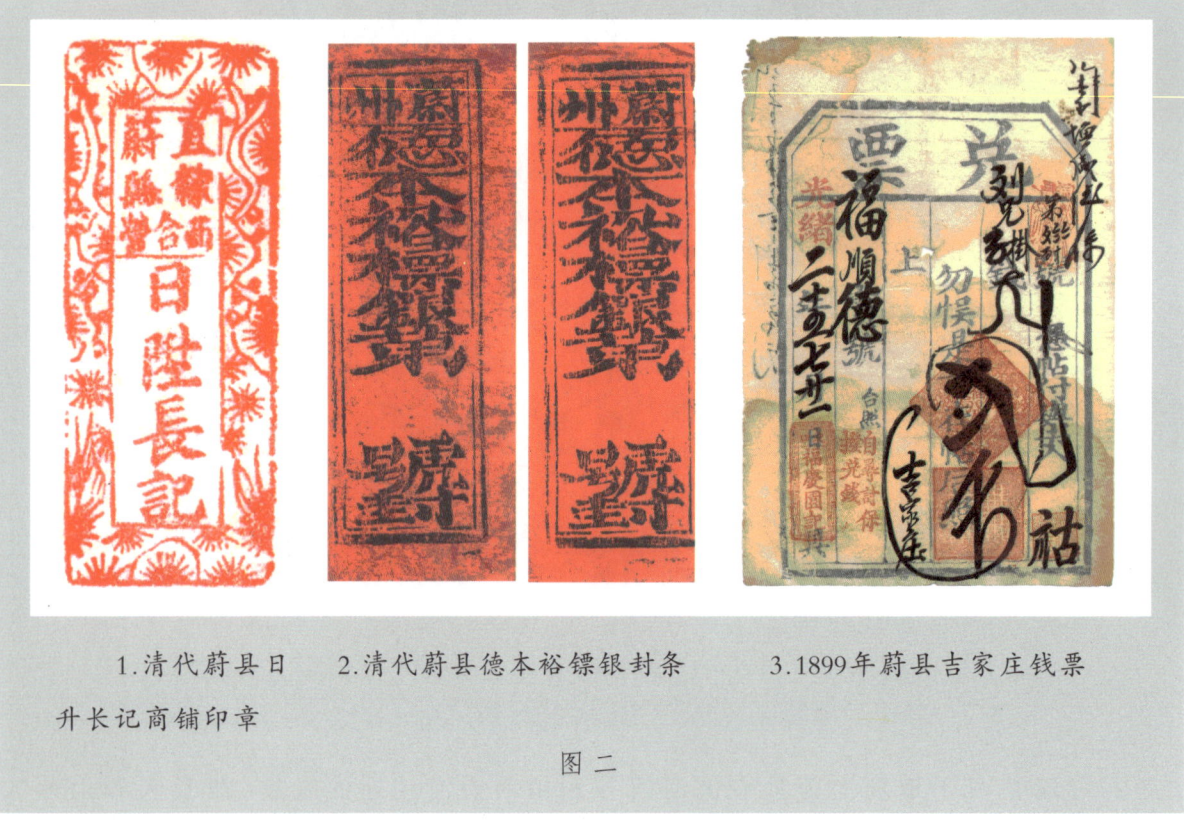

1. 清代蔚县日升长记商铺印章　　2. 清代蔚县德本裕镖银封条　　3. 1899年蔚县吉家庄钱票

图二

目前,对晋商"日升昌"票号的来历有两种说法,一种说法是:日升昌票号的前身是西裕成颜料庄,总庄设在平遥。一种说法是:平遥商人雷属泰在天津开设"日升长"染料铺,后将"日升长"染料铺改成"日升昌"票号。上述两种说法中的票号创始人都是雷属泰,看来雷属泰是日升昌票号的创始人应该是无疑的。至于日升昌前身是西裕成颜料庄还是日升长染料铺现在虽说法不一,但我认为,蔚县的这枚日升长印章有可能和日升昌有关,理由是:1.确有日升长改日升昌的说法,起码不能将其

---

① 李锦彰:《晋商老账》,北京:中华书局,2012年1月。

视作空穴来风;2.据毛成刚、乔南《晋商文化与家族商业研究》统计[①],清同治以后,以平遥日升昌票号为中心,日升昌票号下还有日升裕、日升厚、日升达、日升通等多家以"日升"冠名的钱庄和货栈,因此,不好说日升长与日升昌无关。3.印章是直隶年间的,蔚县清末民初归直隶,归察哈尔是1928年之后的事,年代和日升长、日升昌不矛盾。所以,对这枚印章无论从哪方面看,都是一个挺有意思的问题,值得关注。

再一个资料是清同治年左右蔚县一家商号留下的《杂货便览》,这本《杂货便览》记载了这家商号在天津、祁县、宣府等地如何选货,货物出自哪,哪的货好、各类货物运费税费等等和购货有关的详细资料,让我们从中看到这家口商的经营状况,更主要的是在"便览"的开篇,这家商号的主人在序中写下了自己"余幼习儒业,中道而废,后弃儒就商"的经商经历,和认识到"上参天时,下合人心,以义为利,取之以道"的为商之道,以及一个商人经营商业必须遵守的"为商十要"。因为这本《杂货便览》的封面已经遗失,所以无从知道这家商号的名称,但从其直接从天津等地进货,所列货物种类之多来看,这家商号在当时的蔚县不会是一家小商号。尤其是其中的"为商十要"和晋商的经商之道十分相似,可见清代以来晋商对蔚县商人的影响,也体现了清末以来口商已经在商贸领域里十分成熟了。

进入民国之后,蔚县的资料相对多了起来。比如,现在能看到的有1916年蔚州瑞贞裕商铺给益福宝典当行的《行市单》。行市单是当日当地各种货物的价格表,一般以粮食为主。这个单是瑞贞裕商铺提供给当铺是作为典当行参照用的。另一份文件也挺有意思,是1917年蔚县白乐堡警察所限期摊派商户及各村印花税票的训令。印花税票主要是买卖中要交的税,使用印花税票的多与少,也能反映当地买卖交易的情况。再比较多见的就是蔚县与张家口、涿鹿、北京商铺之间的往来信函。这些信函中,既有口商在生意方面互相交流的信息,也有对当时重大历史事件的记载。比如,一封1917年夏天北京房山合心公商号写给蔚县西合营合心公商号的信就提到:"北京暂时平定,大小铺户一概开门,大局未定其说不一,暂时敷衍,国事不能细报……"。1917年夏天,也就是六月末到七月初,张勋带'辫子兵'开进北京,试图复辟清室,史称"张勋复辟",结果仅12天即完蛋了。信中所提:"北京暂时平定……"应当指的就是这一事件。

---

① 毛成刚、乔南:《晋商文化与家族商业研究》,北京:经济管理出版社,2008年2月。

一封1928年从张家口西沟天泉永商铺捎给蔚县桃花堡岳母家的信,今天读来还颇让人感慨,写信人是从蔚县来张家口到商铺打工的,信中说:"……本意我想与我四弟找地步一节。日前愚竭力问询去永义公浮(暂)住数日再作良图,不料永义公东伙不合暂起纠葛,稍有歇业之情。定章:东伙亲戚人等一概到他号浮住。愚命运不际,事出意外。……(我)本月初六晚间与我号顶小生意数人打小牌宜做解闷,不料被执事人看见,愚犯铺规之则,立刻不容,命愚出号。众伙友念愚住七八年之功,(又)时临大年之际,众人等与婿讲情,竭力维持,以待明年正月一笔开销婿出号之意。执事人暂且应允。明年愚婿饭碗亦不敢保亦……"

1931年对蔚县吉家庄义福成粮铺来说可能日子不太好过,我们先后巧遇到三封寄给义福成粮铺的信,一封是涿鹿庆泰长商号发来的述说涿鹿税捐局因加收粮税,义福成粮食在涿鹿暂时无法销售的信;另一封装着蔚县桃花堡瑞昌永、涿鹿赵锦店两家商号催要欠款的催款单,其中涿鹿赵锦店催要的款项高达两万零九百四十文;再一封更有意思,是张家口土尔沟独立第十旅一个名叫马登云的士兵催还物品的信,信中说:"义福成掌柜的得注意,见信得知只因存寄你家衣裳包袱一个,连去两次信,信里给你装了两毛多钱的邮票你也不给我邮来……限你八天邮来,咱还是朋友交情,你也(要)是不给我邮来,不要说我告你,我克(可)不准想什么办法与你打官司……"(图三)

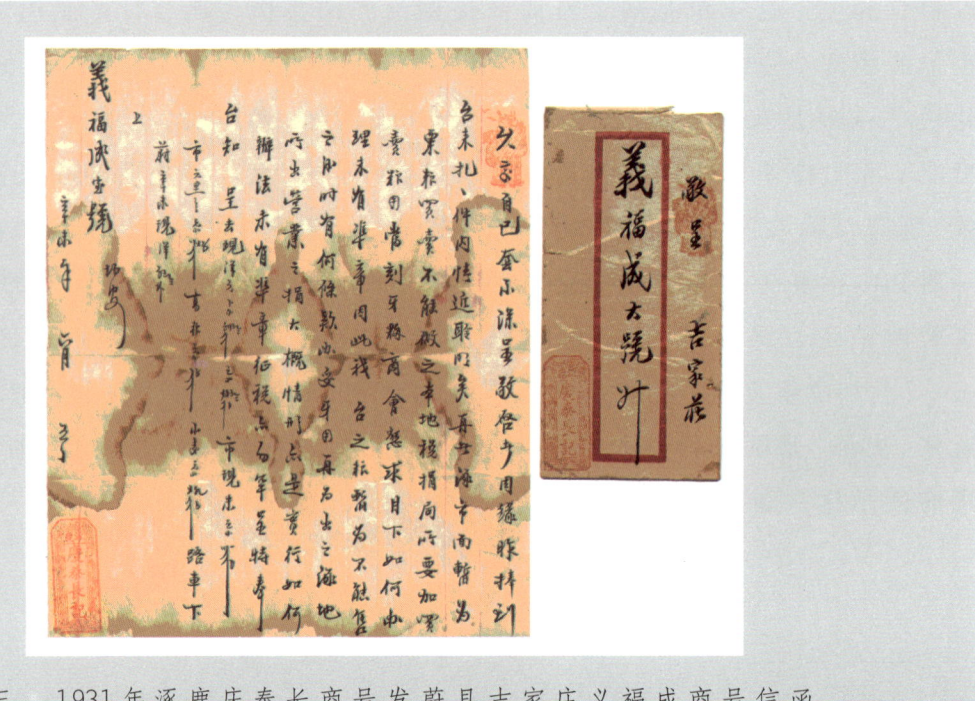

图三　1931年涿鹿庆泰长商号发蔚县吉家庄义福成商号信函

一册《1931蔚县师范学校同学录》也同样反应了蔚县人从商的情况。这份同学录上所记的学生绝大多数是蔚县本地人，个别的来自宣化，同学录里当年毕业的三个班共计75名学生中毕业后从事商业的就有58人，占全部毕业人数的77％，从商比例极高。我们知道，1931年那个时候师范生是有相当学历的人了，师范生从商，说明当时在蔚县从商是年轻人最多的一个选择，也说明蔚县从事商业活动的人员文化素质不容小视，这和晋商“学而优则商”的价值观也非常吻合。

与此类似的口商资料除了蔚县，在张家口其他县也能发现，但总的看还是蔚县发现的最多，这里除了偶然因素外，也确能说明清末到民国以来，在张库商道大历史背景下，蔚县人无论在与晋商合作方面，还是在商贸经营方面，其从事的人数可能都是最多的，贡献也是巨大的，蔚县人是口商中当之无愧的主力军。

3.一件清代嘉庆二十年（1815）遗留下来的结拜盟约更是充分展现了晋商与口商的合作关系。盟约大意是“盖问结义之道乃五伦之端也，今我等三人同在张城贸易，为同意合心，投义如同胞，惟恐日久情疏，或奋然而起，曰彼一人也，我一人也，何不效古人桃园结义乎？伊等俱喜，曰，诚哉是言也。我等俱叙年庚，长者为兄，少者为弟，若是协力同重于义气，亦能兴。古人并肩，今择桃园花开之吉日，而祝曰：凡我同盟之人，既盟之后俱要效古人之风，不可半途而废，久后若有三心二意，口是心非，利己损盟者，天厌之，地厌之。

郝清华，年二十二岁，汾阳县孝巨村人氏，十二月二十七日丑时生

孙咸宁，年十九岁，孝义县南如院人氏，十二月十一日午时生

高鹤，年十八岁，张家口下堡人氏，九月三十日戌时生

嘉庆二十年十一月福八日定盟”（图四）。

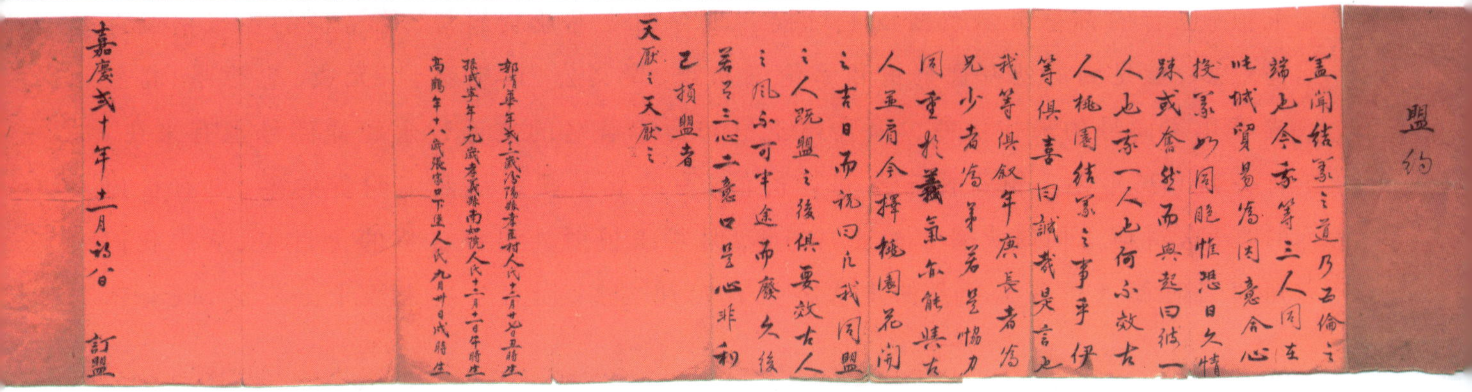
盟约
盖聞結義之道乃五倫之
端也今我等三人同在
張城貿易為同意合心
投義如同胞惟恐日久情
疏或奮然而起曰彼一
人也我一人也何不效古
人桃園結義之事乎伊
等俱喜曰誠哉是言也
我等俱叙年庚長者為
兄少者為弟若是協力
同重於義氣亦能興古
人並肩今擇桃園花開
之吉日而祝曰凡我同盟
之人既盟之後俱要效古人
之風不可半途而廢久後
若有三心二意口是心非利
己損盟者
天厭之天厭之
郝清華年二十二歲汾陽縣孝臣村人氏十二月廿七日丑時生
孫咸寧年十九歲孝義縣南如院人氏十二月十一日午時生
高鶴年十八歲張家口下堡人氏九月卅日戌時生
嘉慶貳十年十一月福谷 訂盟

图四　1815年晋商与口商盟约

由于这是目前能见到的一件年代最早,保存完好的在张家口一起经商的晋商与口商的盟约,具有一定的历史价值,所以尤显珍贵。

4. 刘振瑛先生在《品评张库大道》里描述张家口皮货商时提到了滩羊。滩羊主要产自中国西部的宁夏、甘肃、青海和内蒙古贺兰山一带,因为滩羊皮是滩羊羔生下45天左右就宰杀取的皮,所以底绒少,绒根清晰,在市场很受欢迎。这就有点意思了,因为滩羊的主要货源不是来自蒙古和俄罗斯,而是来自内地。说明张家口皮毛加工业的原料,除了来自张库商道的蒙古和俄罗斯以外,也有来自国内的,证明当时张家口的皮货加工业非常成熟,因为加工质量好,不仅有了自己的品牌效应而且名扬中外。

现在能见到的商铺信函里有几封涉及到张家口皮货贸易问题,年代都是民国初年左右的。一封是张家口通兴合皮毛栈寄给西宁永和祥宝号的信,里面装着一封天津发西宁永和祥宝号的电报,内容是"安筏抵包今赴",意思是筏子已经平安到包头了,今天运去。这里所提的筏子当是黄河上的羊皮筏。另一封是东口永兴合皮毛栈寄西宁永和祥宝号的信封。再一封是包头宝顺行栈写给西宁永和祥宝号的信,信中写到:"……台号之羊皮已运东口,请勿念。所有迟迟之故,实因本皮缺少军用全扣,此实系商务中之大困难,也无实无法耳。今日又接大扎聆悉,当即将原信寄口(东口),并嘱蔽(东)口柜遵信办理不误……"

除上述三封信外,还有两封包头福顺祥皮货行写的信,里面都提到了用筏子运皮货的事,其中还提到往天津运皮毛的事。

据有的学者研究,在张家口皮毛行里阳原人最多①,比如张家口长盛祥、源合祥、长盛茂、源盛祥等几家著名的皮货商号东家都是阳原人,当然,还有大量从事皮毛业的阳原工匠。而说到皮毛业里的商号,有一个商号不能不提,这就是西沟的德玉恒,也有的称德玉恒东栈皮毛行栈。现存的皮毛业资料里,德玉恒的往来信函存世最多,能见到的就有德玉恒和库伦三和正、聚义公、恒忠德、广元成、忠德厚、得胜成等几家商号的来往信件,而且德玉恒和西宁著名的皮毛行永和祥商号也有来往。有一封1936年德玉恒寄西宁永和祥的信,写的就是联系从西宁购货的事,更有价值的是,这封信里同时夹带了一张1936年2月德玉恒对外出售皮货的价目表,从中我们知道当时德玉恒加工经营的皮货种类有72种之多,而且生皮来源十分广泛,既有东

---

① 政协阳原县文史委员会编:《阳原文史资料》(第八辑),2007年12月。

路、西路的,也有多伦、西宁和西口的。在德玉恒这么大的一个皮毛行栈里,应当不乏大批从事皮毛加工的本地工匠。

从德玉恒与西宁的皮货贸易,联想到张家口通兴合皮毛栈寄给西宁永和祥宝号的信里也装着天津发西宁永和祥宝号的电报,再联想到1932年美国国家地理杂志上刊登的黄河羊皮筏子运货的照片(图五),我们可以确认,起码到民国初年,西宁一带的皮货还在源源不断地通过黄河水路运往包头,之后走陆路或京绥铁路运往张家口,上文提到的光绪年间《大兴隆西路运货账》里,就有相当的皮货来自包头,运往北京丰台。由此可见,张家口皮货商的经营范围相当广泛,可以北至库伦,西达西宁和包头,东抵京津,基本占据了当时中国的北方市场,这对口商来讲是一个了不起的成就。

图五　黄河上运送货物的皮筏
(摘自1932年美国国家地理杂志)

说到张家口的皮毛业,还有两个小证据值得一提,一个是出自蔚县的"增庆长钢针"商号印章,另一个是产自宣化"德义隆"的"净𥐚双料"药瓶。钢针是加工皮毛必不可少的工具,净𥐚双料是清洗毛绒需要的药物,两种东西的产地都在张家口,可见除了皮毛加工,当时在张家口也出现了与皮毛加工业相关的配套产业。

民国十六年山西省教育厅出版了一本叫做《商业课本》的乡土教材,其中在"张家口"一节里说道:"(东口)出口货以中(国)羊、骆驼皮毛、棉布为大宗。……(东口)皮房分生皮细皮两种。生皮房系购入各种生皮制成熟皮或皮靴皮袋等物,卖给蒙古人。细皮房系购入熟皮制成皮衣皮褥等,分发内地各省以供本国之用……"这段记载与上述资料相互印证,证明了口商在皮毛加工业里的口碑和作用。

我们应该客观地评价,口商是张库商道开通之后在晋商的引领和影响下逐渐壮大起来的一支商业群体,后来,随着张库商道的兴盛和发展,这一支商业群体也迅速发展了起来,并与晋商共同构成了张库商道上中国商人的两大主力。如果说汾河流域哺育了晋商,那么张库商道就是促生口商的草原之路。上述所举的例子只是口商这支商业群体的沧海一粟,万千之一,但已在一定程度上反映了口商在张库商道中所扮演的角色和作用。

在中国近代商贸史的研究中,目前学界除了提出了晋商,还提出了徽商、温商和浙商之说,也有的称其为某某商帮,但对其他的商业群体研究不多,比如口商。这有些像上世纪中叶以前中国史前史的研究状态。当时对史前史的看法主要依据的是中原地区的发现,所以普遍认为中原地区的文化与文明最发达,而其他地区的文化,比如长城以北地区的文化都落后于中原。上世纪70年代后,随着燕山南北、江浙两区一系列新的发现,才使人们认识到原来史前时期在中华大地上不仅是中原一花独秀,其他地区同样存在着众多高度发达的文明,后来的中华文化里实际上就包含着许多中原地区之外的文化基因。正是有众多的文化基因做基础,才最终形成了今天我们统一的多民族国家。所以,研究近现代商贸史同样要重视所有参与其中的商业群体,不能忽视任何群体的作用,尤其是研究张库商道史,不仅要看到晋商,也要看到为张库商道做出重大贡献的口商,也要看到行走在这条商道上的蒙商和俄商,因为,没有这些商业群体的加入,张库商道就不能称其为国际贸易之道,而忽视任何一个商业群体,对于张库商道的研究来讲都是不完整的。

随着对张库商道研究的深入,人们对口商的了解会逐渐加深,对口商的作用会越来越重视,对口商在张库商道中的历史地位也一定会给予正确的评价。因为,除了上述所举的例证外,那些至今依然屹立在乌兰巴托,上面镌刻着祖籍阳原、怀安、蔚县和张北的口商墓碑,更不会让人忘记口商对张库商道所付出的一切。

作者简介:陶宗冶(1951—),男,张家口市博物馆顾问,研究员,研究方向:张家口考古和近现代史。

【原载于《张家口历史文化研究》2015年第15期】

明清时期张家口在中俄、中蒙边贸中的历史地位

王天旺 丁万英

塞外山城张家口地处京冀晋蒙的交界地,北接内蒙,西接山西,东邻北京,地理位置十分重要。张家口在历史上曾经是华北最大的"商埠",名扬海内外,被誉为"皮都""旱码头";是北方重要的商业城市、金融中心;是明清时代中俄、中蒙陆路贸易的重要口岸;由于地处北部长城线上,也是历代重要的军事战略要地。张家口在北方贸易中心地位的确立较晚,不过发展很快,在明代永乐初年已经是全国三大马市之一,到清代张家口逐步成为北方最重要的商埠,与广州相呼应成为中国清代一北一南两大商贸中心。正由于张家口特殊的地理位置,随着时代的变迁,张家口也逐步成为中俄、中蒙边贸中的重要商埠,成为北方重要的商业中心,对促进中俄、中蒙边贸发挥了重大作用。

一、明清时期张家口商贸中心地位的逐步确立

在明代,张家口只是一个军事重镇,属于宣府万全都司管辖,主要是经营马市。隆庆五年(1571)设立市场以来逐步成为与蒙古进行贸易的城镇,从此逐步成为商业城市。万历年间,张家口贸易有很大发展,到康熙年间成为重要的商贸口岸。中国与俄罗斯人的贸易通过蒙古人为桥梁逐步发展起来,蒙古人把中蒙、中俄外贸联系起来,极大地促进了周边地区的经济社会发展。其中张家口在中俄、中蒙边贸中起着重要的地位和作用,曾经辉煌一时。

(一)产业中心

张家口是重要的产业基地,尤其是皮毛产业加工基地。清末明初张家口皮裘业已初具规模,有几十家作坊,有一大批技术工人俗称"毛毛匠"。当时张家口有两家

较大的皮裘业,一家商号是"古元永",一家叫"恒德兴",这两家皮裘业在全国各地设有若干分号,从业人员有百余人。两家属于精细加工,出来的皮衣"毛板洁白,花纹奇特,弹性好,皮毛被轻轻一抖,如白雪、似麦浪,"①其生意十分火爆。他们通过东北、蒙古、坝上各县采购皮张,运回张家口加工,然后销往内地和出口国外。

口碱也是张家口的特产,在全国享有盛名。由于口碱是在张家口熬制而成的,俗称"口碱"。据《万全县志》记载,"清朝中叶至民国十五年的二百余年间,张垣碱商发展甚多",作坊有十余家。口碱原料产于内蒙古蓝、白两旗,当地的碱质量好,每年立春后开始挖,凿破一尺多厚的冰层,引出碱流,因此也叫水流碱,然后在岸上用大铁锅熬炼,开春后就可以出售。清末民初张家口口碱销售十分好,"每年由蓝、白两旗运回口碱原料达3万牛车,约1200多万斤,可熬制960万斤口碱,销售市场遍及京、津、冀,转销全国"。②

大青盐俗称蒙盐,产于距张家口1500余里的内蒙古东乌珠穆沁旗境内,经在张家口的盐店精加工后成为当地的重要产品之一。清末民初有7家盐店,"这些盐店把由蒙古运回的大青盐分等级加工、炮制、晒、晾、熬"。③大青盐呈青色,颗粒大,质地好,味道纯正,热销察哈尔、热河、绥远三省,每年销售167026担。解放后仍有不少市民用它腌制咸菜,味道好,不易腐烂。

另外,张家口还是编织业、烧酒、农具、药材、粮食的生产基地,是茶叶、蘑菇、丝绸的加工基地,这些商品极大地改善了人民的生活,发展了经济。尤其是皮毛、口碱使在张家口的商人获利丰厚,其销售价格远远高于购买原材料的价格。

(二)商贸中心

张家口还是北方著名的商贸中心,中俄、中蒙边界贸易主要是通过张家口中转到北京、天津,然后再运输到内地。在历史上张家口是典型的"塞外皮都",是陆路咽喉,也是北方重要的金融中心。在清末民初,张家口在北方地区经济中占有显赫的地位,曾经发挥过重要的作用。

---

① 左宝.漫话张家口续集[M].张家口:张家口日报社印刷(内部发行),2002.第122页。

② 左宝.漫话张家口续集[M].张家口:张家口日报社印刷(内部发行),2002.第112页。

③ 左宝.漫话张家口续集[M].张家口:张家口日报社印刷(内部发行),2002.第199页。

1. 塞外皮都

中俄、中蒙边贸的发展有力地促进了张家口商业地位的确立,清末民初张家口成为北方"塞外商埠",是北方商品的重要集散地,现存下来的桥西武城街就是当时保留下来的标志性街道,有570多年的历史。张家口在清代乾隆年间成为北方的皮都,俗称"塞上皮都",毛皮贸易在中俄、中苏边贸中具有很大的分量。18世纪初期,俄国的皮毛在国内和欧洲市场滞销,在国内皮毛价格下跌,其中貂皮、狐皮数量最多,家畜皮次之,而在中国市场上换取绸缎、大黄、茶叶、烟草等。皮毛在中国的售价很高,由此张家口一跃成为北方的皮都。18世纪中叶后,清政府通过在张家口设立关卡,征收中俄、中蒙边关富人较高的关税,清政府获得了可观的收入,中国富人把西伯利亚的优质皮毛如名贵的海獭皮、海狸皮、貂皮、狐皮、狼皮、熊皮、羔皮及银狐皮由恰克图运至张家口,再由张家口传入内地,成为高档的抢手货,为华北地区提供大量御寒皮衣。华北地区由于一年有五个月左右的寒冷季节,对皮衣有很大的需求量。

2. 陆路咽喉

历史上,与"丝绸之路""茶马古道"相媲美的"张库大道"起于张家口终于库伦(今乌兰巴托),沟通了中俄、中蒙的贸易,张家口也由此成为我国贸易史上重要的陆路物资中心,繁荣辉煌400余年。

康熙四十七年(1708),清政府批准以色楞格—库仑—张家口的商道为俄罗斯商队往返的官道,由此张家口成为中俄贸易重要陆路枢纽。乾隆二十年(1755),清政府停止俄官方商队入京从事贸易,将中俄贸易统归于恰克图一地。张家口买卖城是俄罗斯与中国进行边贸的集中地,几乎所有货物先运到张家口货栈,然后批发给下堡,最后再运到中国本土。这样从乾隆中叶开始张家口就成为中俄边贸的最重要的中转枢纽。雍正五年(1727),中俄《恰克图条约》签定后,中国内地商人与俄国商人从事大量贸易,张家口成为中国商人进行边境贸易输出和输入货物的基地。

中俄贸易的来往路线有六条,第一条也是最重要的一条,就是由北京出长城,经宣化、张家口和外蒙古赛尔乌苏、库伦至恰克图,这条路为清代驿道,唯有这条路畅通无阻,中俄商贸往来,经由此路者占绝大多数,也是官道,借助军台,政府保护大道畅通。由北京经延庆州与昌平州之间的居庸关陆路到达张家口。在中俄贸易中,这条路发挥着重要作用,而张家口在其中起着重要桥梁作用。从张家口到恰克图是4300余里,商路有三条,其中"中路是从大境门外西沟之僧济图坝,经大红沟,黑白城子镶黄旗,入右翼苏尼特里旗,经图什图汗车臣部落之贝勒阿海公等旗,渡克鲁伦河达库伦,抵恰克图"。①这条路最短,贸易最为活跃。到达张家口的货物可越过长城,有水路直通通州,再到天津,从天津可以中转南方的货物。其中张家口到库伦,是沟通北京与外蒙古的交通枢纽,货物来往日益繁盛,逐步成为通往外蒙古的主要交通路线,内地与外蒙古货物往来数量的四分之三是由归化城和张家口为中心进行的,张家口成为内地与外蒙古边贸吞吐货物的重要集散中心,中俄贸易也是通过这条道路达恰克图。1907年京张铁路通车后,内地及京津与蒙古的贸易更加频繁,贸易更为迅捷、便利。1918年前主要的交通工具是牛车、骆驼,从张家口到库伦有2200华里,单程走45天。1918年张库公路开通后,贸易活动更为繁荣,"全市大小商号达7000余家,每年对苏贸易额达三亿元左右。"②

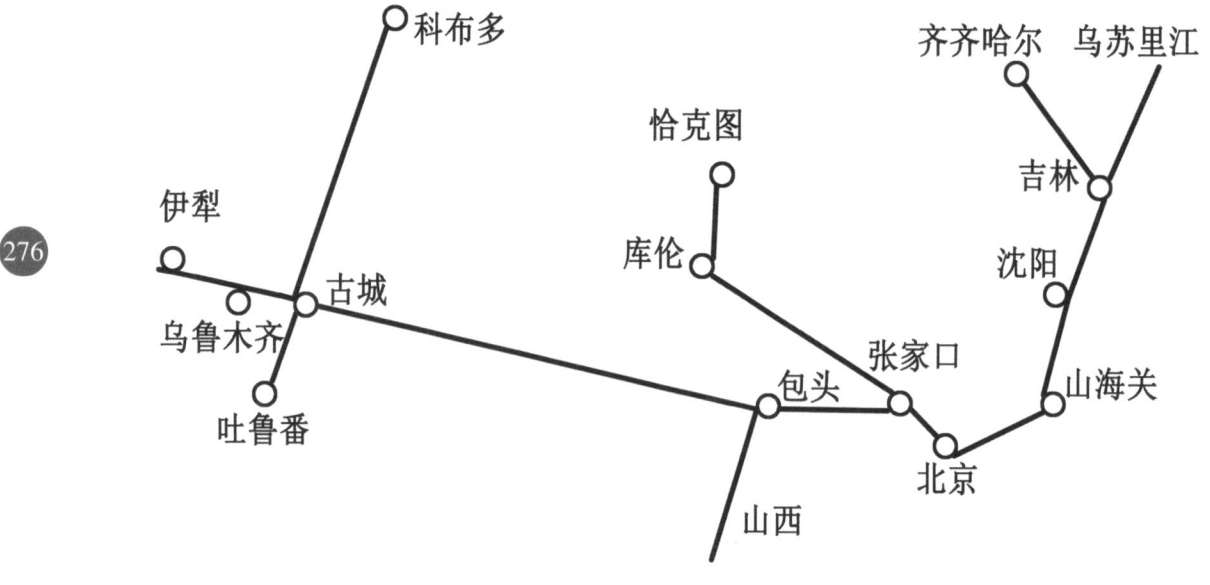

张家口陆路商贸简图

由上图可见张家口外通蒙古、俄国,内连京、津、晋、冀、蒙、东北、新疆。清代重修以北京为中心的驿道后,对张家口进行了重点整修,"列为官马北路三大干线之一,即由张家口经兴和、滂江、乌德、叨林至库伦的走向,全长两千余华里。"③1728年恰克图条约签定后,张库商道由于商务需要再向北延伸到恰克图。"经过一百多年

---

① 张正明.晋商兴衰史[M].太原:山西古籍出版社,1995,第89页。
② 陆庆.察绥对蒙贸易.载《中国实业》1935年第六期。
③ 米镇波.清代中俄恰克图边境贸易[M].天津:南开大学出版社,2003.第114页。

的演变,终于形成了一条国际商道:南起张家口,中间经库伦,北端衔恰克图,全长约4300里。"①从张家口输出的商品主要有茶叶、丝绸、棉布、皮鞋、烧酒、果实、生烟、瓷器、农具、碱等,输入的商品主要是有皮毛、呢绒、鹿茸、口蘑、牲畜等。张家口成为北方贸易中心,清末张库大道商品贸易骤多,"每年进出口约合平银一万二千两"②,由于经济上的互补性,中俄边贸发展很快,虽然也经过多次闭关影响,但每到复关则贸易迅猛发展。张库大道上驼铃叮当,马驰车奔,大量的马匹、牛羊和拉满皮毛、贵重药材、丝绸、茶叶等商品的车辆源源不断地来往于中俄、中蒙边境。中国的驼帮以库伦和张家口为重要的陆路货物储备地,当蒙古草原遇到泥泞时候,便将部分商品存放于张家口。中国商人在张家口购买商品,然后主要在每年一到三月,再把商品从张家口转移到内陆。一年大部分时间张家口到恰克图可以转运,主要是通过骆驼、牛车,到后来有了公路,最好的季节是十月中旬到次年二月,夏天由于雨季冲刷道路不畅。中俄、中蒙边贸极大地促进了国内经济的发展,不但包括边境还包括内地。太平天国运动之后,连年的战争导致了江南和两湖流域农业发展的滞后,中俄恰克图陆路贸易畅通后,对外贸易则促进了这些地区包括茶叶在内农业恢复。丝绸也是中俄贸易重要部分,江南由海道或运河达于天津、北京,经张家口输往关外。"茶叶从福建五夷山区,经水道入江西铅山县河口镇,装船下鄱阳湖,再从九江入长江,抵武昌,转汉水至襄樊,经河南入山西,经晋城、长治、平遥、祁县、太古、大同达于张家口,再从张家口到俄、蒙。"③

3.金融中心

中俄、中蒙贸易经过的陆路比较长,耗时长,耗资巨大,这就必然注定了中俄、中蒙贸易需要更多的周转资金,而且资金周转一般都需要一年。由此,张家口的金融业发展较快,随着中俄贸易的发展,逐步成为中国北方的金融中心。当时的金融中心俗称账局、票号。"清中叶前后产生的新的金融机构帐局、票号等均以张家口作为重要据点。"④在道光年间逐步发展成八大家,在全国内地城市广设分号,金融业

---

①米镇波.清代中俄恰克图边境贸易[M].天津:南开大学出版社,2003.第116页。
②民国《察哈尔通志》卷23《商业》。
③张利民等.近代环渤海地区经济与社会研究[M].天津:天津社会科学出版社,2003.第90页。
④张利民等.近代环渤海地区经济与社会研究[M].天津:天津社会科学出版社,2003.第92页。

十分活跃。金融业的发展、交通的畅通、服务行业的兴起使得城市商业化趋势进一步加快,张家口作为新型城市已经成为区域经济中心。

中俄、中蒙边境贸易加强了三国的经济联系,互通有无,有力地促进了经济发展。蒙古地区的牲畜、皮毛极大地满足了内地生产的需求,加强了内地生产能力和运输能力,解放了当地生产力,牛羊肉成为老百姓喜爱的食品。蒙古和俄国则得到大量的砖茶、粮食、丝绸、布帛、农具,极大地改善了当地的生活。张家口在与中俄、中蒙贸易中发挥着桥头堡作用,这种作用辐射到了广大内地,如中原的茶叶、南方的丝绸、布帛通过与张家口的贸易得以销售到蒙古、俄国,尤其对晋、冀、蒙、京、津地区影响更为直接。经济的发展也促进了城镇化的发展,张家口就是在乾隆以后成为古北口外重要的交通枢纽和"塞外商埠",城市化发展大为加快。

(三)政治文化次中心

中俄、中蒙贸易加强了中央与地方少数民族的联系,促进了民族融合、文化相通。中俄、中蒙边贸加强北方少数民族与中央的联系,张家口在其中发挥着重要作用。张家口是北京的北大门,张家口在中俄、中蒙贸易中重要作用的发挥直接加强了北方少数民族与中央的联系,相得益彰,具备了促进民族沟通的物质基础。北方少数民族在中俄、中蒙贸易中逐步加强了与内地及中央政治、经济、文化等方面的千丝万缕的联系,为稳定社会创造了有利条件。

张家口是北京的北大门,关系北京的安全,是历代民族角逐的重要军事要地,也是历代兵家必争之地,战略地位非常重要。张库大道俗称西北官马大道,在张库大道从事的贸易中,蒙古马成为军队重要作战装备,巩固了北大门的安全。清初开辟北京—张家口—库伦重要驿站要冲,由张家口、归化通往库伦的驿站成为重要的国防交通枢纽。"军站(军台)是清政府设在西路和北路边境上的小型军事情报机构,其任务是专管接待传递军事情报等情况。康熙四十五年(1706)设立由张家口起至库伦驿道上的军站,全线共设立军站四十八座。"①中俄、中蒙边贸巩固了国防。张家口军事地位历来十分突出,中俄、中蒙贸易的加强对巩固边防起到了积极作用,尤其是中国得到蒙古精良的马匹,加强了军队的战斗力。据《明神宗实录》卷五记载:马市通常每年开一二次,每次3—15天。隆庆五年,明廷在宣府、大同、偏关和宁夏开设

---

① 左宝.漫话张家口[M].张家口:张家口日报社印刷(内部发行),2002.第69页。

四处马市,以后又在宣府迤西开设固定市场20余处。马市分为官市和民市,永乐至嘉靖年间,马市多属于官市。官市是明朝的官方贸易,它以购马为主,"自隆庆封贡至明末60余年间,在蒙古马市成交的马匹约有300万匹左右,价值3000万两白银之多。"① 北方历来战斗频繁,军队给养就成了当地老百姓的一项重要负担,而茶马互市的成立和发展使政府税收大量增加,可以减轻老百姓的支出,缓解人民的压力,有利于发展农业生产,而政府在茶马互市中,可以随时购买到马匹,有力地保证了军队战斗力,茶叶税收也是国库中用于军费开支的重要来源。

贸易中财政收入的增加能有力弥补军费开支,同时贸易加强了少数民族同内地民族的感情联系,强化了内部团结。张家口成为联系京都、内地与少数民族感情的重要桥梁,其政治地位不可忽视,互通有无的过程加深了民族文化的沟通,也让少数民族感受到了清政府的恩泽。而这种经济交往在当时确实成了联系彼此的物质基础,这种通过接触增进感情的政治意义远远大于通过税收对军队的支持。经济的交往促使了政治文化的融通,当时少数民族生产的局限及食物结构的特点,促使了少数民族与中原地区的密切交流,而在这个过程中,茶逐步被少数民族接受和喜欢,成为不可缺少的饮品,少数民族的精良马匹是内地急需的,这种交往就潜移默化地渗透着政治的、文化的磨合与逐步接纳,消除了由于民族的宗教、文化等导致的隔阂。

18世纪后,恰克图贸易的繁荣促使边境地区的自然移民大量增加。大批的工匠、农业从业人员、手工业者、食品行业和修理服务行业的人员纷纷迁徙到边疆。随着人口的流动,欧洲文明和中国内地的文明也被带到了边疆,新型的科技产品和思想文化有力地冲击着边疆地区长期被封建思想封闭的思维,对边疆的社会进步和文明的进化起到了巨大的推动作用,同时也使得中俄、中蒙人民加强了往来,沟通了情感,为封建社会的统治秩序的维护、政策的落实提供了极大的积极作用。

二、明清时期张家口商贸中心地位确立的深层次缘由

张家口之所以能成为明代、清代北方重要的商业中心必定有其深层次的根源。无论是从地理位置还是从新的经济增长点的出现及政府的政策共同成为一个合力

---

① 葛贤慧,张正明.明清山西商人研究[M].香港:香港欧亚经济出版社,1992.第43页。

造成了张家口当年的辉煌,而思考其中的缘由对于我们今天张家口的新一代建设张家口、发展张家口具有深远的历史意义和重要的现实意义。

（一）地域的优势及其发挥

张家口在中俄、中蒙贸易中的咽喉作用之所以能够发挥,与其地理位置密切相关。张家口地处京冀晋蒙的交界地,北接内蒙,西接山西,东邻北京,历史上是通往库伦的官马大道,是北京的北大门,其地理位置十分重要。张家口在历史上能够成为北方的商业中心,与其地理位置直接相关。这种特殊的地理位置使张家口逐步成为一个重要的战略重地,无论从军事角度还是从经济角度。从军事角度看,张家口是维护北京安全的一个重要缓冲地带和天然屏障,为历代统治者所重视。张家口战略要地的含义,最初指的是军事意义。张家口到北京、张家口到库伦道路上设立具有军事目的的军台,军台的设立必定有定额的军事人员,这些人员的衣食住行等活动就为经济的发展提供契机,可以说是军事产业带动了经济的发展。

随着军事地位的巩固,张家口的经济作用逐步凸现,逐步成为清代北方的商贸中心,这种经济地位作用的形成是自然而然的,与其地域位置密不可分。随着经济作用的上升,张家口逐步成为沟通蒙古、俄国与中国内外的桥头堡。张家口山多,地势险要,历来是兵家必争的军事重地,正由于此,随着边境安全状态的变化,张家口开放的程度是紧多松少,而一旦放开边贸,则贸易迅猛发展,张家口经济地位的上升是封建统治者没有预料到的。而经济的发展为军事的发展提供物质基础,减少了老百姓的负担,减轻了政府压力。军事和经济相互促进,既维护了稳定又发展了经济。这种作用的结果就使得张家口逐步成为重要的"塞外商埠"。

（二）新的经济诱因的催生和成熟

在经济发展过程中,新的经济因素不断积累和放大。张家口重要地位的确立离不开几个因素的作用。张家口在隆庆五年(1571)设立市场以前是个名不见经传的不毛之地,设立马市后成为与蒙古进行贸易的城镇,后来才逐步发展起来。军事对马匹的需要刺激了贸易的繁荣,而贸易的繁荣为经济的进一步发展提供新的机遇。在中俄、中蒙边贸中,三国人民不断互通有无,生活习惯相互影响,结果就导致促使经济发展的新的因素出现。

茶是内地人喜欢喝的饮品,而在边贸中,俄国人和蒙古人由于食物的单一逐步喜欢喝茶,并且在18世纪初成为不可缺少的日常饮料之一。即使在俄国的穷人家庭也有茶具和茶叶,饮用中国茶成为当时的时髦。另外当地土著民族也有饮用砖茶的习惯。因此,18世纪后期的俄国人最感兴趣的不是丝绸、棉布,而是茶叶、大黄、烟草,其中茶叶居俄国输入商品的首位。俄国商人付给中国商人各种毛皮、羔皮、呢绒、棉线、上等山羊革、山羊皮、麝香、马鹿角等,换回来的主要是茶叶。当时在俄国国内和欧洲市场上最能获利的就是茶叶。在西伯利亚的土著人中,在出卖货物的时候宁愿要砖茶而不要钱,因为他们确认,在任何地方砖茶都可以象黄金一样代替其他各种货币。茶叶也是经张家口、归化通过蒙古草原驮到恰克图的大宗货物,清政府设立在张家口的关卡征收茶税是清朝国库的一笔重要收入。商人"其时办茶大字号约有40家,均系张家口上埠者,该商等皆已得获重利。"[①]图二就反映了俄国茶叶进口的增长。在这一段时间,俄国商人在国内和欧洲各地市场上获利最多的商品就是茶叶。

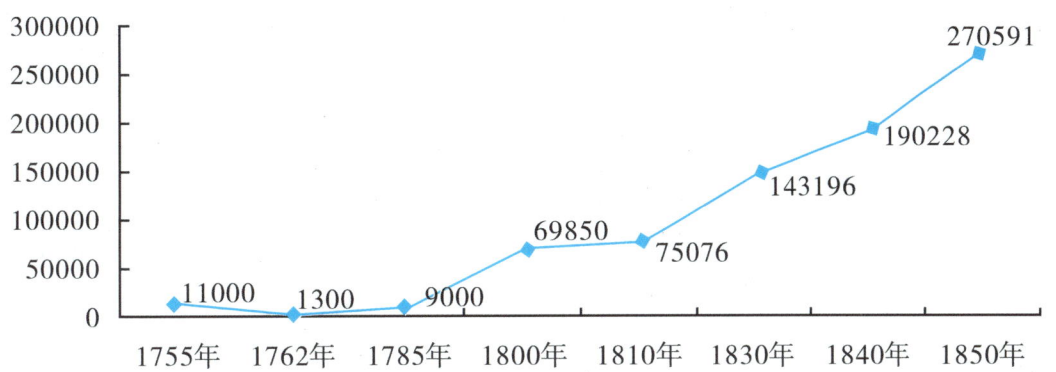

图二 从1755到1850近百年恰克图茶叶贸易年均数量猛涨情况(单位:普特)

(注:此图制作所用数据来自米镇波著《清代中俄恰克图边境贸易》第22页,南开大学出版社,2003年)

除了茶叶外就是大黄,可以使得俄国商人获得大笔收入。大黄在俄罗斯是上等药材,有的病非大黄就不能治愈。俄罗斯人爱吃鱼,必须以大黄作为特效药来解鱼毒,大黄被欧洲人视为珍贵药材,这就导致了对中国大黄的需求,成为发展边贸的新的经济增长点。我国的甘肃和青海盛产大黄,大黄广泛生长在整个亚洲大陆,但中国的大黄疗效独特,作为下泻和健胃和解毒剂闻名于世。俄国政府垄断了大黄的

[①] 米镇波.清代中俄恰克图边境贸易[M].天津:南开大学出版社,2003.第41页。

收购,然后把大黄拉到欧洲,俄国政府获得了巨额利润。根据《西伯利亚的征服和早期俄中交往、战争和商业史》一书的描述,18世纪俄国政府在恰克图收购的中国的大黄价格是一普特大黄值12到15卢布,在欧洲市场则可以卖到110卢布。

中国北方各民族在与俄国人和蒙古人交往的过程中,更加喜欢俄国、蒙古的皮毛、肉食、口蘑。这些食物逐步成为北方人们的必不可少的生活消费品,为蒙古和俄国商品的出口提供了机遇,也成为新的经济增长点,促使了三国贸易的增长和生产的发展。另外,随着经济发展,张家口也出现了货栈行业。"张家口的皮毛栈是直接为旅蒙商服务的,主要业务是接受旅蒙商委托的畜产品,代其储存、保管、销售,商品售完后,按销售额向买卖双方提取2%的手续费。"①

(三)资源的挖掘和积极拓展

在中俄、中蒙边贸中,出口商品极大地带动了其他行业的兴起。中国商人在中俄、中蒙边贸中出口的茶叶、大黄、丝绸、农具、棉布、瓷器、烟草等极大地刺激了我国内地轻工业、手工业、农业如养蚕业和种植业的发展,极大地促进了经济多样化发展。边贸出口的增加促使经济产业链的形成,从农业、手工业到轻工业、制造业等在边贸的带动下迅速发展。我国生产的一些轻工业产品和农业产品成为蒙古百姓生产和生活必需品,如粮食、烟酒茶糖、家具器皿等。蒙古社会经济形式是以畜牧为主,以渔猎和少量农业为辅,以肉食为食物,以兽皮为衣服,而其生活所必需的日常用品则主要靠进口,家庭年收入的三分之一用来交换由中国内地运来的日常生活生产用品。蒙古居民支出的70%是用来购买食物,第二位是衣服、家具等,第三位是官府及官僚购买自己的奢侈消费品,第四是寺庙和宗教活动日常所需。可见,蒙古市场对于中国的日常生活和生产用品的需求量是非常大的,这极大地带动了中国内地资源的继续挖掘和利用。所以随着中俄、中蒙边贸的发展,由最初的茶叶、丝绸、大黄逐步向轻工业产品发展,这些日常生产和生活所需的商品促使中国内地的经济从深度看向深层次挖掘,从广度看向更加广阔的领域发展。皮毛的深加工也大大的提高了资源的价值,使得原材料价格再次得到提升。经济的腾飞也大大带动了金融行业的兴起,如前文所述,张家口在清代后期逐步成为北方重要的金融中心。张家口的账局、票号相当多,1918年张家口就拥有金融业38家,规模也很大,在全国各地都

---

① 张学军等.直隶商会与直隶社会变迁[M].成都:西南交通大学出版社,2002.第17页。

有分号。金融中心的确立又极大地刺激了加工业、制造业的发展。比如中俄、中蒙贸易的交通工具在1907年前主要是牛车和骆驼,1907年修通了京张铁路后,内地和京津与蒙古、俄国的贸易交往更加频繁和便捷。1909年在张家口修筑了火车北站,沟通了桥西和桥东经济往来,使得张家口商业很快繁荣起来。1918年修通了张库公路,在张家口设立了汽车公司,有汽车100多辆,商贸活动大为繁荣。当时张家口的商户多达1600家,其中茶庄和毛皮庄分别有130多家。张家口的贸易市场更加繁荣,年贸易额达一万五千万两白银,"其中输出砖茶每年30万箱,输入羊毛1000多万斤,羊皮800万张,是张家口商业最繁荣的时期"。①

中俄、中蒙边贸促使远离内地文明的北方欠发达地区经济持续增长,甚至改变了当地的经济方式和生活模式,使得长期处于畜牧业型的自给自足的自然经济向沟通有无的商品经济发展、过渡、转化。经济的发展必然带动城镇化的加快和集市的繁荣。恰克图贸易对于长城沿线城镇的兴起意义极大,中俄、中蒙贸易对于活跃市场、打破封锁、发展经济、稳定社会都起到了积极作用。正是在中俄、中蒙边贸迅速发展的基础上张家口作为当时北方重要的商业中心和边贸关口的重要地位才逐步凸现。

(四)人文环境的接纳和吸附

中俄、中蒙贸易的迅速发展有其文化底蕴做基础。中国的文化根基是儒家思想,儒家思想对中国人的影响根深蒂固,中国人具有追求高尚道德、纯朴、诚实可信的民族特点,这一点与蒙古人民及俄罗斯民族有相似之处。蒙古游牧民族和俄罗斯民族性格豪放、率真,讲诚实、守信用。儒家思想所提倡的"诚者,天之道也,思诚者,人之道也""人而无信,不知其可"的诚信观极大地影响着人们为人处世的诚信态度。这当然包括活跃在张库大道上的中国商人。在张家口的老字号都很讲究信用,"张家口商人特别讲货真价实,非常重视商品的社会信誉,不以次顶好、以假乱真,败坏名声"。②他们知道商品的质量就是他们的生命,只有保证质量生意才能兴隆。张家口商人还流传下不少谚语反映了张家口商人的信誉,如"信是摇钱树,礼是聚

---

① 左宝.漫话张家口续集[M].张家口:张家口日报社印刷(内部发行),2002.第18页。
② 左宝.漫话张家口续集[M].张家口:张家口日报社印刷(内部发行),2002.第100页。

宝盆""骗人一分钱,店子万人嫌""经商信为本,诚招天下客""价实抓市,货真抓心",还有一些生意谚语如"三分生意,七分仁义""仁中取利,义中取财""和气生财",这些讲诚信、讲仁义、讲和气的至理名言极大地促进了商业的繁荣,拉近了心理距离,加快了感情的融合和沟通。中俄、中蒙边贸增长的一个重要原因就是不少商品在对方享有很好的市场声誉。

在张家口的商人中,特别要提出的是晋商,因为他们无论从从业人员的数量还是从实力看都占有重要的地位。晋商在中国历史上以讲信用著称。中国最早的山西票号日升昌认为:"一日耍奸,可以欺市;二日耍奸,可以愚民。但没有哪一家商号,可以数年、数十年靠耍奸混迹于世"。他们用"平则人易亲,信则公道著,到处树根基,无往而不利"的警言,告诫自己在什么时候、什么情况下,都要"重信义,除虚伪,倡仁义,守良规"。商界崇敬关公、奉关公为财神,就是由晋商开始的。这除了关公是山西人外,更重要的还由于关公是信义的象征。由于晋商把"信"作为营业的一条根本原则,所以赢得了内地及蒙古及俄国商人的普遍信任,尤其蒙古人到市场购买货物,大多甚至不去比较货物的大小长短,很少讨价还价。这说明诚信本身就是一种巨大的无形资产,它对于顾客有强大的感召力,是生意兴隆的根本。所以说,坚持"诚招天下客,信连八方人"的商业道德准则必然有利于促进经济发展和个体的发家致富。"乔家大院的乔致庸也对信义与利润做过次序排队:首重信,次讲义,第三才是利。以此训鉴后人。"①"乔家在包头的复盛油坊,一次运胡麻油回山西销售,经手员工为图厚利在油中掺假,掌柜发现后,立令倒掉重装,经济上虽蒙受了损失,却招得近悦远来。"②绝大多数蒙古人都是认准晋商某一牌号的砖茶后,长期购用,一生不变,而且只认牌子,从不还价。在明朝中后期及清代,晋商横扫张库大道。长期统治中蒙、中俄边境贸易。山西人以其特有的精明、勤俭、吃苦、耐劳、诚信等品质维持着张库大道上商业的繁荣,创造了一个个发家致富的神话。

(五)政治外交的波动和影响

张家口经济地位的提升除了地理因素、经济因素、人文因素、资源因素外,还有

---

① 孔祥毅.诚信建设的历史与现实——兼谈晋商的诚信品格[J].山西财政税务专科学校学报.2003,(12)。
② 孔祥毅.诚信建设的历史与现实——兼谈晋商的诚信品格[J].山西财政税务专科学校学报.2003,(12)。

一个更重要的原因,即政策的调节。1929年张家口成为察哈尔省省会所在地,张家口成为省级军事、政治、文化中心,在商业上继续发展,成为华北重要的商埠。全国各地商贾云集,集市呈现繁荣景象。新型街道怡安街、福寿街生意火爆。许多外国公司进驻张家口,开设商店,美国、日本、俄国还在张家口设立了领事馆。张家口在明末清初经济的大发展就是因为封建王朝政治上对张家口的重视。张家口在中俄、中蒙边贸中地位的日渐凸现,边贸活动十分活跃,贸易增长迅捷。《万全县志》记载,1928年张家口市商业达到鼎盛时期,进出口总额达1亿5千万两白银。但由于中俄、中蒙政治和外交的起伏跌宕,贸易也受到很大影响。"恰克图贸易的开办和关闭成了清政府驾驭俄方、使之驯服并就范的一个重要手段。"[1]18世纪后期,中俄边贸发生多次停市,主要原因是俄国边境地区秩序混乱,持枪抢劫中国商人的财物,同时俄国军队不遣返中国境内越界的逃犯,俄国人野心剧增,不断增加关税,在边贸中俄国政府不断制造摩擦,伤害了中国商人和中国人民的感情,使得双边协议难以履行。乾隆年间三次关闭中俄边贸,停市达14年之久,停市期间,俄国政府税收大减,"一大批商户、驼户、猎户、脚夫等社会各个阶层人等,纷纷陷入破产,给社会造成了动荡"。[2]俄国政府十分悔恨,渴望清政府能复关。经过谈判,1792年签订了《恰克图开市条约》,约束俄国政府在边贸中的不合理行为,中俄贸易又再度辉煌。实际上,俄国政府在尝到中俄贸易的甜头后,利欲熏心,野心勃勃,窥视中国良久,妄图侵略中国领土。清政府对于这一点早有防备,这也就成为防碍中俄贸易的一个主要政治原因。

十月革命后,中苏外贸开始下降,1919年后逐步恢复。1924年蒙古独立,1929年发生中东铁路事件,中苏中断外交,蒙古政府冻结中国商人在蒙古的财产,中国人被驱逐出境,中国商人地位被俄国商人取代,"九一八"事件后,中苏边贸完全停止。蒙古由于经济单一,日用商品严重缺乏,特别希望中苏外贸继续发展。清末民初20万旅蒙商人进入蒙古,库伦与乌里雅苏台是重要的外贸城市。1924年蒙古独立后,实行了对苏"一边倒"政策,商品依靠苏联商人,对华贸易实行严格限制。"张家口刘氏商人开60多辆汽车到库伦做生意,全部被没收。"[3]1929年对蒙华商实行重税,接着没

---

[1] 米镇波.清代中俄恰克图边境贸易[M].天津:南开大学出版社,2003.第16页。
[2] 米镇波.清代中俄恰克图边境贸易[M].天津:南开大学出版社,2003.第37页。
[3]《外蒙古通商之回顾与展望》载《西北春秋》1935年23、24合刊。

收华商财产。至此,中蒙贸易完全停止。"1929年旅俄和旅蒙商人大部分落难,财产被没收,损失白银一万万两以上。从此,张家口大境门外西沟一带靠旅蒙、旅俄生意的商户遭受到了致命打击,生意一落千丈,商店百不存一,失去了昔日的繁华景象。"[①]其中在张家口的三大商户之一的大盛魁也受到了重大打击,"大盛魁在最兴盛的时期拥有白银七千万两,人员达六千余人,每年上交赋税一千万两白银"。[②]可是到1928年,大盛魁处于风雨飘摇之中。外蒙古宣布独立使得它损失惨重,元气大伤,虽然经过多方努力但仍回天无术,1929年发展了240多年的大盛魁宣布歇业。

中蒙官方贸易的停止并没有阻止民间秘密交易,蒙古人民依赖中国的日用商品,俄国商人不能满足这种需求,蒙古的外交政策的变化给两国人民带来了不便,影响了两国经济发展。

作者简介:

王天旺,中共张家口市委党校教授,研究方向:地方史、思政史、哲学史;

丁万英,中共张家口市委党校副教授,研究方向:党史党建。

【原载于《张家口历史文化研究》2017年第17期】

[①] 左宝.漫话张家口[M].张家口:张家口日报社印刷(内部发行),2002.第169页。
[②] 左宝.漫话张家口续集[M].张家口:张家口日报社印刷(内部发行),2002.第104页。

参考文献

一、官修典籍与档案史料

1. [清]《清实录》,中华书局影印,1985年。

2. [清]《钦定大清会典事例》(光绪朝),《续修四库全书》,上海古籍出版社影印。

3. [清]《钦定户部例则》,国家图书馆。

4. [清]嵇璜、刘墉:《清朝通志》,国家图书馆。

5. [清]《筹办夷务始末》(同治朝),《续修四库全书》,北京:中华书局,2008年。

6. [清]《皇朝政典类纂(榷征)》,国家图书馆。

7. [清]张廷玉等:《清朝文献通考》之《征榷》,国家图书馆。

8. [清]刘锦藻:《清朝续文献通考》,国家图书馆。

9. 赵尔巽等:《清史稿》,北京:中华书局,1977年。

10. [清]何秋涛:《朔方备乘》,《中国边疆丛书第二辑》,台北:文海出版社,1964年。

11. 徐珂编撰:《清稗类钞》,北京:中华书局,2003年。

12.《朱批奏折(关税)》,中国第一历史档案馆。

13.《户科题本》,中国第一历史档案馆。

14.《军机处录副奏折》,中国第一历史档案馆。

15.《各关税务清册》,中国第一历史档案馆。

16.《关税案牍汇编》(张家口关、杀虎关),中国第一历史档案馆。

17.《关税成案辑要》,国家图书馆。

18.《征收税务档案史料汇编》,国家图书馆。

19.《清代孤本外交档案》,国家图书馆。

20.《明末清初通商口岸档案汇编》,国家图书馆。

22. 姚贤镐编:《中国近代对外贸易史资料(1840—1895)》,北京:中华书局,1962年。

23.《中俄边疆条约集》,北京:商务印书馆,1973年。

24. 中国第一历史档案馆编:《清代中俄关系档案史料选编》,北京:中华书局,1981年。

25. 王铁崖主编:《中外旧约章汇编》,上海:三联书店,1957年。

26.海关总署《中外旧约章大全》编委会编：《中外旧约章大全》，北京：中国海关出版社，2004年。

27.吴弘明编译：《津海关贸易年报（1865—1946）》，天津：天津社会科学院出版社，2006年。

28.［俄］尼古拉·班蒂什-卡缅斯基编著，中国人民大学俄语教研室译：《俄中两国外交文献汇编（1619—1792）》，北京：商务印书馆，1982年。

二、地方志

1.［清］金志节原本，黄可润增修：《口北三厅志》，中国方志丛书：塞北地方·第三十六号（据清乾隆二十三年刊本影印），台北：成文出版社，1968年。

2.［清］左成业纂修：《万全县志》，道光十四年影印本。

3.［清］夏日璵校，姚明辉辑：《蒙古志》，《中国方志丛书：塞北地方·第三十七号》（据清光绪三十三年刊本影印），台北：成文出版社，1968年。

4.宋哲元修：《察哈尔省通志》，台北：文海出版社，1966年。

5.陈继淹修，许闻诗纂：《张北县志》，《中国方志丛书：塞北地方·第三十五号》（据民国二十四年铅印本影印），台北：成文出版社，1968年。

6.张家口市政协文史处：《张家口文史资料》（第13辑），张家口日报社，1988年。

7.张家口地区公路运输史志编纂委员会编：《张家口地区公路运输志》，石家庄：河北科学技术出版社，1992年。

8.张北县地方志编纂委员会编：《张北县志》，北京：中国社会科学出版社，1994年。

9.张家口市地方志编纂委员会：《张家口市志》，北京：中国对外翻译出版社，1998年。

三、著作

1.中国科学院近代史研究所编：《沙俄侵华史》，北京：人民出版社，1976年。

2.张国辉：《晚清钱庄和票号研究》，北京：中华书局，1989年。

3.卢明辉：《清代蒙古史》，天津：天津古籍出版社，1990年。

4.卢明辉：《中俄边境贸易的起源与沿革》，北京：中国经济出版社，1991年。

5.袁森坡：《康雍乾经营与开发北疆》，北京：中国社会科学出版社，1991年。

6.史若民：《票商兴衰史》，北京：中国经济出版社，1992年。

7.郭蕴静：《清代商业史》，沈阳：辽宁人民出版社，1994年。

8. 卢明辉、刘衍坤：《旅蒙商——17世纪至20世纪中原与蒙古地区的贸易关系》，北京：中国商业出版社，1995年。

9. 郭蕴深：《中俄茶叶贸易史》，哈尔滨：黑龙江教育出版社，1995年。

10. 祁美琴：《清代榷关制度研究》，呼和浩特：内蒙古大学出版社，1995年。

11. 姜守鹏：《明清北方市场研究》，长春：东北师范大学出版社，1996年。

12. 张正明：《晋商兴衰史》，太原：山西古籍出版社，2001年。

13. 邓九刚：《茶叶之路：欧亚商道兴衰三百年》，呼和浩特：内蒙古人民出版社，2000年。

14. 米镇波：《清代中俄恰克图边境贸易》，天津：南开大学出版社，2003年。

15. 米镇波：《清代西北边境地区中俄贸易》，天津：南开大学出版社，2005年。

16. 刘振瑛：《品评张库大道》，北京：国家行政学院出版社，2012年。

17. 陈慈玉：《近代中国茶业之发展》，北京：中国人民大学出版社，2013年。

18. 丰若非：《清代榷关与北路贸易——以杀虎口、张家口和归化城为中心》，北京：中国社会科学院出版社，2014年。

19. 长江日报编辑部：《重走中俄万里茶道》，湖北：武汉出版社，2015年。

20. [美]威廉·乌克斯：《茶叶全书》，上海：上海开明书店，1935年。

21. [法]加恩：《早期中俄关系史（1689—1730）》，北京：商务印书馆，1961年。

22. [俄]阿·马·波兹德涅耶夫《蒙古及蒙古人》，呼和浩特：内蒙古人民出版社，1989年。

23. [美]艾美霞：《茶叶之路》，北京：五洲传播出版社，2006年。

24. [俄]阿·科尔萨克：《俄中商贸关系史述论》，北京：社会科学文献出版社，2010年。

四、期刊论文

1. 金峰：《清代内蒙古五路驿站》，《内蒙古师范学院学报》1979年第1期。

2. 金峰：《清代蒙古台站的管理机构》，《内蒙古大学学报》（哲学社会科学版）1979年第z1期。

3. 牛国桢、梁学诚：《张库商道及旅蒙商述略》，《河北大学学报》（哲学社会科学版）1988年第2期。

4. 郭蕴深：《论中俄恰克图茶叶贸易》，《历史档案》1989年第2期。

5. 袁森坡：《论清代前期的北疆贸易》，《中国经济史研究》1990年第2期。

6. 吴孟雪:《中俄恰克图茶叶贸易》,《农业考古》1992年第4期。

7. 孟繁森:《鸡鸣山驿考略》,《文物春秋》1996年第2期。

8. 李易文:《清中后期蒙古地区的对俄茶叶贸易》,《中国边疆史地研究》1996年第4期。

9. 甘满堂:《清代中国茶叶外销口岸及运输路线的变迁》,《农业考古》1998年第4期。

10. 许檀:《清代前期北方商城张家口的崛起》,《北方论丛》1998年第5期。

11. 石涛、李志芳:《清代晋商茶叶贸易定量分析——以嘉庆朝为例》,《清史研究》2008年第4期。

12. 成艳萍、王阿丽:《与恰克图茶叶贸易相关的人员流动分析》,《山西大学学报》(哲学社会科学版)2011年第3期。

13. 叶柏川:《17—18世纪清朝理藩院对中俄贸易的监督与管理》,《清史研究》2012年第1期。

14. 杨申茂、张萍、张玉坤:《明代长城军堡形制与演变研究——以张家口堡为例》,《建筑学报》(学术论文专刊)2012年第7期。

15. 舒曼:《古代张家口茶马互市与张库大道(茶叶之路)之刍议》,《农业考古》2014年第2期。

16. 闫晓雪、陈新亮、薛志清:《清代察哈尔都统职任考略》,《河北北方学院学报》(社会科学版)2014年第1期。

17. 何一民,付娟:《从军城到商城:清代边境军事城市功能的转变——以腾冲、张家口为例》,《史学集刊》2014年第6期。

18. 孙志虹:《河北张家口鸡鸣驿村》,《文物春秋》2015年第1期。

19. 乔彦军:《天复亨——张家口老商考证》,《河北北方学院学报》(社会科学版)2016年第3期。

20. 李现云:《从张库商道的阶段划分浅析万里茶道的兴衰》,《新丝路》2016年第9期。

21. 李现云:《张库商道文物遗迹演变与其兴衰关系研究》,《新丝路》2016年第10期。

22. 陈诗琪,杨靖筠:《元明清时期的张家口地区对首都北京的辅助职能》,《北京教育学院学报》2016年第6期。

23. 耿海天:《"一带一路"视域下张家口与俄罗斯通商史》,《山西档案》2017年第3期。

24. 李现云:《概述清代中俄四个贸易阶段的演变——以万里茶道河北段为例》,《农业考古》2017年第5期。

五、硕士论文

1. 翁道乐:《清在漠南蒙古地区的军事驻防体系》,内蒙古大学,2006年。
2. 付丽娜:《察哈尔地区的商业与城市近代化(1840—1935)——以张家口、多伦诺尔、贝子庙城市(镇)为中心》,内蒙古大学,2008年。
3. 陈静:《清代张家口关的研究》,内蒙古大学,2011年。
4. 刘德勇:《清至民国张库交通与张家口城市商贸发展》,中国社会科学院,2011年。
5. 李晨晖:《明清时期张家口地区商业地理研究》,西北师范大学,2011年。
6. 梅兰:《近代张家口城市发展研究(1860—1937)》,河北大学,2013年。
7. 董花:《明清时期张家口商贸兴衰研究》,广西师范大学,2014年。
8. 牧其尔:《清代漠南蒙古地区驿站研究》,内蒙古师范大学,2015年。
9. 祁杭:《张库大道的产生和发展及历史作用》,河北师范大学,2016年。

六、博士论文

1. 默书民:《蒙元邮驿研究》,暨南大学,2004年。

后　记

　　2014年11月15日，作为河北省唯一的地市级代表，张家口市文物部门首次受邀参加了在武夷山召开的"'万里茶道'文化遗产保护利用研讨会"，张家口正式加入到万里茶道申遗的行列。

　　此后，受省文物局委托，我们成立了"'万里茶道'申遗河北段文物遗迹调查领导小组"，时任市文化广电新闻出版局局长姜玉琛任组长。同年12月18日，市文物考古研究所组织专业人员李现云、王晓平、王雁华、裴蕾及地方文史专家刘振瑛、陶宗冶、王芙蓉组成"万里茶道"河北段遗产调查队，对辖区内万里茶道的路线走向及相关文化遗产进行了详细调查和重点测绘，基本梳理清楚沿线20余处珍贵文化遗产。随后，调查队又进行详细的价值对比和综合分析，于2015年12月底编制完成《万里茶道河北段文化遗产资源调查报告》。按照当年湖南益阳会议精神，经省文物局初审，我们邀请地方文史专家对调查报告进行精选、提升和细化，在2016年4月武汉会议召开之前，将《万里茶道申遗河北段推荐点报告》修改完成。

　　以上述成果为基础，我们又精心筛选并收录了建国以来重点研究万里茶道河北段的论文12篇，最终整合编辑而成这部《万里茶道申遗河北段文化遗产调查与研究》，以期让更多的读者了解万里茶道，关注万里茶道河北段，为更加广泛地宣传和保护沿线的文化遗产尽到应尽之责。

　　在本书的编辑过程中，我们有幸得到省市有关方面的大力支持。在此，衷心感谢河北省文物局张立方局长对万里茶道河北段申遗工作的全面指导，衷心感谢省文物局刘智敏总工程师、省文物考古研究所张文瑞所长、省文物局文物保护处王凯等领导给予的倾力支持。

　　同时感谢地方文史专家刘振瑛老师克服重重困难，身体力行为实地调查工作提供的无私帮助；张家口学院崔建军副教授百忙之中协助整理官修典籍、档案史料及相关著作；市图书馆党宁副研究馆员对书中部分文字内容进行提炼深化；《张家口日报》王晓轩主任编辑、市政协文史委杨立峒科长、鸡鸣驿城文物保护管理处丁俊杰协助收集地方史志及本土研究文章；河北建筑工程学院阎阳副教授带领学生协助测绘；并衷心感谢沿线县区文化文物部门对调查工作的全力支持……

在这里，我们真诚地向每一位参与万里茶道河北段文化遗产调查的同仁和深入该领域研究的学者深深鞠躬，致以最崇高的敬意！

本书在编写过程中，尽管做了很多努力，但由于时间仓促和编者水平所限，加之研究不够深入，难免有遗漏和不当之处，敬请各位专家、学者和同仁批评指正。

2018年5月